货币电子化背景下的货币政策有效性研究

王 亮 吴浜源 著

东南大学出版社
SOUTHEAST UNIVERSITY PRESS
·南京·

内容提要

货币电子化是随着信息技术和网络经济的快速发展而出现的一种电子货币逐渐替代传统货币的现象和趋势。电子货币这种以崭新技术支撑的货币形式给人们带来了全新的感受与便利，同时也给传统的货币金融理论带来了前所未有的挑战，对货币政策有效性的冲击尤为明显。本书在借鉴国内外研究成果的基础上，从货币电子化对货币政策影响的理论分析入手，将电子货币引入货币政策有效性的理论分析框架，实证分析了货币电子化对货币需求、货币供给、通货膨胀、货币政策传导机制和居民消费行为的影响，系统性地揭示了电子货币和货币政策有效性之间的相互关系和内在机理。

图书在版编目(CIP)数据

货币电子化背景下的货币政策有效性研究/王亮，吴浜源著. —南京：东南大学出版社，2016.11

ISBN 978-7-5641-6860-5

Ⅰ.①货… Ⅱ.①王… ②吴… Ⅲ.①金融电子化—货币政策—研究 Ⅳ.①F820.1

中国版本图书馆 CIP 数据核字(2016)第 280963 号

货币电子化背景下的货币政策有效性研究

出版发行	东南大学出版社
出 版 人	江建中
社　　址	南京市四牌楼 2 号
邮　　编	210096
经　　销	全国各地新华书店
印　　刷	江苏凤凰数码印务有限公司
开　　本	700 mm×1000 mm 1/16
印　　张	13.75
字　　数	240 千字
版　　次	2016 年 11 月第 1 版
印　　次	2016 年 11 月第 1 次印刷
书　　号	ISBN 978-7-5641-6860-5
定　　价	45.00 元

(本社图书若有印装质量问题，请直接与营销部联系。电话：025-83791830)

前言 preface

货币电子化是随着信息技术和网络经济的快速发展而出现的一种电子货币逐渐替代传统货币的现象和趋势。与之相伴随的货币电子化支付是“互联网＋传统支付”顺应时代发展的产物。近年来，依托新一代信息技术加速发展，货币电子化支付形式更加多样化。网上银行、手机银行、第三方互联网支付、第三方移动支付等都属于此类支付创新。在这一过程中，电子货币大量替代传统的现金货币，银行系统的电子支付清算逐渐替代了传统的现金支付结算，人们的支付方式正经历现金支付到电子支付的转变，人类社会正处于从纸币向电子货币过渡的关键时期。

电子货币的产生被认为是继中世纪法币取代铸币以来，货币形式发生的第二次标志性变革。与传统的货币形式相比，电子货币具有成本低、独立性强、移动方便快捷、易分割和安全性高等优势，这种以崭新技术支撑的货币形式给人们带来了全新的感受与便利，同时也给传统的货币金融理论带来了前所未有的挑战，对货币政策有效性的冲击尤为明显。因此有必要对货币电子化背景下的货币政策有效性进行全面深入的研究，这不但可以丰富货币理论，为电子货币的健康发展提供指导，而且研究结论可以为中央银行在制定和实施货币政策时提供科学合理的理论依据，对中央银行提高货币政策有效性有着重要的指导作用。

本书在借鉴国内外已有研究成果的基础上，对货币电子化和货币政策有效性的相关概念作了界定。在此基础上，从货币电子化对货币政策影响的理论分析入手，将电子货币引入货币政策有效性的理论分析框架，系统深入地研究了货币电子化对货币需求、货币供给、通货膨胀、货币政策传导机制和居民消费行为的影响，揭示了电子货币和货币政策有效性之间的相互关系和内在机理；最后得出了本书的基本结论并在此基础上提出了相应的政策建议。全书包括 8 个部分：

第 1 章导论，阐述了本书的研究背景与研究意义，介绍了本书的研究方法、研究思路和结构安排。另外，本章对货币电子化和货币政策有效性的相关概念进行了界定并梳理了全球货币电子化的发展现状。

第 2 章为理论回顾与文献述评，是本书研究的理论基础。本章首先回顾了学术界关于货币政策有效性的不同观点，接着对国内外关于货币电子化影响货币政策有效性的文献进行了梳理，最后对各种观点进行综合评价，并提出本书研究的问题。

第 3 章是对货币电子化、货币需求和货币政策有效性的研究。本章在回顾了货币需求理论的基础上，对货币电子化如何影响货币需求进行了实证分析。主要深入地探讨了以下三个问题：一是货币电子化对微观主体货币需求动机的影响；二是货币电子化对货币需求的目标变量及函数中的各个决定变量的影响；三是货币电子化对货币流通速度的影响。

第 4 章是对货币电子化、货币供给和货币政策有效性的研究。本章首先对货币供给理论进行了回顾，接着介绍了货币电子化背景下我国货币供给量和货币供给结构的变化趋势，最后系统深入地分析了电子货币如何影响货币供给，其中重点研究了电子货币对货币乘数的影响。

第 5 章是对货币电子化、通货膨胀和货币政策有效性的研究。本章在回顾了通货膨胀理论的基础上，将电子货币引入通货膨胀形成机制的理论分析框架，实证分析了货币电子化产生的通货膨胀效应，并在此基础上提出了提高货币政策有效性的建议。

第 6 章是对货币电子化、货币政策传导机制和货币政策有效性的研究。本章首先回顾了货币政策传导机制的相关理论，接着在此基础上分析了货币电子化对货币政策工具、货币政策中介目标和货币政策传导机制的影响，其中重点实证分析了货币电子化对利率传导机制的影响。

第 7 章是对货币电子化、居民消费行为和货币政策有效性的研究。本章从微观角度研究了货币电子化和货币政策有效性之间的关系，首先对消费行为理论进行了回顾，接着通过建立一个理论模型分析了在面临宏观经济冲击时，货币电子化带来的交易成本下降对居民消费行为的影响，最后在此基础上通过跨国面板数据进行了实证检验。

第 8 章是结论和政策建议。本章总结了本书得出的主要结论，然后在此基础上提出了我国如何选择货币政策工具、货币政策中介目标和货币政策操作方式调整的政策建议。

目录 Contents

第 1 章 导论

第 2 章 理论回顾与文献述评

第 4 章 货币电子化、货币供给和货币政策有效性

第 5 章 货币电子化、通货膨胀和货币政策有效性

第7章　货币电子化、居民消费行为和货币政策有效性

第8章　结论和政策建议

第1章　导　论

1.1 研究背景与研究意义

货币电子化是随着信息技术和网络经济的快速发展而出现的一种电子货币逐渐替代传统货币的现象和趋势。20世纪末期，随着信息技术和网络经济的不断发展，各种金融创新层出不穷，货币形式的转化速度明显加快，各种各样的电子货币应运而生。从货币发展的历史来看，货币形式先后经历了实物货币、贵金属货币、纸币和电子货币的不同发展阶段。作为货币最新形式的电子货币逐步取代传统货币已经成为一种不可逆转的全球性发展趋势。货币电子化背景下，人们的支付方式正经历从现金支付到电子支付的转变，人类社会正处于从纸币向电子货币过渡的关键时期。电子货币使实体货币和观念货币发生了分离，真实货币逐渐向虚拟货币演变，一旦电子货币完全取代了传统的通货，成为未来经济中新的货币形式，货币形式就完成了从真实货币向虚拟货币的过渡。这种未来的完全虚拟的电子货币的币材是无形的，其发行和流通也将虚拟化，不需要任何载体。此时，货币将成为一个抽象的计价单位，其性质和职能均会发生改变，不会再是我们常说的固定充当一般等价物的特殊商品。

与传统的货币形式相比，电子货币具有成本低、独立性强、移动方便快捷、易分割和安全性高等优势，因而被广泛接受并将最终取代纸币。这种以崭新技术支撑的货币形式给人们带来了全新的感受与便利，同时也对传统的货币金融理论造成了强烈的冲击。电子货币作为一种非标准货币，它的发行带有明显的市场化特征，这打破了中央银行垄断货币发行权的局面，使中央银行的独立性受到了严峻的挑战。随着货币电子化的快速发展，中央银行在金融调控和监管方面无疑将面临许多新的风险。

关于货币电子化对货币政策有效性影响的研究是货币电子化对货币政策影响研究的一个重要组成部分。货币电子化给传统货币理论带来的冲击必然会影响到建立在传统货币理论之上的货币政策有效性。因此，研究货币电子化和货币政策有效性这一选题具有重要的理论价值和现实意义。本书从货币电子化对货币政策影响的理论分析入手，将电子货币引入货币政策有效性的理论分析框架，通过实证方法来研究货币电子化对货币需求、货币供给、通货膨胀、货币政策传导机制和居民消费行为的影响，系统性地揭示货币电子化和货币政策有效性之间的相互关系和内在机理。其研究的意义在于：从理论上看，我国货币电子化起步较晚，还处于发展的初级阶段，但发展速度极快，通过研究可以及时丰富货币金融理论，并为电子货币的健康发展提供指导。从实践上看，研究结论可以为我国中央银行在制定和实施货币政策时提供科学合理的理论与经验依据，从而更加有利于我国中央银行提高货币政策的有效性。

1.2 货币电子化概述

货币电子化是随着信息技术和网络经济的快速发展而出现的一种电子货币逐渐替代传统货币的现象和趋势。在这一过程中,电子货币对传统的现金货币产生大量替代,银行系统的电子支付清算逐渐替代了传统的现金支付结算。

1.2.1 电子货币的定义

一般来说,电子货币(Electronic Money)又称为网络货币(Network Money)、数字货币(Digital Money)、电子通货(Electronic Currency)等,它利用银行的电子存款系统和电子清算系统来记录和转移资金,完成价值储存和支付清算功能,是 20 世纪 90 年代后期出现的一种新型支付工具。目前电子货币基本上是发行者自行设计、开发的产品。已经基本成型的种类主要包括赛博硬币(Cybercoin)、数字现金(Digicash)、网络现金(Netcash)、网络支票(Netcheque)和比特币(Bitcoin)等系统。

电子货币的发展目前尚处于初级阶段,迄今为止,电子货币仍没有一个统一明确的定义。但从已有的定义来看,其基本内容也大同小异,只是从不同的角度来看待。欧盟支付系统工作小组 1994 年 5 月向欧洲货币当局提交的《预付价值卡》报告认为:电子货币是一种新型支付工具,被称为多用途卡或者“电子钱包”,它包含着真实购买力的塑料卡片,为了获得该卡片,消费者必须预先支付其价值。欧洲中央银行 1998 年 8 月发布的《电子货币》报告正式使用了“电子货币”(Electronic Money)这一概念,并对 1994 年欧盟支付系统工作小组报告中的定义进行了修正,该报告把电子货币定义为:以电子方式存储在技术设备中的货币价值,是一种预付价值的无记名支付工具(Bearer Instrument),被广泛用于对电子货币发行主体以外的其他人的支付,在交易中并不一定涉及银行账户。日本学者岩崎和雄、左腾元则在《明日货币》(1999)一书中将电子货币定义为"数字化的货币",付款、取款、通货的使用、融资存款等与通货有关的信息,全部经过数字化的便叫做电子货币。姜建清在其《金融高科技的发展及深层次影响研究》(2000)一书中将电子货币定义为:电子货币是将现金价值通过二进制代码(0,1)的排列组合预存在集成电路晶片内的一种货币,是适应人类进入数字时代的需要应运而生的一种电子化货币。这两种定义都较为宽泛。而姚立新(2000)对电子货币描述为:电子货币也称数字货币,是以电子信息网络为基础,以商用电子机具和各类交易卡为媒介,以电子计算机技术和通信技术为手段,以电子数据形式存储在银行的计算机系统中,并通过计算机网络系统以电子信息传递形式实现流通和支付功能的货币,这种定义更加具体化了。在理论界,目前比较权威的是巴塞尔委员会在1998年给电子货币下的定义:电子货币是指在零售支付机制中,通过销售终端、不同的电子设备之间以及在公开网络(如互联网)上执行支付的"储值"和预付支付机制。

由此可见,目前电子货币仍没有一个统一明确的定义。这主要是由于研究机构和学者们是从不同的角度和范围来对电子货币进行界定的,有的从货币的职能和属性进行界定,有的则从使用方式及形式上进行界定。然而,不论哪一种定义都有其合理性,只不过侧重点有所不同而已。根据上述分析,本书认为,电子货币的定义具有狭义和广义之分,巴塞尔委员会对电子货币的定义为狭义的电子货币,而本书采用广义的电子货币定义:以计算机网络为基础,以各种卡片或者数据存储设备为介质,借助各种终端设备,在进行支付和清偿债务时,使预先存放在计算机系统中的电子数据以电子信息流的形式在债权债务人之间进行转移的,具有某种货币职能的货币。

1.2.2 电子货币的分类

根据巴塞尔委员会的定义,很多电子支付工具都可以划归为电子货币,为了更好地认识这些工具,可以按不同的标准将它们分为以下几类:

按照载体不同,电子货币可以分为"卡基(Card-Based)型"电子货币和"数基(Soft-Based)型"电子货币。顾名思义,"卡基型"电子货币的载体是各种物理卡片,主要包括电话卡、智能卡、礼金卡等。"卡基型"电子货币是目前电子货币的主要形式,其发行机构主要有银行、信用卡公司、电信公司、大型商户和各类俱乐部等。消费者在使用这种电子货币时，必须携带特定的卡介质，电子货币的金额需要预先储存在卡中。“数基型”电子货币完全基于数字的特殊编排，依赖软件的识别与传递，不需要特殊的物理介质。只要能连接上网络，电子货币持有者就可以随时随地通过特定的数字指令完成支付。

按照替代对象不同，电子货币可以分为现金替代型电子货币和存款替代型电子货币。现金替代型电子货币是指电子货币取代传统货币时，替代现金并使流通中的现金相应减少的那部分电子货币；存款替代型电子货币是指电子货币对传统的存款进行替代时，使存款转化为电子货币的那部分电子货币。需要说明的是，电子货币对现金和存款的替代不仅使货币的形态发生改变，而且还会改变货币的属性、职能和作用。

按照定义范围不同，电子货币有三种主要形式：第一种形式是银行卡，包括借记卡和信用卡。第二种形式是储值卡，主要包括已广泛使用于城市交通的一卡通，各种类型的水、电、电话的缴费卡以及预先交费的手机卡等。第三种形式，也是电子货币最狭义的概念，就是流通于各个网站的网络货币。

1.2.3 电子货币的特征

目前电子货币的存在是以传统货币为基础的，也就是说，电子货币的“价值性”依赖于现行货币并与之保持着等额的兑换关系。与传统货币相比，电子货币具有以下特征：

(1) 从发行主体看，传统货币由中央银行垄断发行，发行的成本与收益由中央银行来承担。而电子货币的发行机构既有中央银行，也有一般的金融机构，甚至是成立特别发行公司的非金融机构，如信用卡公司和 IT 企业。从电子货币的发行量来看，商业银行占了绝大部分。

(2) 从风险和使用范围看，传统货币是以中央银行和国家信誉为担保的法币，由货币当局设计、管理和更换，被强制接受和广泛使用。而当前的电子货币大部分是由不同的机构自行开发设计的带有个性特征的产品，其担保主要依赖于各个发行机构自身的信誉和资产，风险并不一致。其使用范围受到设备条件、相关协议等方面的限制。

(3) 从流通领域看，传统货币一般都只在本国(或本地区)内使用。而电子货币的流通打破了地域限制，消费者可以通过网络很容易获得不同国家的发行机构发行的电子货币。电子货币的发行过程不依赖任何物理设备，在流通管理时不需要支付大量的保管和清点费用，流通成本很低。

(4) 从防伪技术看，传统货币的防伪主要依赖于物理设置，通过在现钞上加入纤维线和金属线、水印和凹凸纹等防伪。而电子货币由于其使用方式与现金不同，主要依靠互联网进行转账支付，因此电子货币的防伪主要采取加密算法或者认证系统来实现①。

1.2.4 全球货币电子化发展现状

国际清算银行在《2004年电子货币和网络及移动支付发展调查》中对全球货币电子化的发展情况进行了总结。总结结果分别列在附录A和附录B中，附录A列示了全球主要国家电子货币的系统设计特征；附录B列示了全球主要国家电子货币的使用相关数据。

附录A从国家、系统名称、系统类型、加载程序、额度限制、终端使用者可转让性、是否适用于网络支付、多币种、多功能支付特征等9个方面列示了全球主要国家电子货币的系统设计特征。从35个国家的统计数据来看，24个国家仅发行基于卡的电子货币；有2个国家仅发行基于网络和软件的电子货币②；另外9个国家和地区既发行基于卡的电子货币，又发行基于网络和软件的电子货币③。充值方式主要包括ATM、柜台、手机、网络、银行账户转账、服务公司、信用卡等。绝大多数电子货币产品都有一定的使用额度限制。从终端使用者可转让性来看，除了挪威、俄罗斯、新加坡等的个别产品外，其余国家的电子货币都是不可转让的。而从是否适用于网络支付、多币种、多功能支付特征来看，部分国家具有这些特征，而部分国家不具有。

附录B列示了全球32个国家和地区电子货币的使用相关数据。发行机构主要包括金融机构和非金融机构。从发行数量来看，大部分电子货币的发行方

---

① 赵家敏，常建功. 网络经济中的银行业[J]. 宁夏大学学报(人文社会科学版)，2002(03)：93-97.

② 希腊仅发行基于软件的电子货币，而俄罗斯仅发行基于网络的电子货币。

③ 这9个国家和地区分别是奥地利、中国香港、意大利、牙买加、韩国、挪威、西班牙、中国台湾和美国。其中美国发行的11个电子货币产品有10个都是基于网络的，有1个既基于网络，又基于卡。

只有一方，但也有发行方不止一家的，如荷兰的 Chipknip 卡，所有的零售方都是电子货币发行方。从电子货币余额、交易量来看，大多数电子货币的余额都较少，这使得电子货币的交易量也较少。

表 1.1 统计了 2010 年世界各国和地区电子货币在非现金支付结算中所占的比例。不同国家和地区的电子货币发展情况差异很大，在中国香港和新加坡，电子货币的发展程度很高，中国香港 2010 年通过电子货币进行交易的数量占非现金交易数量的 86.1%，而在新加坡，这一比例为 85.5%。从其他国家来看，电子货币交易量占非现金交易量的比例较低，平均为 2.74%。

表 1.1　2010 年不同国家和地区电子货币在非现金结算中所占比例

国家和地区	每位居民平均非现金交易数	占整体交易数的百分比(%)				
		信用转账	直接借记	信用卡和借记卡	电子货币	支票
比利时	219	42.1	10.3	44.7	2.5	0.3
巴西	104	38.5	21.4	31.6	0.2	8.4
法国	264	17.6	20.1	43.6	0.2	18.4
德国	212	33.9	50.2	15.5	0.2	0.3
中国香港	—	0.6	0.8	10.0	86.1	2.5
意大利	67	32.7	15.8	40.0	3.1	8.4
日本	88	12.7	—	73	13.5	0.9
韩国	247	22.0	11.8	58.7	1.3	6.2
荷兰	322	29.6	24.4	42.7	3.3	—
俄罗斯	34	68.1	3.5	26.3	2.0	0.0
新加坡	506	1.3	2.2	7.9	85.5	3.0
瑞士	173	54.2	3.3	41.3	1.1	0.0

资料来源：Bank for International Settlements，Innovations in Retail Payments，Report of the Working Group on Innovations in Retail Payments，Committee on Payment and Settlement Systems，May 2012，P59.

从各国比较来看，CPSS 成员的货币电子化程度各不相同。2014 年，墨西哥、意大利、德国和日本的银行卡支付金额与 GDP 比重仍低于 10%；瑞士、荷兰、俄罗斯、巴西和比利时该比重在 10%～19%之间；新加坡、印度、法国、瑞典和土耳其该比重在20%～29%之间;美国、澳大利亚、加拿大和英国该比重在30%～39%之间;韩国、中国银行卡支付金额与GDP的比重最高,分别达到了42.46%和66.59%。

关于货币电子化程度的度量,尚无确定统一的标准。但现实中除了如肯尼亚的移动银行服务(M-PESA)少数外,大多数国家的货币电子化创新都是依附于银行卡电子业务的发展,因此不少研究用银行卡支付金额占个人消费支出的比重(周光友,2009)或者银行卡支付金额占GDP的比重(印文、裴平,2015)来反映一国的货币电子化发展水平。CPSS发布的历年《支付与结算系统统计数据》[①],就以后一种计算方法数据作为衡量货币电子化程度的指标。表1.2列示出了2006、2008、2010、2012、2014年CPSS各成员的银行卡支付金额与GDP的比重数据。

从时间跨度来看,CPSS成员的货币电子化发展增速差异较大。早期,美国、澳大利亚、英国、加拿大、韩国这几个发达国家的银行卡支付金额占GDP的比重较高;但在过去的十几年里,包括中国在内的一些发展中国家的货币电子化发展迅猛。CPSS成员里,除了土耳其、印度、中国和俄罗斯这几个国家银行卡支付金额与GDP的比重增速明显较快以外,其他国家以年均大约5%的稳定速度增长。其中,土耳其、印度银行卡支付金额与GDP的比重分别从2006年的13.23%和8.05%增长到2014年的26.27%和20.53%,增加了一倍多。中国、俄罗斯的货币电子化程度发展最为迅速,俄罗斯从2006年的1.48%增长到2014年的16.88%,增加了10.4倍;中国从2006年的8.92%增长到2014年的66.59%,增加了6.5倍,成为目前银行卡支付金额占GDP的比重最高的国家。

① 目前CPSS成员国家和地区共包括23个,分别是澳大利亚、巴西、比利时、韩国、德国、俄罗斯、法国、荷兰、加拿大、美国、墨西哥、南非、日本、瑞典、瑞士、沙特阿拉伯、土耳其、新加坡、意大利、印度、英国、中国香港地区、中国。这些成员基本上包含了世界上最主要的发达国家和地区,同时也是货币电子化发展程度较高的国家和地区。

表 1.2　CPSS 成员货币电子化程度(%)

国家和地区＼年份	2006	2008	2010	2012	2014
墨西哥	3.64	4.38	5.04	6.34	7.52
意大利	8.06	7.45	7.47	7.64	8.81
德国	7.02	6.2	6.55	7.2	8.82
日本	7.01	8.57	7.59	8.68	9.6
瑞士	14.3	14.8	9.67	10.27	10.98
荷兰	13.82	14.62	14.91	15.31	16.52
俄罗斯	1.48	2.82	4.05	8.42	16.88
巴西	9.25	11.1	13.05	15.35	17.54
比利时	14.14	15.25	16.09	17.28	18.4
新加坡	15.26	17.91	17.93	18.75	19.94
印度	8.05	12.57	15.51	18.79	20.53
法国	15.66	17.03	18.19	20.21	20.78
南非	—	—	14.85	17.28	21.86
瑞典	18.47	21.65	22.27	23.03	25.03
土耳其	13.23	17.82	20.05	24.44	26.27
美国	22.16	24.29	24.7	27.35	29.72
澳大利亚	24.22	25.42	26.81	28.13	30.37
加拿大	26.33	28.83	28.4	29.7	30.85
沙特阿拉伯	23.23	24.12	28.22	28.26	32.87
英国	25.86	28.21	29.27	30.69	33.38
韩国	32.12	38.5	36.68	41.45	42.46
中国	8.92	12.57	26.61	40.1	66.59
中国香港	—	—	—	—	—
CPSS 均值	15.5	17.2	21.1	23	30.2

数据来源：CPSS 发布的历年《支付与结算系统统计数据》。

虽然世界各国货币电子化程度和模式不尽相同，但归结起来都是以高效、便捷为最终目标，其发展趋势主要体现在以下几个方面：

一是“卡基型”电子货币的多种功能整合。随着货币电子化支付技术的不断完善和成熟，除了银行发行借记卡、信用卡等银行卡以外，其他交通、水电、餐饮消费等各种功能的储值卡发卡机构越来越多，消费者手上的电子卡也越来越多，能够整合多种功能的电子卡受到越来越多使用者的欢迎。未来的“卡基型”电子货币不仅有更丰富的支付功能，而且能够涵盖更多社会功能。这种电子卡既可以兼做借记卡、信用卡，又可以作为消费者个人信息存储以及各种消费支付功能的重要工具，如韩国的 K-Cash 和 Mybi 可以做身份证使用，泰国的 SCB Smart Card 可以作为员工卡使用。

二是“数基型”电子货币的发展迅猛。“数基型”电子货币在互联网上通过银行账号、信用卡号或购买预付卡进行充值，只需要有账号及密码或手机等终端就可以进行交易。“数基型”电子货币的业务领域越来越广，除了能实现传统的消费支付功能、资金在终端用户之间进行转移以外，一些互联网公司根据个人活动数据为自有客户提供所辖业务的信贷支持（如阿里的“花呗”、京东的“白条”），以及专业互联网信贷公司向范围更广的客户群体发放低息贷款（如美国的 AvantCredit），从而通过信用创新大大降低了消费信贷门槛。

三是电子支付向远程支付领域发展。早期货币电子化支付仅限于面对面的交易场合，如 POS 机刷卡消费、乘坐公交车等。近几年互联网的广泛普及，尤其是电子商务的快速发展，对货币电子化的远程支付提出了越来越高的要求。这种远程支付通过互联网终端发送支付指令（如网银、电话银行、手机支付等）进行支付，来实现网络购物、移动购物、远程医疗、远程点播服务等。

1. 美国货币电子化发展现状

美国拥有全世界最成熟的支付体系基础设施和丰富多样的支付工具种类，是最早使用电子货币和进行电子货币研究的国家之一，在“卡基型”“数基型”电子货币和移动支付领域都有诸多实践，成果丰富。

（1）“卡基型”电子货币发展现状

1952 年，美国加州的富兰克林国民银行发行了世界上最早的信用卡。此后，各个银行都加入了发卡行列，信用卡得到了突飞猛进的发展。目前，美国的

VISA和万事达信用卡集团是全球最大的信用卡组织，其有如下的发展特点：第一，交易量巨大，VISA拥有全世界最完善的电子支付系统，处理速度超过每秒2万笔交易。第二，VISA卡由VISA国际组织的会员发行，并不由VISA国际组织本身直接参与。VISA的会员以银行机构为主，既节约了发行成本，也利于集中资源在电子货币统一管理和技术研发等领域。第三，VISA追求持续的技术进步，不断解决运营中的安全和效率问题，提高电子货币的服务质量。2010年4月，VISA收购了一家拥有全球最大实时欺诈监测系统的公司——Cyber Source，为保障客户的信息安全提供了强有力的支持①。

美国"卡基型"电子货币产品最初形态是大型零售商发行的"礼金卡"(Gift Card)，其封闭型系统(Closed-loop)的特性满足了零售商的定制需求，同时使得交易成本小于信用卡和借记卡。"礼金卡"是"卡基型"电子货币产品最早成功的应用领域，到2003年占预付卡交易金额的50%以上。随后，"卡基型"产品又在工资支付、政府福利转移等多个细分市场获得了深入应用。虽然"卡基型"电子货币产品最初的目标是要取代现金支付，但目前美国"卡基型"电子货币产品的演化路径主要有两个：一个是在特定应用领域替代现有的成本过高的支付解决方案；一个是提供创新的支付解决方案，并提供给传统支付业务没有覆盖的人群。到2010年，封闭型系统的"卡基型"产品占据使用频率的主要地位(占45%)，各种福利转移支付的"卡基型"产品占33%，一般意义上的通用型"卡基型"电子货币产品占到22%，但是通用型产品的增长速度最快。

(2) "数基型"电子货币发展现状

"数基型"电子货币产品在网络支付领域面临着激烈的竞争。美国在线支付金额的增长来源于电子商务发展的需求，美国是世界上最早发展电子商务的国家，也是电子商务发展最为成熟的国家。2000年以来，以PayPal为代表的电子货币模式不断涌现，"数基型"电子货币在和其他非现金支付工具的竞争中逐渐占据一席之地。IDC2014年的调查数据显示，37%的美国消费者使用某些移动支付方式，包括移动商务和消费方的付款，其中，PayPal在消费者中的渗透率

---

① VISA国际组织总部在美国加利福尼亚州旧金山市，是目前世界上最大的支付技术公司。VISA组织由全世界银行参与，会员由银行等金融机构组成，连接着全世界200多个国家和地区的个人、企业、金融机构和政府，促进人们更方便地使用电子货币。

最高，在自称使用移动支付的调查者中，58%的人使用了 PayPal。PayPal 的优势主要体现在四个方面：一是取代了缓慢的支票结算，加快了支付结算速度；二是便利了没有信用卡等传统电子支付工具的支付双方进行交易；三是为传统电子支付工具的使用提供了网络通道；四是提高了网络支付安全性能。

网络环境的开放性和相对较低的固定成本特点，使得非金融机构不断涌入美国"数基型"电子货币市场，在推动电子货币服务创新的过程中，也形成了非常典型的网络产业结构：市场参与者很多，只有很少几家机构如 PayPal、Google Checkout、Bill MeLater 突破了用户网络临界容量，占据市场绝大多数份额；其余大部分机构规模很小，并且在长期竞争中很难独立生存。

(3) 移动支付

当前移动支付产品发展较好的地区包括东亚地区（日、韩为代表）和部分发展中国家（肯尼亚为代表）。美国移动支付产品的发展相对滞后。全美拥有银行账户的居民当中，开通移动银行服务的比例仅 10%左右；美国手机普及率高达 90%左右，但移动支付用户仅为 3%。

从需求方面看，短期之内支付用户还无法体会到移动支付在使用效率、安全性能、使用成本等方面的优势。随着既有支付体系的不断完善和支付电子化的持续提高，用户可以选择的支付方式愈加丰富：当前大多数消费者都会携带银行卡进行支付，而以前银行卡没有覆盖的低端市场和新兴市场，现在也被电子货币产品占领。而移动支付技术当前最大的优势——支付处理速度，也不是能够吸引用户的"杀手级"应用。同时，用户如果使用移动支付方式，有可能需要更新自己的移动通信设备，而商家受理移动支付业务也可能会增加处理成本。这种显性成本再加上隐性的学习成本和网络效应成本，抑制了美国的移动支付需求。

从供给方面看，首先在技术层面，虽然美国移动运营商的市场集中度很高（前 4 位占有 90%的市场份额），但是移动通信设备生产非常分散，不同设备类型的技术兼容性改造是一个难题；另外，移动支付中出现的安全认证技术、无线通讯安全问题、跨平台数据安全问题也形成了一定阻碍。从供给主体来看，移动支付服务链条中的利益相关方数目众多，如移动运营商、金融机构、支付清算结算网络、第三方支付服务机构、软硬件解决方案提供者等。供给主体之间形成合理的支付标准和商业运行模式是一个复杂的多阶段的多方博弈过程，势必非常艰难。

2. 日本货币电子化发展现状

日本电子货币业务的大规模兴起始于 21 世纪初，通过智能卡或手机中的内置芯片，客户可以实现在超市、便利店、零售店和城市铁路、地铁、公共汽车等的电子支付。电子货币支付的便捷性和安全性受到越来越多消费者的认同，新型电子货币服务提供商的进入以及通用受理终端数量的增长都大大促进了日本电子货币的快速发展。日本主要的六家电子货币发行商是 Edy、Suica、ICOCA、PASMO、Nanaco、WAON，表 1. 3 列出了日本主要的电子支付工具。值得说明的是，2007 年六家大零售商和其他公司发起新的电子货币服务，使得发行和使用电子货币交易金额数量、受理终端等方面都出现了前所未有的井喷式发展，因此当年被称为日本的“电子货币普及元年”。

表 1. 3　日本常用的电子支付工具

<table>
<tr><td rowspan="2">种类</td><td colspan="3">电子货币</td><td colspan="3" rowspan="2">信用卡</td><td rowspan="2">借记卡</td></tr>
<tr><td>虚拟电子货币</td><td colspan="2">“卡基型”电子货币</td></tr>
<tr><td rowspan="2">载体</td><td rowspan="2">用户 ID 和密码</td><td colspan="2">非接触卡</td><td colspan="2">非接触卡</td><td rowspan="2">磁条卡</td><td rowspan="2">磁条卡</td></tr>
<tr><td>IC 卡</td><td>移动电话</td><td>移动电话</td><td>IC 卡</td></tr>
<tr><td>服务提供商</td><td>Chocom
WebMoney
Bitcash
NETCASH</td><td>Edy
Suica
ICOCA
Nanaco
WAON
PASMO</td><td>Edy
Suica
Nanaco
WAON</td><td>QUICPay
VisaTouch
ID</td><td>QUICPay
VisaTouch
Smartplus
PayPass
ID
PITATA</td><td>Relevant CreditCards</td><td>J-Debit
Visa-Debit</td></tr>
<tr><td>付款时间</td><td colspan="3">提前付款</td><td colspan="3">延迟付款</td><td>即时付款</td></tr>
</table>

资料来源：孙雯. 日本电子货币发展状况分析[J]. 中国信用卡，2009(9)：62.

Suica、Pasmo 是日本铁路和日本私营铁路的乘车卡，这种电子货币可以在便利店等很多地方使用。充值方式可以通过地铁口的充值机器，也可以绑定相关公司发行的有 Suica 功能的信用卡自动充值。Edy 是日本电商巨头乐天发行的电子货币，可以通过有 Edy 功能的信用卡充值，充值可以在乐天设定的充值机或带有 NFC 功能的个人电脑和 NFC 终端进行，使用 Edy 消费可以积累信用卡积分。在信用卡方面，日本的信用卡和我国不同，不单银行可以发信用卡，航空公司、铁路公司、百货商店、加油站、便利店、电商都可以发行自己的信用卡，发行的信用卡还可以附上各种各样的功能，如带有乘车卡功能(Suica、Pasmo)，带有高速路自动缴费的 ETC 功能，带有国内海外旅游保险等。

日本的电子货币形式种类繁多，呈现出如下特点：一是智能卡的发展较快，即“卡基型”的电子货币大多呈现多用途性质；二是电子货币在交通服务业领域发展迅速；三是电子货币的使用领域不断扩张。

3. 我国货币电子化发展现状

我国电子货币涵盖了银行卡(借记卡、信用卡)、储值卡(广泛用于城市交通的一卡通、水电费的缴费卡、公交卡等)和网络货币(腾讯的 Q 币等)等形式。我国电子货币发展并不成熟，各种电子支付手段主要是依托于银行账户进行货币转移，当前电子货币的主要存在形式是银行卡。我国的货币电子化主要是指公众用银行卡存款这种电子货币来代替现金货币，用银行系统的电子支付清算来代替现金支付结算的过程。银行卡是指经批准由商业银行(含邮政金融机构)向社会发行的具有消费信用、转账结算、存取现金等全部或部分功能的信用支付工具。商业银行发行的银行卡为我国当前电子货币的主要存在形式，非金融机构发行的电子货币数量相对较少，使用范围也相对比较狭窄。

与国外发达国家相比，我国银行卡起步较晚，仍处于发展的初级阶段，但其发展非常迅速。银行卡使我国商业银行的经营理念、经营策略和运行机制发生了转变，促进了个人金融业的发展。我国银行卡的起步从代理国外信用卡业务开始，经历了从准贷记卡起步，借记卡大力发展为过渡，并最终迎来信用卡发展条件日趋成熟的发展历程。我国的银行卡最早出现在 1979 年 12 月，当时中国银行广东省分行与香港东亚银行签订信用卡业务协议并代理其信用卡业务，这是中国银行业第一次办理银行卡业务。1985 年 3 月，中国银行珠海分行发行了我国第一张银行卡——“中银卡”，这是我国第一张具有自主品牌的银行卡。此后，各个银行开始发行自主品牌的银行卡：中国工商银行广州分行在1987年发行了“红棉卡”，1989年发行了“牡丹卡”；1990年，中国建设银行发行“龙卡”；1991年，中国农业银行发行“金穗卡”；1992年，深圳发展银行发行“发展卡”；1993年中国交通银行发行“太平洋卡”；国家邮政储汇局、广东发展银行、上海浦东发展银行、招商银行等也陆续加入发卡行列中。1994年，为了实现POS、ATM机和网络资源共享，改善银行卡使用环境，我国开启了金卡工程，逐步实现了18个试点城市银行卡跨行通用，推动了我国银行卡业务的快速发展。1997到2003年间，我国银行卡逐步实现了联网通用。2002年，中国银联股份有限公司成立，标志着我国银行卡产业进入新的发展时期。此后随着我国银行卡的种类和功能不断创新，服务领域不断拓展，现已成为大众日常生活必不可少的金融支付工具。

1997年，我国银行卡发卡量为0.72亿张，随后呈逐年增长趋势，且增长速度逐年加快。截至2015年末，我国银行卡发卡量累计超过54.42亿张，同比增长10.25%(如图1.1所示)。其中，借记卡在用发卡数量50.10亿张；信用卡和借贷合一卡在用发卡数量共计4.32亿张。全国人均持有银行卡3.99张，较上年末增长9.62%。

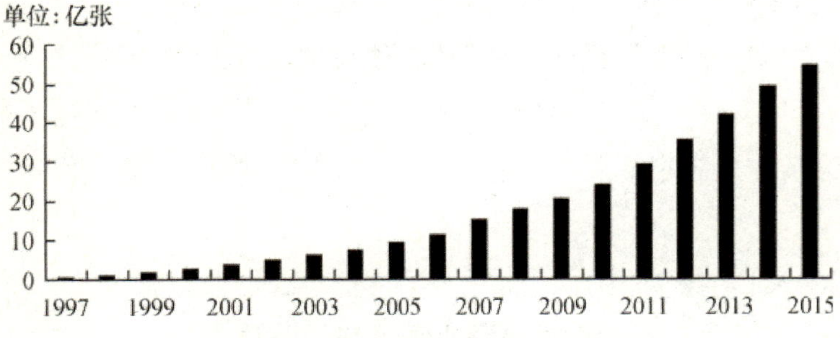

图1.1　我国银行卡发卡量变化趋势

与银行卡相伴随的受理市场环境也不断完善。如图1.2所示，2000年我国联网POS机和ATM机分别为28.8万台和3.3万台，截至2015年末，银行卡跨行支付系统联网商户1 670.00万户，联网POS机具2 282.10万台，ATM 86.67万台。

图 1.2 我国 POS 机和 ATM 机数量变化趋势

银行卡交易额持续增长，其中消费业务增长显著。如图 1.3 所示，2000 年我国银行卡交易额为 1.30 万亿元，银行卡消费额为 0.11 万亿元，随后呈缓慢增长趋势。2005 年以后，这种增长速度逐年加快，之后呈爆发式增长，2015 年，我国银行卡交易额为 669.82 万亿元，银行卡消费额为 55 万亿元。

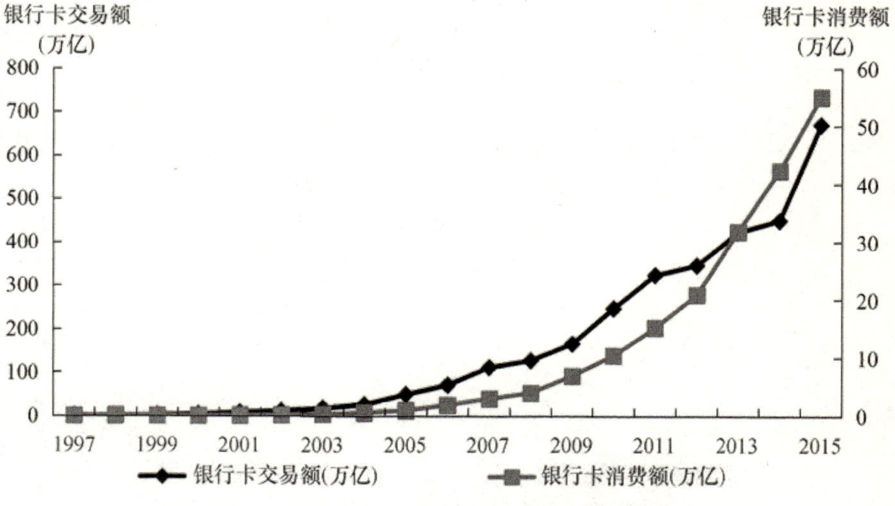

图 1.3 我国银行卡交易额与消费额变化趋势

银行卡渗透率[①]反映了银行卡被用来消费的使用程度。如图 1.4 所示，银行卡渗透率越来越高，其从 2008 年第一季度的 28.60%上升到 2016 年第一季度的48.35%，表明以银行卡为主要形式的电子货币对公众经济生活的影响越来越大。

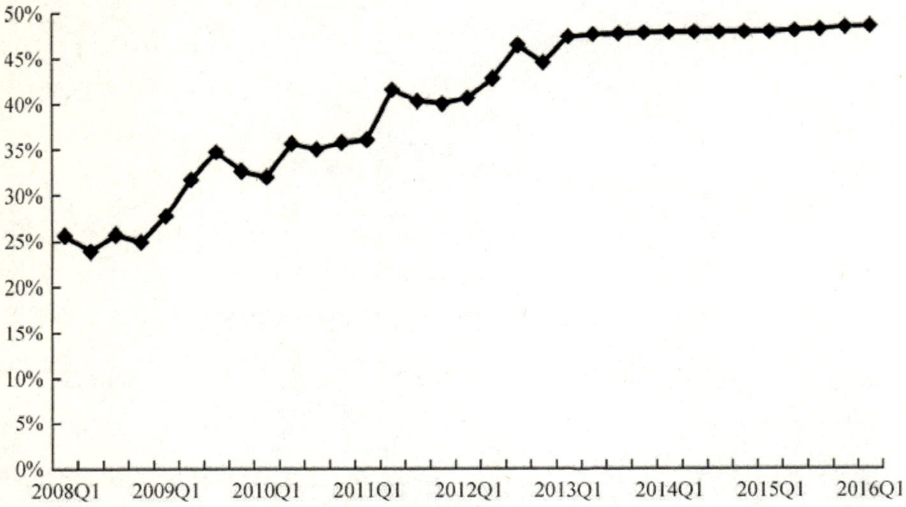

图 1.4　我国银行卡渗透率变化趋势

① 银行卡渗透率为银行卡消费额占社会消费品零售总额的比重。

1.3 货币政策有效性概述

货币政策是指中央银行或货币当局为实现一定的经济目标而采取的各种调节货币供给量或信用量的方针和措施的总称。广义的货币政策包括政府、央行和其他有关部门所有有关货币方面的规定和采取的影响金融变量的一切措施。而狭义的货币政策是指央行为了实现既定的经济目标,运用各种工具调节货币供给和利率,进而影响宏观经济的方针和措施的总和。我们通常所讲的货币政策多指狭义的货币政策,图 1.5 反映了货币政策的框架,包括货币政策目标(包括中介目标和最终目标)、货币政策工具以及货币政策的传导机制。

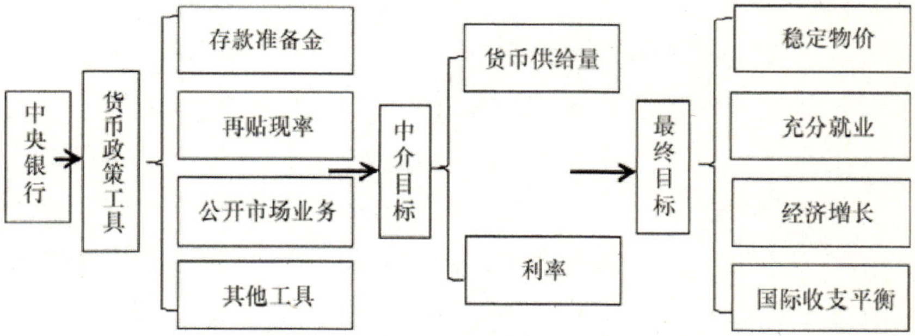

图 1.5 货币政策框架图

货币政策中介目标是指为了实现货币政策最终目标而选定的中间性或传导性金融变量。我国自 1998 年取消信贷规模指标之后,货币供给量一直是央行最主要的货币政策中介目标。货币政策最终目标是指货币政策的制定者所期望达到的货币政策的最终实施结果,其一般有四个方面:稳定物价、充分就业、经济增长和国际收支平衡。货币政策工具是中央银行为达到货币政策目标而采取的手段,一般性货币政策工具是中央银行最主要的货币政策工具,其主要包括存款准备金政策、再贴现政策和公开市场业务,这三项政策工具被誉为中央银行的"三大法宝"。货币政策传导机制是中央银行运用货币政策工具影响中介目标，进而实现最终目标的传导途径与作用机理。货币传导机制是否完善，直接影响货币政策的实施效果以及对经济的贡献。

货币政策有效性是指货币政策能否立足于特定的经济金融环境，运用特定的政策工具与政策手段选择，通过不同的传导机制，影响经济运行，引导社会资金的合理流动，提高资源配置的有效性，顺利实现其预定的调控目标①。这种对货币政策有效性的界定强调的是货币政策的实践方面，事实上它已经假定货币政策在理论上能够对经济产生实质性的影响。而从理论上而言，货币政策有效性是指货币供给量的变动是否有能力引起总需求和总收入水平的变动②。更广泛地讲，货币政策有效性存在程度上的区别，它取决于货币政策对产出和通货膨胀所造成影响的大小。也就是说，货币政策有效性是指货币政策能否对产出等真实经济变量产生实质性影响以及影响程度的大小，强调的是货币政策从理论上而言的影响能力和强度问题。

从根本上说，货币政策有效性至少包括两层含义：第一，货币政策能否对产出、就业等实际经济变量产生影响以及影响的程度如何；第二，货币当局是否有能力通过运用货币政策引导经济运行以达到既定的宏观经济目标。传统的货币政策理论认为，影响货币政策有效性的因素主要有：中央银行的独立性、货币的供给和需求、货币政策工具的选择、货币政策中介目标和最终目标的选取、货币政策传导机制的完善、制度因素等。在货币电子化背景下，电子货币均对以上影响货币政策有效性的因素有不同程度的影响，货币电子化对货币政策有效性的影响是不容置疑的。

---

① 巴曙松. 中国货币政策有效性的经济学分析[M]. 北京：经济科学出版社，2000.

② 李春琦. 中国货币政策有效性分析[M]. 上海：上海财经大学出版社，2003.

1.4　研究思路和方法

1.4.1　研究思路

首先，本书在全面回顾国内外相关文献的基础上，对已有研究进行了分类、归纳和评价，为进一步的研究打下了理论基础，并提出了本书研究的主要问题；其次，将电子货币纳入货币政策有效性的理论分析框架，用定性分析和定量分析相结合的方法系统性地分析了货币电子化对货币需求、货币供给、通货膨胀、货币政策传导机制以及居民消费行为的影响，从而揭示了货币电子化和货币政策有效性之间的相互关系和内在机理；最后得出了本书的基本结论并在此基础上提出了如何选择货币政策工具、货币政策中介目标和货币政策操作方式调整的政策建议。

1.4.2　研究方法

1. 实证分析和规范分析相结合的方法

研究货币电子化对货币政策有效性影响的问题首先需要回答货币电子化和货币政策有效性应该是什么，会受到哪些因素的影响，各种因素的具体影响情况是什么，以及我们应该使用什么方法和模型来研究货币电子化和货币政策有效性之间的相互关系和内在机理，并在研究之后根据得到的结论提出政策建议，此为规范分析的范畴；其次，还需要对货币电子化对货币政策有效性的影响进行量化分析，并对所用模型的系数进行估计，此为实证分析的范畴。

2. 定性分析和定量分析相结合的方法

本书的研究过程主要按照计量经济学建模的逻辑，首先理论分析货币电子化对货币需求、货币供给、通货膨胀、货币政策传导机制和居民消费行为的影响，接着利用我国的具体数据来构建计量模型量化货币电子化对货币政策有效性的影响，最后得出结论并提出政策建议。从表面上看，本书较多地采用了定量分析的方法，但事实上定量分析只是一种手段和过程，并不是目标和终点。本书的目的更多在于通过大量的定量分析，使结论更具说服力，从而使决策者对我国货币电子化和货币政策有效性的相互关系和内在机理有更深入的了解和掌握，为提高我国货币政策有效性提供更强有力的支持。

3. 比较分析方法

比较分析方法也是经济学研究中常用的方法之一，通过将不同的客观事物加以比较，我们能够对事物的本质和规律有更清晰的认识，并做出正确的评价。本书也较多地运用了比较分析方法，具体包括：首先，在比较电子货币和传统货币不同特征的基础上，介绍了电子货币的分类、特征以及货币电子化在全球的发展现状，为货币电子化对货币政策有效性影响的研究打下了基础；其次，将引入货币电子化的货币需求理论、货币供给理论、通货膨胀理论以及货币政策传导机制理论、消费行为理论与传统理论进行比较，分析货币电子化是如何影响货币政策有效性的；再次，本书在研究过程中注重分析国外货币电子化对货币政策的影响，使研究具有更强的针对性，同时避免了片面性；最后，将电子货币引入传统的货币理论模型并得出新的模型，对新模型和传统理论模型进行比较分析，并赋予新的货币政策涵义，使其在货币电子化背景下更符合实际。

1.5　结构安排

本书从货币电子化对货币政策影响的理论分析入手，将电子货币引入货币政策有效性的理论分析框架，通过实证分析来研究货币电子化对货币需求、货币供给、通货膨胀、货币政策传导机制和居民消费行为的影响，系统性地揭示货币电子化和货币政策有效性之间的相互关系和内在机理。本书的结构安排如图 1.6 所示：

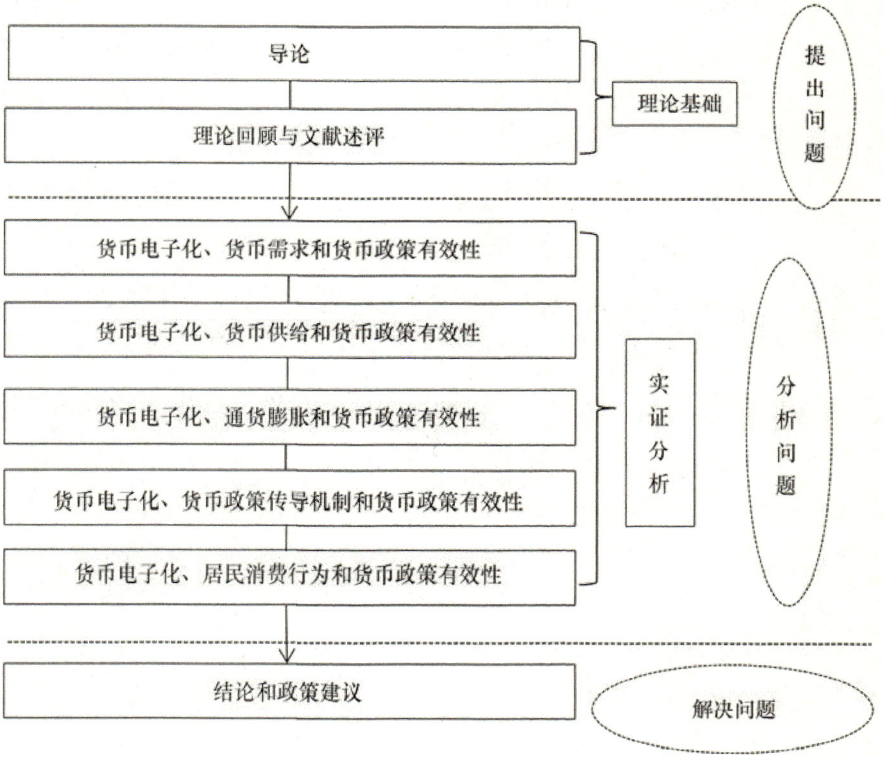

图 1.6　技术路线图

1.6 主要创新

与国内外大多数对货币电子化的研究不同，本书不仅仅停留在纯理论层面的定性分析上，而且主要对货币电子化和货币政策有效性的相互关系和内在机理进行了实证研究。具体而言，本书的创新点主要表现在以下两大方面：

一方面，本书在已有理论框架的基础上，构建了货币电子化对货币政策有效性影响的综合分析框架。将电子货币纳入到货币政策有效性的理论分析框架，结合实际数据，对货币电子化影响货币需求、货币供给、通货膨胀、货币政策传导机制和居民消费行为进行了实证分析，揭示了货币电子化和货币政策有效性之间的相互关系和内在机理。

另一方面，本书从微观角度构建了一个模型，分析了在面临宏观经济冲击时，货币电子化带来的交易成本下降对居民消费行为的影响。强调货币电子化支付的这一特征，并以此为出发点分析货币电子化背景下心理账户效应导致的冲动消费、电子消费信贷和非正规消费信贷、金融资产之间的快速转换等风险规模途径对居民消费行为的影响。这是对货币电子化和居民消费行为关系的深一步挖掘。

第2章 理论回顾与文献述评

西方学术界关于货币政策是否有效的问题存在很多争论,并因此形成了货币政策无效论和有效论两种不同见解。目前,大部分宏观经济学流派在理论上都认可货币政策的有效性。一般认为,货币政策在短期对实际经济活动具有重要而持续的影响,货币政策是有效的;而货币政策并不能实现长期的经济增长目标,货币政策的长期效果仅体现在物价水平的变动上。货币电子化是随着信息技术和网络经济的快速发展而出现的一种电子货币逐渐替代传统货币的现象和趋势。电子货币是一种新型信用货币,由于它的出现时间很短,尤其是在我国,从第一张银行卡的发行到现在虽然已有30多年的时间,但近十年来银行卡交易额才出现大规模的增长趋势,因此,对理论界来说电子货币还是一个新鲜事物,货币电子化的相关研究文献也比较缺乏。在不多的研究成果中,研究的重点主要集中在货币电子化背景下电子货币的风险和监管上,对货币电子化和货币政策有效性的研究可谓凤毛麟角。

2.1 货币政策无效论

2.1.1 古典学派的观点

让·巴·萨伊是古典经济学派最具代表性的人物之一，他提出的“供给自行创造需求”定理指出，经济不需要进行干预就可以自行地达到供需均衡。古典学派的这一理论是以完全竞争为前提的。首先，货币的唯一职能是充当商品交换的媒介。如果货币供给增加，则人们的货币支出也会增加，而在充分就业的情况下商品数量不会改变，因此货币供给的增加仅会使物价水平同比例上涨。其次，古典学派认为，劳动需求是劳动边际产出的函数，劳动供给是实际工资的函数。如果存在失业，则劳动者之间的自由竞争会使货币工资下降，最终实现充分就业；价格的自由升降可以调节商品的供求，实现总供给恒等于总需求；利率的自由升降可以调节资本的供求，实现资本市场的自动均衡。也就是说，古典学派的观点认为，货币供给的变化只会引起货币工资和物价水平的同比例变化，产出和就业不改变，因此货币政策是无效的。

2.1.2 理性预期学派的观点

以卢卡斯为代表的理性预期学派，在工资价格完全可伸缩的基础上提出了货币政策无效论。他们认为，经济主体可以获得一切可能的信息对未来进行合乎理性的预测，预测的误差是随机的，平均值为零。因此，在理性预期下，政府任何反周期的政策都会被抵消，如经济萧条时，政府采取扩张性的货币政策来刺激经济、扩大需求，在理性预期下，生产者们会很快从有关渠道掌握到需求增加是因为扩张性货币政策造成的信息并形成扩张预期，及时提高价格而不是产量；其他经济主体同时也会采取应对措施，工人要求提高工资，消费者提前购买，商业银行提高利率等等。这样扩张性货币政策最终只导致了价格和利率等名义变量的上升，而没有使产出水平发生变化，因此货币政策是无效的。

2.2 货币政策有效论

2.2.1 瑞典学派的观点

瑞典学派的先驱者维克塞尔否认了“萨伊定律”，他认为一般价格水平应该由全部商品的供给与需求决定，价格水平的变化与一个社会商品总量的需求和供给不一致有关。针对货币利率，维克塞尔提出了“自然利率”的概念，他认为自然利率是一种均衡利率，此时需满足三个条件：一是货币利率与自然利率相等；二是资本的需求和供给平衡，即投资等于储蓄；三是商品的一般价格水平稳定不变。当自然利率和货币利率不相等时，以货币利率低于自然利率为例，此时投资会增加，总需求也会增加，整个经济处于扩张和膨胀阶段，若此时有未经使用的资源存在，则产量、就业和价格都将增加。自然利率由客观的生产过程和实物资本的供求关系决定，而货币利率则由银行自主决定，因此唯一可行的政策措施就是由中央银行通过调整货币利率来使之与自然利率一致，从而达到稳定物价的目的。在维克塞尔的理论中，不难看出他认为货币政策是有效的。

2.2.2 传统凯恩斯主义的观点

凯恩斯认为，货币政策是否有效取决于货币政策能否有效地刺激意愿投资进而使有效需求增长。投资数量取决于利息率和资本的边际效率之间的对比关系，而资本的边际效率取决于资本的供给价格和预期收益。在凯恩斯的理论体系中，货币政策主要是通过对利息率产生作用而影响产出和就业的。这种影响的数量或程度（货币政策有效性）取决于人们的流动性偏好、资本的边际效率、工资和价格的可变程度等。在正常条件下，一方面，影响资本的边际效率的预期比较稳定；另一方面，人们的流动性偏好还没达到绝对的水平，货币需求具有有限的利率弹性，因此，货币供给量的增加可以使利息率下降，从而刺激投资增加，进而增加产出和促进就业，货币政策是有效的。但是，在严重的经济危机时期，依靠货币供给量的扩张来增加产出和促进就业的货币政策可能是无效的。因为此时，投资者对未来有悲观预期，由预期决定资本的边际效率降到了极低的水平，利率却不能无限降低，而是存在一个极限水平。因为当利息率降低到某一水平时，几乎每个人都宁愿持有现款，而不愿意持有利息率太低的债券，在这一场合，货币当局就会失去对利息率的控制权。如果利率不能降到资本的边际效率以下，投资者就不愿意追加投资，进而增加产出和促进就业，此时货币政策是无效的。

2.2.3 新古典综合派的观点

继传统凯恩斯主义之后，西方经济学界出现了新古典综合派，20 世纪 70 年代以前，它都是宏观经济学的主流，大多数经济学家都接受和使用这一分析框架。新古典综合派从货币需求和货币供给两方面发展了传统凯恩斯主义的理论。从货币需求来看，货币需求是收入和利率的函数，由于收入在短期是相当稳定的，因此短期内利率成为影响货币需求的主要因素。在充满不确定性的经济环境中，由于利率经常变动，货币流通速度也变得不稳定，货币供给量和名义产出之间不再有古典货币数量论所描述的那种稳定关系，货币政策具有了不确定性。从货币供给来看，由于货币供给量具有内生性，中央银行只对基础货币有完全的控制力，而对货币总量只有部分的控制能力，中央银行在实施货币政策时，非常注重对利率的调节，利率依然是货币政策影响产出和就业的主要渠道。

萨缪尔森和索罗在 1960 年把“菲利普斯曲线”移植到美国并加以改进。名义工资变动率是失业率和通货膨胀率的函数，名义工资必然滞后于货币供给量和当前价格水平的调整，价格不直接对需求变动做出反应，而根据标准生产条件下单位产品的生产成本加以确定。在这种“工资—价格”调整机制下，名义工资和价格具有黏性，货币供给量的变动立即引起总需求和产出的同向变动，却不引起名义工资和价格的同幅度变化，结果是实际货币余额和产出同方向变动，货币是非中性的，货币政策被认为是有效的。

2.2.4　新凯恩斯主义经济学的观点

新凯恩斯主义经济学目前仍在发展过程中，还没有建立起一套完整的体系，它实际上是多个分支、多种学术观点拼合在一起的，是有关反对经济自由主义思想，捍卫凯恩斯主义基本信条的松散联合。

新凯恩斯主义者认为，由于现实的经济环境非常复杂，人们难以在短期中形成对价格的理性预期，从而在短期的调整过程中，总供给曲线是向右上方倾斜的，而不是垂直的。因此，只要总供给曲线不是垂直的，供给对价格就是有弹性的，当总供给等于总需求时会出现非充分就业的情况，而通过调整总需求可以达到充分就业时的产出。在新凯恩斯的理论体系中，市场不能够自动出清，实际产量和就业量会经常波动，并且具有非瓦尔拉斯均衡的性质，名义总需求的冲击会引起非自然失业，造成实际就业量和产量的波动，因而货币政策是有效的。

2.3 国外相关文献综述

国外电子货币产生较早，发展速度较快，对货币电子化的研究文献也相对较多，研究文献主要来自国外研究机构和学者发表的学术论文。研究内容主要涉及消费者隐私权保护问题、犯罪分子滥用问题、电子货币的发行主体问题、货币政策有效性问题、中央银行是否会消亡问题等等。

2.3.1 国外研究机构的相关研究

国外最早对货币电子化的研究来自国际清算银行的支付与清算委员会(BIS)，其1996年关于电子货币的第一份报告《电子货币的安全性》(Security of Electronic Money)就对电子货币的特点和潜在的风险进行了剖析，并对当时不完善的风险衡量机制表示担忧。BIS在同年10月发布了第二份关于电子货币的报告《电子货币的发展对中央银行的含义》(Implication for Central Banks of the Development of Electronic Money)认为，电子货币的快速发展将会改变普通居民的支付习惯，进而影响货币流通体系、货币政策、央行的独立性以及商业银行的监督管理。BIS于2001年11月发表了题为《电子货币发展的调查》(Survey of Electronic Money Development)的报告，该报告在之前报告的基础上进一步对82个国家电子货币的发展和使用情况进行了详细介绍，并提出了电子货币在发展过程中可能会出现的问题以及中央银行应采取的对策建议。BIS之后又在2004年4月出版了题为《电子货币和互联网及移动支付发展的调查》(Survey of Developments in Electronic Money and Internet and Mobile Payments)的报告，报告在对电子货币定义、发展状况讨论的基础上，对电子货币的网上支付以及电子货币对货币政策的影响进行了分析，认为电子货币对货币供给和货币流通的影响越来越明显。除此之外，欧洲中央银行(1998)通过对欧元区的电子货币发展进行调查，提出电子货币的发展将会对货币政策有效性产生影响，预示在以后制定货币政策的过程中，中央银行需要将电子货币对货币政策的影响因素考虑在内。2000年，欧盟委员会颁布《关于电子货币机构业务开办、经营和审慎监管的2000/46/EC指令》，明确电子货币的发行主体为信用机构，包括银行和电子货币机构，并对电子货币机构的资质提出了明确要求：初始资本不得低于100万欧元，自有资金要始终大于或等于其未偿付电子货币余额的2%。随着货币电子化的进一步发展，将电子货币的发行主体限制为银行和电子货币机构，对电子货币的创新和发展造成了一定的限制。为此，2009年，欧盟委员会对2000年颁布的指令进行修改，颁布《关于电子货币机构业务开办、经营和审慎监管的2009/110/EC指令》，降低了电子货币发行主体的门槛，将电子货币发行主体增加了获得电子货币发行资质的邮政转账机构、欧洲中央银行和各成员国中央银行（在其不作为货币管理当局或其他公共管理部门时）、成员国地方政府（作为公共管理部门时），且初始资本降低到35万欧元。国际清算银行（1997）还曾对中央银行发行电子货币进行了研究，认为如果中央银行发行电子货币则可以保证铸币税收入，如果只允许银行机构发行，且按照100%储备金规定，那么与中央银行发行类似，但这都将阻碍支付技术的革新。

2.3.2 国外学者的相关研究

伯申腾和赫布因克（Boeschoten and Hebbink，1996）估计了货币电子化对通货需求的影响，并对主要国家铸币税收入减少的数额进行了推算，他们认为电子货币的存在会降低中央银行对基础货币的控制能力。

所罗门（Solomon，1997）在研究货币电子化对货币供给的影响时认为无论是M_1、M_2还是M_3，电子货币的发行数量都应该直接计入到货币总量里面，这样就带来了货币乘数的显著增加。

贝雷特森（Berentsen，1998）从货币电子化对货币需求的影响入手，讨论了货币电子化背景下中央银行货币政策的执行以及货币电子化对货币政策有效性的影响。他提出了货币电子化对现金的替代会引起货币总供给的变化。贝雷特森考虑了货币电子化对现金的替代而没有考虑对存款的替代。

辛格（Supriya Singh，1999）认为货币电子化会提高电子商务的效率和货币的流通速度，并对如何运用电子货币和提高电子货币的使用效率提出了一些建议。弗里德曼(Friedman,1999)认为货币电子化导致的商业银行对存款准备金需求的下降必然会使中央银行控制利率的能力减弱。

迪亚斯(Joilson Dias,2001)从社会福利的角度分析了货币电子化对货币政策的冲击,并利用简单的理论模型对巴西的情况进行了实证分析,他认为,作为一种支付手段,电子货币的使用增加了社会福利。博森(Bossone,2001)认为货币电子化降低了交易成本,银行和非银行的服务需求会增加,传统的银行业会受到挑战。

约翰·霍金斯(John Hawkins,2002)认为货币电子化会使中央银行的资产和负债项目缩减,中央银行难以控制商业银行的行为,降低了对基础货币的控制能力,同时货币电子化也会对金融市场和货币政策有效性产生影响。伯克(Berk,2002)指出货币电子化会对中央银行产生明显影响,货币电子化会对中央银行发行的通货和传统银行的存款产生替代,特别是明显减少了商业银行在中央银行的准备金。斯托特和格罗韦(Storti and Grauwe,2002)指出货币电子化会使最佳货币区域增大,加快货币流通速度,从而影响中央银行货币政策的实施。苏利文(Sullivan,2002)认为货币电子化的广泛使用会限制中央银行对货币供给的控制能力,使货币流通速度加快、铸币税收入减少、货币乘数发生变化等等。

戈麦斯(Gormez,2003)讨论了货币电子化与自由银行的联系,认为货币电子化导致了货币支付范围的扩大和支付效率的提高,并有利于解决传统货币存在的一些问题。詹森(Janson,2003)从两方面讨论了货币电子化对货币政策的影响。一是货币电子化会导致自由银行的产生吗?二是如果是这样,货币电子化会挑战到中央银行对货币供给的控制权吗?

福格尔斯罗姆和欧文(Fogelstrom and Owen,2004)通过调查美国2001年的银行客户资金情况发现,电子货币发行主体的多元化,特别是私人部门大量发行电子货币导致中央银行资产的减少,中央银行在进行货币政策制定时必须加以考虑。

哈尔平(Halpin,2009)解读了欧盟最新版电子货币指导中的内容,指出最新政策削弱了电子货币的发行壁垒。

Fujiki和Tanaka(2014)基于微观个体家庭数据的实证结果,发现货币电子化教育比纸币交易更加直接、交易时间减少、交易成本下降。

此外，国外学者关于货币电子化对货币政策有效性影响的主要观点中，大多数学者认为，货币电子化会削弱货币政策有效性。但是，对于削弱程度的判断却存在明显的分歧，一方面认为货币电子化对货币政策有效性的影响是有限的，另一方面认为从根本上抵消了货币政策效果。以下是国外学者的几种不同观点。

本杰明·弗里德曼(Benjamin Friedman，1999)一篇《货币政策的未来：中央银行会成为一个仅有象征性兵力的军队吗?》的论文，引起了人们对未来货币政策有效性的广泛争论。他认为一旦公众完全使用电子货币进行交易，基础货币量的变动就难以影响公众对货币的需求，央行也不能通过货币乘数来有效地控制货币供给。在这种情况下，未来的中央银行将成为只有信号兵的军队。它只能向私人部门提出货币政策的发展前景，却无法干预私人部门的政策预期和行为选择。

黙文·金(Mervyn King，1999)的观点比较激进。他认为，20世纪是央行发展的黄金时期，尤其是信用纸币取代商品货币之后，央行作用的重要性被前所未有地凸显出来。但是，随着电子货币逐渐替代基础货币，央行作为基础货币供给者的垄断地位不断下降，商业银行不再需要基础货币就能够满足结算账户的平衡需要，一旦电子货币完全替代了基础货币，货币政策就会失去其调控经济的作用，央行最终只能退出操纵货币政策的舞台。

肯维道(Kevin Down，2001)的观点更为激进，他认为，随着电子货币的发展，其将会成为中央银行货币的替代物，公众对中央银行货币的需求会极大降低，对中央银行货币需求的减少会给中央银行带来许多问题。第一，在中央银行货币供给保持不变的情况下，对中央银行货币需求的降低，会使货币供给大于货币需求，将不可避免地产生通货膨胀；如果中央银行想避免通货膨胀，就不得不减少货币供给，中央银行不得不赎回自己发行的货币，这样他们从货币创造中取得的收入及铸币收入将减少甚至可能会成为负值，从而遭受较大的损失。在这种情况下，中央银行如果想避免破产就必须寻求政府的帮助，而这将会威胁到中央银行目前引以为豪的独立性。第二，随着中央银行货币需求的持续下降，外部冲击(比如电子货币技术的改进)将会对价格水平产生越来越强的影响。也就是说，价格会变得易于波动。为了保持价格的稳定，中央银行将不得不采取合适的规则来代替相机抉择货币政策，电子货币导致中央银行的相机抉择货币政策无法实行，法定货币将最终消亡。

然而，查尔斯·古德哈特(Charles Goodhart，2000)表达了不同的观点。他认为，虽然电子货币可以替代基础货币，但是这种替代并不完全，人们对中央银行通货的需求仍然存在。例如，非法经济活动离不开现金交易，因为电子货币的非匿名性使得它容易被警方发现。即使非法经济活动对货币的需求达到最小化，甚至完全消失，公众对基础货币的需求仍然存在。因为财政部门所征收的税款仍来源于基础货币，而不是没有基础货币支撑的、由私人部门发行的电子货币。另外，由于大部分电子货币不具备现金的匿名性，不是法定货币，信用也远不及由国家信誉担保的中央银行货币，公众大面积地接受电子货币还需要相当长的时间，因此电子货币很难对中央银行货币造成威胁。即使中央银行货币的需求消失，中央银行仍然能够规定国家的名义利率，因此，货币电子化不会明显削弱中央银行的货币政策有效性。查尔斯·弗里德曼(Charles Freedman，2000)也认为，央行作为最后贷款人对稳定经济发挥了极大作用。目前，央行在办理银行间的支付结算，防范金融风险等方面仍然具有无可比拟的优势。货币电子化虽然可以打破央行对货币供给的垄断，但不会威胁到央行的银行支付结算办理者和最后贷款人的地位。所以，央行的货币政策仍然会在经济活动中发挥其独特的作用。

伍德法得(Michael Woodford，2000)对信息经济下中央银行能通过货币政策影响利率分析得最为透彻。他指出，在法币制度下中央银行能确定其负债的利率水平，因此中央银行可以不必进行大规模的操作就可以确定利率。由于商业银行无法准确地预期公众未来的收支状况，所以必须持有准备金以保证对公众的及时偿付。公众为了日常支出便利，也需要持有一定比例的现金。因此不论货币电子化发展到什么程度，它都无法完全取代基础货币。伍德法得还采用实证方法详细分析了加拿大、澳大利亚、新西兰等国的经验，提出在货币供给量保持不变的情况下，央行可以通过对准备金存款付息来实现对隔夜拆借利率的调节，最终保障货币政策的有效性。

2.4 国内相关文献综述

我国电子货币的出现较晚，直到 90 年代中期，随着电子商务的兴起，电子货币才进入人们的视野。近年来我国货币电子化的发展有明显加快的趋势，主要表现在电子货币的发行量逐年增加、使用范围更加广泛、对现金和银行存款的替代效应越来越明显；同时，电子货币的产生和发展正在改变着我国公众的消费习惯和支付方式，对我国的经济系统和货币政策有效性也产生了深远的影响。国内学者对此进行了广泛深入的研究，并取得了一些有价值的成果，其中具有代表性的观点有：

尹龙(2000)对货币电子化影响货币供给和需求、中央银行的独立性以及电子货币的监管进行了研究，并提出了一些政策建议。赵家敏(2000，2001)先后讨论了电子货币的使用改变了货币乘数，并分析了网络经济对消费者流动性偏好、货币流通速度和货币政策中介目标的影响等问题。

谢平、尹龙(2001)指出货币电子化的发展影响了货币供求理论和中央银行对货币政策的控制力度，货币乘数会增大。董昕、周海(2001)在分析货币电子化对货币需求的影响时认为，电子货币的替代作用使流通中的现金减少，加快了货币流通速度，也使现金交易的次数减少。如果数字化现金脱离银行账目，公众对中央银行的货币需求量将减少。

陈雨露、边卫红(2002)认为货币电子化会同时替代流通中的现金和银行存款，而且对现金的替代大于对存款的替代，这降低了存款准备金余额。杨路明、陈鸿燕(2002)分析了货币电子化对货币政策中介目标可测性和可控性的影响，他们认为，货币电子化正在使货币政策中介目标的科学性和合理性日益下降。从可测性看，货币电子化分散发行，使各层次货币迅速转换、金融资产之间替代性增强、货币流通速度加快等，降低了货币数量的可计算和测量性。从可控性看，货币电子化使货币乘数和货币流通速度的不稳定让货币量的可控性面临严峻挑战。蒲成毅(2002)结合中国货币供应的实际,认为数字现金会使货币流通速度先下降后上升,即货币流通速度变化特征呈V字形。

尹龙(2003)论证了货币电子化使货币乘数的公式更为复杂,影响货币乘数的因素增加了,而且新增因素大多为经济运行中的内生变量,增强了货币乘数的内生性。李羽(2003)考虑到电子货币的发行者需要一定的纸币储备以备付,因此电子货币不应当100%地加入到货币供给中,这样会带来重复计算。胡海鸥和贾德奎(2003)指出货币电子化将减少公众对中央银行基础货币的需求,增强货币乘数的内生性,削弱以货币供给量为货币政策中介目标的货币政策效果,甚至可能使其失去作用。褚俊虹(2003)指出传统货币条件下,货币的流通手段和价值尺度职能是统一的;但是在电子货币取代纸币的条件下,货币乘数由货币流通速度内生决定,可以趋向于极大甚至无穷大,中央银行获取铸币税和经济调控权的模式因而失效,并将最终导致货币两大职能的分离以及传统货币概念的消失。

靳超、冷燕华(2004)认为电子货币作为一种媒介工具,将更多的货币纳入到银行系统乘数创造过程中,从而总体上增大了货币乘数。韩留卿(2004)认为随着互联网的进一步发展,有形货币将进一步被电子货币取代。由于电子货币在研发、营运等方面与传统货币显著不同,因此其对金融机构的运营、中央银行的货币政策必然会带来影响。在电子货币条件下,央行通过对利率程序进行货币政策的操作要优于对基础货币量的操作。

唐平(2005)指出货币电子化将使现金漏损率、定期存款比率以及总准备金率发生变动,进而影响货币乘数。王倩、纪玉山(2005)认为电子货币的私人发行不仅仅使货币形式发生变化,还会对货币供应机制产生重大冲击,电子货币的分散发行所催生的竞争性货币供应格局潜存着货币发行量失控的风险。王倩(2005)认为,在界定电子货币的货币属性,分析其价值尺度、流通手段、支付手段、储藏手段和世界货币的职能,以及分析其内在价值时,应依据马克思主义货币观。电子货币是一种竞争性货币,但本身并没有内在价值,并没有推翻符号货币是一般等价物,其本身并不具备内在价值这一传统理论。詹斌(2005)认为,在网络技术进步和电子商务快速发展两驾马车的推动下,货币电子化正在动摇传统支付方式的支配性地位。电子货币的出现为社会带来了巨大好处的同时，也存在引发金融风险的潜在因素。这一风险对经济处于高速发展的我国危害程度更大，我国金融监管当局要积极研究防范对策，才能更好地适应这一货币形态演变的最新形势。

王剑(2006)发现货币电子化对货币体系产生的影响很大程度上取决于电子货币发行主体、发行机制的设立，在目前电子货币占市场份额还很小，对货币体系、货币政策影响有限的情况下，央行等监管者的工作策略应重点放在发行主体的认定与监管、法制建设等方面。刘向明、李玉山(2006)认为货币电子化对货币结构、内涵以及货币供求都带来了巨大冲击，使得货币政策有效性可能失去作用的基础；同时电子货币也带来了监管方面的问题，中央银行需要转变政府职能，建立一套有效的监管体系和审慎的监管机制，以保证既能鼓励电子货币的发展与创新，又能将可能的风险控制在合理范围内。周光友(2006)基于协整的实证研究，验证了电子货币具有替代加速效应和替代转化效应。两个效应的存在使电子货币并没有加快货币流通速度，反而导致了货币流通速度的下降，这与大多数学者的研究相反。

周光友(2007)认为电子货币对传统的货币形式产生了大量的竞争替代，并对电子货币和货币流通速度的相关性进行了检验，认为电子货币对货币流通速度具有显著的影响。门洪亮(2007)认为在网络经济下电子货币供给有两种形式：一是电子货币仅作为支付手段时的供给机制；二是电子货币作为银行一般性负债时的供给机制。网络经济下电子货币的供给完全是一种竞争性的市场行为，其必将对中央银行垄断货币供给的机制提出挑战。张德成(2007)从微观经济学的视角对电子货币发行机构、商家和消费者的竞争行为、选择行为、交易定价和融资行为进行研究，分析了商家在完全垄断、寡头垄断两种结构下的电子货币竞争格局。

王倩、杜莉(2008)通过实证分析表明，货币电子化对货币乘数的影响并不是单一的扩张作用而是双重的，同时货币电子化增强了货币乘数的不稳定性，增大了货币供给的内生性。

周光友、张炳达(2009)通过对电子货币与交易性货币供给的相关性进行统计检验，指出电子货币对交易性货币有着明显的替代效应，它不仅改变了货币供给结构，而且给传统货币层次划分方法带来了新的挑战。

周光友(2010)对电子货币和货币流动性的相关性进行了统计检验,结果表明电子货币对流动性较强的货币有着明显的替代效应,并导致了流动性较强的货币向流动性较弱的货币转化,从而使货币流动性处于持续下降的趋势。梁强、唐安宝(2010)通过建立状态空间模型,利用动态系数展现了电子货币对货币乘数的动态影响,电子货币使用率的提高对货币乘数的影响是双重的。

周光友、徐泽坤(2011)将货币电子化引入通货膨胀形成机制的理论分析框架,通过实证分析表明电子货币对通货膨胀的放大效应和加速效应,加大了中央银行调整货币政策的难度。刘光友(2011)研究了日本货币电子化对货币政策的影响,实证结果表明,日本电子货币的发展暂未对广义货币乘数和金融支付体系产生显著影响,但狭义货币供给的有效性明显决定了日本货币电子化的发展。

苏素(2012)将电子货币引入 CPI 调控的理论分析框架,运用计量模型分析电子货币化时代 CPI 的影响机制,发现电子货币的使用能从一定程度上推高 CPI 值。甘元玲、谭建春(2012)运用协整理论和误差修正模型,对我国 1990—2010 年期间的电子货币和货币流通速度进行了研究分析,指出电子货币对货币流通速度有显著的影响,电子货币对 M_0 的替代加速效应强于替代转化效应,通货流通速度(V_0)呈上升趋势;电子货币对 M_1 和 M_2 的替代转化效应强于替代加速效应,狭义货币流通速度(V_1)和广义货币流通速度(V_2)呈下降趋势。

王亮(2013)将电子货币引入通货膨胀形成机制的理论分析框架后发现,电子货币通过改变货币供求结构和货币流通速度产生了通货膨胀效应。基于 2003—2011 年的季度数据,误差修正模型的实证结果表明,我国电子货币的通货膨胀效应显著存在,当前货币流通速度的下降降低了通货膨胀率,但未来货币流通速度的上升会加速通货膨胀。此外,我国电子货币通过减小货币乘数提高了通货膨胀率。谢平和刘海二(2013)认为未来移动支付是电子货币形态的主要表现形式,二者具有网络规模效应。移动支付使货币需求的形式发生改变,并大大降低了货币控制的有效性,这时需要新的货币政策工具来应对这一冲击。

孙国峰(2014)构建模型分析了基于自由竞争市场的私人电子货币发行对信用货币体系的影响,讨论了不同均衡状态下社会福利水平的变化。当居民消费意愿较低但投资及生产意愿较高时，电子货币和法币易达到均衡。私人电子货币与法币共存，共同充当交易中介，且各自保持合适的规模能够促进生产且提高社会的福利水平。有效的私人电子货币体系能够吸收经济体中过量发行的法偿货币。同时，中央银行有必要通过设置准备金率要求等措施对私人电子货币进行监管，以防止私人电子货币滥发带来的流通价值下降及潜在金融风险。王亮(2014)认为电子货币通过对传统货币进行替代改变了货币流通速度，进而影响到货币政策的有效性。研究认为，电子货币对传统货币的替代程度较低时，替代转化效应起主导作用；随着电子货币对传统货币的替代程度不断提高，替代加速效应会起到主导作用。在这个过程中，货币流通速度会呈现先下降后上升的 V 字形变化特征。基于协整的实证结果表明，我国电子货币对 M_0 的替代程度较高，这提高了货币流通速度；电子货币对 M_1 的替代程度相对较低，这降低了货币流通速度。整体来看，当前我国电子货币仍处于使货币流通速度下降的阶段。周光友、邵锦萍(2014)将凯恩斯的货币需求理论引入到电子货币对商业银行流动性需求影响的分析框架中，从而构建基于电子货币的流动性需求理论模型；同时选择相关的数据和变量，通过建立 VAR 模型，检验电子货币与商业银行流动性需求之间的相关性。结果表明，电子货币的产生会使商业银行交易性流动性需求的备付金需求减少，同时会增加对预防性流动性需求的法定存款准备金需求，减少对投机性流动性的需求。

周光友(2015)的研究表明，电子货币产生的替代转化效应和替代加速效应会改变货币流通速度，降低交易性货币需求，加之电子货币对货币乘数的放大作用，其对通货膨胀会产生放大和加速效应，这加大了货币政策最终目标的实现难度。胡再勇(2015)从狭义电子货币影响货币供求的角度，选择影响短期利率的变量并构建模型，发现狭义电子货币对 30 天 Chibor 利率的影响不显著，而主要受传统货币电子化、移动支付等影响的变量之间存在长期协整关系，货币供给流动性、金融电子化程度和现金漏损率对 30 天 Chibor 利率的影响为正。宋芳秀和胡修修(2015)使用月度数据实证分析表明，控制法定存款准备金、超额存款准备金率等因素之后，电子货币仍然能够显著放大货币乘数。货币的电子化已经使得货币当局通过货币供给量这一中介目标进行宏观调控的效果大打折扣。随着利率市场化改革的深入和利率作用机制的逐步理顺，中国人民银行应尽快推动货币政策从数量调控向价格调控转化。印文、裴平(2015)通过实证检验指出，我国的货币政策有效性较差，而且其对宏观经济的调控具有滞后效应；但在我国货币电子化程度不断提高的背景下，货币政策的有效性得到了提高，这种提高作用具有即时效应和滞后效应。基于此，中国要深化金融改革，不仅要不断完善货币政策本身的有效性，还要在防范货币电子化可能产生风险的前提下，以积极的姿态推动货币电子化进程，从而可以更加显著地提高货币政策的有效性。

2.5 本章小结

本章对西方学术界关于货币政策是否有效的问题的争论进行了梳理与总结，并对国内外货币电子化的相关研究进行了概况和归纳。电子货币对于理论界来说还是个新鲜事物，虽然从电子货币产生伊始，国外电子货币发展相对较快的国家就对它开始进行研究，但由于电子货币产生的时间较短以及它自身具有的特性，使得研究电子货币的文献相对缺乏。从已有的研究成果来看，研究内容主要集中在货币电子化对中央银行的独立性、货币的供给和需求、货币政策等影响的某一个方面的分析上，且多数为定性分析。货币电子化对中央银行的地位、货币政策效应和传统的货币金融理论带来了前所未有的挑战，在这一点上理论界已经达成共识。但货币电子化对货币乘数、中央银行的独立性以及货币政策有效性的影响程度等方面还存在争议。具体来说，已有研究尚有以下不足：一是定性分析较多，定量分析较少，缺乏说服力；二是鲜有把货币电子化作为影响货币政策有效性的一个主要因素的研究；三是已有研究主要是关于货币电子化影响货币政策有效性涉及的某一变量的分析，缺乏系统性的研究。基于此，本书从货币电子化对货币政策影响的理论分析入手，将电子货币引入货币政策有效性的理论分析框架，通过实证分析来研究货币电子化对货币需求、货币供给、通货膨胀、货币政策传导机制和居民消费行为的影响，系统性地揭示货币电子化和货币政策有效性之间的相互关系和内在机理。

第3章 货币电子化、货币需求和货币政策有效性

现有的货币需求理论以传统货币作为分析基础，主要包括货币学派和凯恩斯学派的货币需求理论。过去30年，货币领域出现了大量创新，货币形式呈现电子化趋势，货币电子化对货币需求产生了强烈冲击，进而影响了现有的货币需求理论。货币需求理论和货币供给理论是现代货币理论体系中最基本也是最重要的两大理论，货币电子化对货币政策有效性的影响也主要通过对货币需求和货币供给的影响体现出来。总体而言，货币电子化对货币需求的影响主要集中在以下三个方面：一是货币电子化对微观主体货币需求动机的影响；二是货币电子化对货币需求的目标变量及函数中的各个决定变量的影响；三是货币电子化对货币流通速度的影响。

3.1　货币需求理论回顾

一般而言，货币需求是指社会各部门在既定的收入或财富范围内能够而且愿意以货币形式持有的数量。在高度货币化的经济社会里，社会各部门需要持有一定的货币去进行媒介交换、支付费用、偿还债务、从事投资等活动，由此便产生了货币需求。

3.1.1　费雪方程式

费雪方程式可表示为：

$$MV=PY \tag{3.1}$$

其中，M 为名义货币需求；V 为货币流通速度；P 为价格水平；Y 为实际总产出。在公式中，P 的值取决于 M、V、Y 三个变量的相互作用，M 是由公式以外的因素决定的；V 由于制度因素在短期内不变，可视为常数；Y 由生产要素和生产函数决定，因此 P 的值特别取决于 M 数量的变化，费雪方程式认为，流通中的货币数量对物价具有决定性作用。

3.1.2　剑桥方程式

剑桥方程式可表示为：

$$M=KPY \tag{3.2}$$

其中，M 为名义货币需求；P 为价格水平；Y 为实际总产出；K 为以货币形式持有的财富占名义总收入的比例。

这一方程指出货币需求是一种资产选择行为，与人们的名义总收入保持一定的比率，并假设整个经济中的货币供求会自动趋于均衡。与费雪方程式比较可得：$K=1/V$，两个方程的差异：一是对货币需求的侧重点有所不同；二是费雪方程式注重货币支出的数量与速度，而剑桥方程式注重货币持有的存量占收入的比例；三是两个方程强调的货币需求决定因素有所不同。

3.1.3 凯恩斯的货币需求理论

凯恩斯继承了剑桥学派的分析方法，从资产选择的角度来分析货币需求。他把人们的货币需求动机分为交易动机、预防动机和投机动机三种。由交易动机和预防动机构成的货币需求为货币的交易性需求，其是收入的函数；由投机动机构成的货币需求是货币的投机性需求，其是名义利率的函数，由此得出了凯恩斯的货币需求函数为：

$$L(Y,i)=L_1(Y)+L_2(i) \tag{3.3}$$

货币总需求 $L(Y,i)$ 等于货币的交易性需求 $L_1(Y)$ 和投机性需求 $L_2(i)$ 之和。交易性需求主要与交易的商品和劳务有关，是国民收入的函数，而且收入越多，交易性需求也越多，因此交易性货币需求是收入的递增函数。投机性需求主要与货币市场的名义利率 i 有关，而且名义利率越低，投机性货币需求越多，因此投机性货币需求是名义利率的递减函数。凯恩斯认为，实际货币需求不仅受实际收入的影响，而且还受名义利率的影响。这一结论蕴含着另外一个重要的意义，即货币流通速度也受名义利率的影响，因而是多变的。

在凯恩斯的货币需求理论中，由流动性偏好决定的货币需求在数量上主要受到收入和利率的影响。其中交易性货币需求是收入的递增函数，投机性货币需求是利率的递减函数，因此，货币需求是有限的。但当利率降到一定低点之下，由于利息率太低，人们不再愿意持有没有什么收益的生息资产，而宁愿以持有货币的形式来持有其全部财富。这时货币需求不再是有限的，而是变得无限大。如果利率稍微下降，不管中央银行增加多少货币发行量，其都将被货币需求所吸收，即进入了凯恩斯所谓的"流动性陷阱"，这种情况下，中央银行试图通过增加货币供给量来降低利率的货币政策就会失效。

3.1.4 弗里德曼的货币需求理论

弗里德曼继承了凯恩斯等人把货币看成一种资产的观点，从而把货币需求当做财富所有者的资产选择行为来加以考察。与凯恩斯不同的是，弗里德曼并不把资产选择的范围仅限于货币和债券，而是把债券、股票等各种实物资产都列为可替代货币的资产，从而使资产选择的范围大大扩大。

弗里德曼认为影响财富所有者持币愿望的因素主要有以下几个方面：第一是财富总量，由于财富难以统计，现期收入又容易受经济波动的影响，因此最好用持久性收入来代表财富。所谓持久性收入，是指消费者在较长一段时间内所获得的平均收入。第二是财富在人力和非人力形式上的划分，人力财富向非人力财富的转化由于制度方面的约束而受到限制，因此人力财富的流动性较低，人力财富占财富总额比例较大的财富所有者将试图通过持有更多的货币来增加其资产的流动性。弗里德曼据此认为，非人力财富占总财富的比例是影响货币需求一个重要因素。第三是持有货币的预期报酬率，它包括：持有存款的利息收入和银行为支票存款提供的各种服务。第四是其他资产的预期报酬率，即持有货币的机会成本，包括债券的预期收益率、股票的预期收益率、预期物价变动率。最后是其他因素，如财富所有者的偏好等。弗里德曼的货币需求函数可表示为 $M=f\left(P,r_b,r_e,\frac{1}{p}\cdot\frac{dp}{dt},W,Y,u\right)$。该公式中，$M$ 表示名义货币需求量，P 表示物价水平，r_b、r_e 分别为债券和股票的预期收益率，$\frac{1}{p}\cdot\frac{dp}{dt}$ 表示物价水平的预期变化率，也就是实物资产的预期收益率，W 为非人力财富占总财富的比例，Y 为名义持久性收入，u 表示影响货币需求的其他因素。

弗里德曼的货币需求函数暗含着这样的结论：货币需求对利率并不敏感。这是因为利率往往和货币的预期收益率同方向变动，由于影响货币需求的是货币和其他资产之间相对报酬率的高低，所以当货币的预期报酬率和其他资产的预期报酬率同向变动时，货币需求将相对保持不变。货币需求本身是相当稳定的，它不会发生大幅度的变化。因此货币流通速度是稳定的、可以预测的。这样当货币供给发生变化时，把货币流通速度的预测值代入费雪方程式，就可以估计出名义国民收入的变动。

3.2 货币电子化对货币需求的影响

货币电子化使货币需求的目标变量及函数中的各个决定变量发生了改变，货币电子化对微观主体货币需求动机和货币流通速度也产生了影响。这都使货币需求的稳定性下降，从而降低了货币政策有效性。

3.2.1 货币电子化对货币需求目标变量及函数决定变量的影响

货币需求的目标变量是货币需求研究对象的实证定义。预测货币需求量是研究货币需求的一个重要目标，这就要求货币需求的目标变量必须明确且易于统计和计量。另外，由于中央银行在制定货币政策时，必须明确货币需求目标变量和函数中所包括的变量之间的相互关系，才能做到有的放矢，这就要求中央银行能够直接或间接地控制货币需求的目标变量。在传统的货币条件下，货币需求目标变量的最佳选择是 M_1，但是随着货币电子化的发展，电子货币具有的高流动性和实时交易的特点使得各种金融资产（不同货币层次）之间的界限淡化并且它们之间的转化更为容易，这会造成货币层次的不稳定。因此，如果还按照传统的货币需求目标变量进行统计，必然会造成统计误差。

弗里德曼在进行货币需求分析时，采用广义货币作为货币总量的统计口径。他认为，货币不仅仅是狭小范围内金融资产的替代物，而且应该包括不动资产、金融资产，甚至包括人力资本在内的所有资产的替代物。结合前文分析，弗里德曼的货币需求函数为：

$$\frac{M}{P}=f\left(r_m, r_b, r_e, \frac{1}{p}\cdot\frac{\mathrm{d}p}{\mathrm{d}t}, W, Y, u\right) \tag{3.4}$$

其中，$\frac{M}{P}$为实际货币需求量，r_m、r_b、r_e 分别为货币、债券和股票的预期收益率，$\frac{1}{p}\cdot\frac{\mathrm{d}p}{\mathrm{d}t}$表示物价水平的预期变化率，$W$ 为非人力财富占总财富的比例，Y 为名义持久性收入，u 表示影响货币需求的其他因素。

弗里德曼把债券、股票和实物资产列为货币的主要替代品，因此它们的收益就成为持有货币的机会成本。由于债券和股票有资本增值和损失，因此它们的收益率可分别表示为 $r_b-\frac{1}{r_b}\cdot\frac{\mathrm{d}r_b}{\mathrm{d}t}$ 和 $r_e-\frac{1}{r_e}-\frac{\mathrm{d}r_e}{\mathrm{d}t}$，实物资产的收益率取决于物价水平的变动，即 $\frac{1}{p}\cdot\frac{\mathrm{d}p}{\mathrm{d}t}$。虽然各种资产的收益率是独立变量，但在现实经济环境中，它们其中一种收益率的变动也会引起其他收益率的变动，从而使各种收益率一起变动，因此可以选择一个具有代表性的收益率 r 来代表各种收益率进入弗里德曼货币需求函数，这个收益率 r 可看成是组成财富的所有资产收益率的加权平均数。由此可以得出如下的货币需求函数形式：

$$\frac{M}{P}=f\left(r-\frac{1}{r}\cdot\frac{\mathrm{d}r}{\mathrm{d}t},\frac{1}{p}\cdot\frac{\mathrm{d}p}{\mathrm{d}t},W,Y,u\right) \tag{3.5}$$

限制条件为：$\frac{\partial(M/P)}{\partial Y}>0$，即实际永久性收入越高，货币需求越多；$\frac{\partial(M/P)}{\partial\left(r-\frac{1}{r}\cdot\frac{\mathrm{d}r}{\mathrm{d}t}\right)}<0$，即其他资产的收益率越高，持有货币的机会成本越高，货币需求越少；$\frac{\partial(M/P)}{\partial\left(\frac{1}{p}\cdot\frac{\mathrm{d}p}{\mathrm{d}t}\right)}<0$，即通货膨胀率越高，货币需求越少；$\frac{\partial(M/P)}{\partial W}<0$，即非人力财富占总财富的比例越小，人力财富占总财富的比例越大，将其转为非人力财富就越困难，因而货币需求越大。

在现实生活中，由于现金和活期存款不生息或很少生息，因此持有它们的机会成本很高，而持有其他资产可以带来更多的回报。货币电子化使得各种金融资产之间界限淡化的同时，还使它们之间的转化更为容易，这就可以在很大程度上满足人们的流动性偏好，人们没有必要用持有大量的现金和存款这类低收益的金融资产来满足流动性的需要，而是可以将大量的货币转化为收益率更高的金融资产，从而改变了人们持有货币的动机，引起货币需求构成的变化。因此，货币电子化使人们对货币的交易性动机和预防性动机减弱，投机性动机增强，表现为人们用于商品和劳务的货币需求下降，而用于投机获利的货币需求上升。

从货币需求稳定性的角度来分析：首先，因为用于商品和劳务交易的货币需求受规模变量（主要是收入和交易量）的影响较大，规模变量的相对稳定性决定了此类货币需求具有可预测和相对稳定的特点。货币电子化降低了货币的支付手段和储藏手段之间的转化成本，加快了转化速度。如果用 λ 表示一定收入条件下公众以货币形式持有的比例，用 φ 表示收入弹性系数，那么货币电子化会使 λ 和 φ 变小，从而使得规模变量在货币需求函数中的作用相对弱化，货币需求的稳定性也相对减弱。其次，投机性货币需求主要取决于机会成本和个人预期等因素，市场利率的多变性和人们心理预期的复杂性、多变性使得投机性货币需求具有多变和不稳定的特征。货币电子化使得金融资产的变现速度加快，转化成本下降，资产流动性大大提高，因此在一定的收入水平下人们会减少交易需求量，扩大货币闲置余额，闲置余额的扩大使得机会成本变量发挥作用的空间扩大，增强了机会成本变量（主要指债券、股票和实物资产的收益率）在货币需求函数中的地位与作用，在这种情况下，投机性货币需求会变得更加不稳定。最后，从其他变量来看，随着货币电子化的不断发展，金融制度必然会随之发生深刻的变化，各种微观主体对金融市场和金融制度的微小变化都会变得十分敏感，货币需求稳定性将会随之下降。

3.2.2 货币电子化对微观主体货币需求动机的影响

货币需求目标函数值取决于函数中变量的变化，而函数变量的变化又受各微观主体货币需求动机的影响。凯恩斯的货币需求偏好理论认为，人们的货币需求动机分为交易动机、预防动机和投机动机。由交易动机和预防动机构成的货币需求为货币的交易性需求，其是收入的函数；由投机动机构成的货币需求是货币的投机性需求，其是名义利率的函数，由此可以知道凯恩斯的货币总需求 $L(Y,i)$ 等于货币的交易性需求 $L_1(Y)$ 和投机性需求 $L_2(i)$ 之和。Y 为收入，i 为名义利率，且 $\frac{\partial L}{\partial Y}>0$，$\frac{\partial L}{\partial i}<0$。

首先，货币电子化减少了人们因交易动机和预防动机而产生的货币需求。其原因在于当收入增加时，由于电子货币大大降低了交易成本，以交易和预防为目的的资金融通变得更为方便，于是人们会选择将收入转化成收益率更高的

货币形式而减少现金持有。于是，货币电子化使货币需求对收入的敏感性减弱，即$\frac{\partial L}{\partial Y}$减小。其次，货币电子化增大了人们因投机动机而产生的货币需求。其原因在于货币电子化使不同金融资产之间的转换变得非常高效、快捷，人们可以根据预期利率的变化迅速地进行跨市场的投机。例如，当人们预期利率下降时，金融资产价格会上升，人们可以将持有的资金转化为金融资产而获取更多收益。由此可见，货币电子化使货币需求对利率的敏感性增强，即$\left|\frac{\partial L}{\partial i}\right|$变大，因为$\frac{\partial L}{\partial i}<0$，所以$\frac{\partial L}{\partial i}$减小。

进一步，用鲍莫尔-托宾模型来分析货币电子化如何影响货币需求，特别是基于交易动机的货币需求。鲍莫尔-托宾模型是在20世纪50年代由经济学家威廉·鲍莫尔和詹姆斯·托宾在凯恩斯货币需求理论的基础上提出来的，它在现在仍然是一种主要的货币需求理论。

鲍莫尔-托宾模型分析了持有货币的成本与收益。持有货币的收益是方便性：人们持有货币是为了避免在想买东西时每次都要到银行取款。这种方便的成本是他们放弃把货币存入支付利息的储蓄账户所得到的利息。该模型假设某个消费者一年的收入为Y(物价水平不变)，以固定的利率i存入银行；在一年中他去取款的次数为N，每去一次，他提取的金额为Y/N，然后他在一年的第N分之一时期中逐渐花掉这笔钱，这样他在一年内的平均货币持有量为$Y/(2N)$，放弃的利息为$iY/(2N)$；他每去一次银行的成本是某个固定量F，这样个人承担的总成本C是放弃的利息与去银行的成本之和：

$$C=\frac{iY}{2N}+FN \tag{3.6}$$

总成本C对N求导得：

$$\frac{\mathrm{d}C}{\mathrm{d}N}=-\frac{iYN^{-2}}{2}+F \tag{3.7}$$

在最优状态，$\frac{\mathrm{d}C}{\mathrm{d}N}=0$，可得$N$的最优值：$N^*=\sqrt{\frac{iY}{2F}}$；平均货币持有量$=\frac{Y}{2N^*}=\sqrt{\frac{YF}{2i}}$。这个公式表示，如果去银行的固定成本越多，或者如果收入Y越

多，抑或如果利率 i 越低，个人持有的货币就越多。

货币电子化会引起基于交易目的的货币需求余额的减少。一方面，由于电子货币的储值、支付终端设备的完善及普及，使人们能够方便地存取电子货币并进行交易，而不必像存取现金那样需要经常往返于银行，因此货币电子化使消费者的交易成本 F 降低，从而使平均货币持有量下降；另一方面，由于交易成本的大大降低，消费者将会选择增加交易次数 N，这也降低了消费者的平均货币持有量。

根据以上分析，货币电子化对各种货币需求动机的影响是不同的，它在削弱交易性动机和预防性动机的货币需求的同时，增加了投机性动机的货币需求。由于交易性和预防性货币需求受到收入和交易量等规模变量的限制，并且这种规模在短期内是难以改变的，这就决定了交易性动机和预防性动机的货币需求在一定时期内是可以预测和相对稳定的，因此 $L_1(Y)$ 是相对稳定的；而影响投机性货币需求的因素较多，机会成本、个人预期及非理性等都会造成投机性货币需求的变化，因此 $L_2(i)$ 是不稳定的。这种交易性和预防性货币需求的相对稳定及其在货币需求中的比重下降和投机性货币需求的不稳定及其在货币需求中的比重上升会造成货币需求不稳定。

以上分析暗含这样一个假设：货币在不同用途之间存在明确的界限，且这种界限是相当稳定的。但是，货币电子化对这一假设产生了威胁，由于电子货币可以使人们几乎随时随地以接近于零的交易费用进行货币用途之间的转换，各种货币需求动机之间的边界已不再明显。换言之，货币电子化使货币的交易性需求 $L_1(Y)$ 和投机性需求 $L_2(i)$ 合二为一，二者可能同时受到利率和收入两方面的影响。

3.3 货币电子化背景下的货币流通速度和货币政策有效性

货币流通速度与货币需求密切相关，它反映了货币流通量和宏观经济活动之间的关联。从费雪的交易方程式 $MV=PY$ 可以看出，货币流通速度和货币需求是一个问题的两个方面，如果货币流通速度是稳定的、可以预测的，那么货币需求也便是稳定的、可以预测的。货币流通速度由于计算基准不同，分别可以产生多个概念，比如以商品交易总额为基准，可以得到货币交易流通速度；以国民收入为基准，可以得到货币收入流通速度。以此类推，还可以得到货币的国民生产总值流通速度、货币的国内生产总值流通速度、货币的永久收入流通速度、货币的最优流通速度、货币的最终销售流通速度、货币的中间交换流通速度等等。我国理论界对货币流通速度的看法并不一致。宋海林(1999)认为，货币流通速度可以用货币流通量和社会商品零售总额之比计算得到。而更为普遍的看法，如黄达(1984)、林继肯(1985)、易纲(1996)、郑耀东(1998)、左孝顺(1999)、梁大鹏(2004)、赵留彦(2005)等则是以费雪的交易方程式来反映货币流通速度。需要指出的是，由于数据开采和经济解释差别不大，往往不需要分别计算货币流通速度。本书在计算过程中只采用了货币的 GDP 流通速度一个指标来代替整个货币流通速度指标，不过在研究过程中将货币流通速度在 M_0、M_1 和 M_2 三个层面上分别展开。货币流通速度会对货币政策执行产生关键的影响。也就是说，货币流通速度是影响货币政策有效性的一个重要因素，它完全可以决定货币政策的有效性。

近年来，随着我国货币电子化的快速发展，它对通货和存款的替代作用越来越明显。从理论来说，电子货币的高流动性以及对传统货币的取代必然会改变货币流通速度，当中央银行通过调整货币供给量来调整 GDP 的预期变化时，货币流通速度的变化会改变货币供给流量，从而影响到货币政策有效性；从实际数据来看，许多电子货币发展较快的国家自电子货币出现以来，货币流通速度都变得极其不稳定。在经济金融一体化和全球化金融创新浪潮中，市场化程度高的欧美国家的货币流通速度的变化特征都呈V字形。也就是说，货币流通速度首先随着货币化的不断深入而下降，达到一定程度后又随着金融的不断创新而上升。因此，在货币电子化背景下研究电子货币对货币流通速度的影响，对提高货币需求的稳定性、可预测性和货币政策有效性具有重要的现实意义。

目前，国内外许多研究机构和学者都对货币电子化如何影响货币流通速度进行了研究。国际清算银行(BIS)于1996、2000、2001和2004年先后发表了关于电子货币的四份研究报告，其中均涉及了电子货币会改变货币流通速度。Dorn(1996)从可控性的角度分析认为，电子货币对货币流通速度的影响是复杂多变的，不是只呈现单边的上升或下降趋势。Sullivan(2002)认为，电子货币降低了中央银行对基础货币的控制能力，提高了货币流通速度。Parker(2008)通过对1970—1998年芬兰的货币数据进行实证分析，认为电子货币降低了货币流通速度。

国内相关研究中，货币电子化对货币流通速度的影响主要存在以下三种观点:一是电子货币提高了货币流通速度。王鲁滨(1999)认为电子货币通过替代通货使通货减少，提高了货币流通速度。董昕、周海(2001)提出了相同观点，同时他们认为电子货币使得现金交易次数减少，如果电子化现金脱离银行账目，货币需求量将大大减少，从而影响到货币政策有效性。二是电子货币降低了货币流通速度。周光友(2006)指出电子货币对传统货币的替代产生了加速效应和转化效应，这使得电子货币降低了当前我国的货币流通速度。三是电子货币对货币流通速度的影响具有不确定性。尹龙(2000)认为任何一种以货币供给量为中介目标的货币政策，都必须以货币流通速度的稳定性为前提。电子货币打破了这一前提，它对货币流通速度的影响具有随机性。蒲成毅(2002)认为货币流通速度在初期随现金M_0趋向减少而呈下降趋势，后期由于电子货币规模的增大和狭义货币供给量M_1的减少，货币流通速度转而呈上升趋势。

综上所述，学术界对货币电子化如何影响货币流通速度还没有形成统一定论，但学者们一致认为货币电子化必然会对货币流通速度产生影响，至于这种影响程度有多大，主要取决于电子货币对传统货币的替代程度以及电子货币对货币流通速度的影响机制。以往对货币电子化影响货币流通速度的讨论多以定性分析为主，更鲜有专门把货币电子化作为一个影响货币流通速度的因素放入模型中进行的实证研究。基于此，本书尝试建构货币电子化对货币流通速度影响的理论分析框架，并在此基础上用协整方程来解释我国货币电子化对货币流通速度的影响，这有助于中央银行更加合理地制定和实施货币政策，提高货币政策有效性。

3.3.1　货币电子化对货币流通速度影响的理论分析

分析货币电子化对货币流通速度的影响，本书基于以下假设：

假设1：商品市场出清，商品交易通过货币形式进行，不存在物物交换形式。

假设2：货币市场出清，不存在“超额货币供给”和“货币需求缺口”。

假设3：所有交易者（持币者）均为“理性人”。

假设4：电子货币的交易效率明显高于传统货币。

在货币电子化背景下，传统意义上的货币总量 M 分成两部分：一部分是未被电子货币替代，仍以传统形式存在的货币 M'；另一部分是转化为电子货币账户余额 M_E，即

$$M=M'+M_E \tag{3.8}$$

M、M' 和 M_E 对应的货币流通速度分别为 V、V' 和 V_E，则费雪方程式 $MV=PY$ 可以拓展为：

$$MV=M'V'+M_EV_E=PY \tag{3.9}$$

根据(3.8)式和(3.9)式可得：

$$(M'+M_E)V=M'V'+M_EV_E \tag{3.10}$$

由假设4可知：$V_E>V$、V'，再结合(3.10)式可知 $V'<V$，由此可以得到 $V'<V<V_E$，相比于传统的货币流通速度 V，未被电子货币替代的那部分传统货币的流通速度 V' 变慢，而转化为电子货币账户余额的货币的流通速度 V_E 变快。这意味着，货币电子化对货币流通速度的影响最终取决于电子货币对传统货币的替代程度。前期阶段，电子货币对传统货币的替代程度较低，货币流通速度（以 V' 为主）下降；后期阶段，电子货币对传统货币的替代程度逐渐增大，货币流通速度（以 V_E 为主）则会上升。即货币电子化使货币流通速度的变化呈V字形特征。

此外,电子货币对传统货币的替代产生了两种效应:一种是替代加速效应,另一种是替代转化效应,这两种效应都会对货币流通速度产生影响。替代加速效应是指电子货币替代传统货币时,相同购买力的支付方式,依托于互联网技术的电子货币被用作支付商品的平均次数要多于传统货币,因此替代加速效应提高了支付手段的货币流通速度。替代转化效应是指电子货币对传统货币产生替代时,电子货币低交易成本的特点和高流动性使得货币层次之间的转化变得极其容易。为了获得更高的收益,低层次货币形式会向高层次货币形式转化,即货币形式沿着 M_0、M_1、M_2、M_3…M_n 序号向升高的方向转化。由于高层次的货币形式流动性更低,因此替代转化效应降低了货币流通速度。货币电子化对货币流通速度的影响最终取决于替代转化效应和替代加速效应这两种效应的强弱。

3.3.2 货币电子化背景下我国货币流通速度的变化趋势

我国货币电子化的发展起步较晚,但发展速度很快。电子货币对传统货币的替代以及使得不同形式货币资产之间的相互转化改变了我国的货币流通速度。在此,本书选用 1990—2015 年各年度数据加以说明。

电子货币交易额与 GDP 的比值反映了货币电子化的程度,它既能说明电子货币替代传统货币的程度,又能说明电子货币用于交易结算的规模。1990 年我国电子货币交易额与 GDP 的比值仅为 0.05,随后呈缓慢上升态势,2000 年该比值为 0.46,2000 年以后,我国电子货币进入了高速发展的阶段,2015 年我国电子货币交易额与 GDP 的比值达到了 9.77(详见表 3.1)。

表 3.1 货币电子化和货币流通速度的相关数据(1990—2015 年)

年份	现金流通速度 V_0	狭义货币流通速度 V_1	广义货币流通速度 V_2	现金比率 $LCR(M_0/M_2)$	货币流动性 $LL(M_1/M_2)$	货币电子化程度 EU
1990	7.06	2.69	1.22	0.17	0.45	0.05
1991	6.85	2.52	1.13	0.16	0.45	0.10
1992	6.21	2.30	1.06	0.17	0.46	0.11
1993	6.02	2.17	1.01	0.17	0.47	0.12

续表 3.1

年份	现金流通速度 V_0	狭义货币流通速度 V_1	广义货币流通速度 V_2	现金比率 $LCR(M_0/M_2)$	货币流动性 $LL(M_1/M_2)$	货币电子化程度 EU
1994	6.61	2.35	1.03	0.16	0.44	0.11
1995	7.71	2.53	1.00	0.13	0.39	0.16
1996	8.09	2.50	0.94	0.12	0.37	0.15
1997	7.76	2.27	0.87	0.11	0.38	0.16
1998	7.53	2.17	0.81	0.11	0.37	0.16
1999	6.66	1.96	0.75	0.11	0.38	0.21
2000	6.77	1.87	0.74	0.11	0.39	0.46
2001	6.99	1.83	0.69	0.10	0.38	0.77
2002	6.96	1.70	0.65	0.09	0.38	0.96
2003	6.88	1.61	0.62	0.09	0.38	1.32
2004	7.45	1.67	0.63	0.08	0.38	1.65
2005	7.70	1.72	0.62	0.08	0.36	2.54
2006	7.99	1.72	0.63	0.08	0.36	3.26
2007	8.76	1.74	0.66	0.08	0.38	4.19
2008	9.18	1.89	0.66	0.07	0.35	4.05
2009	8.91	1.54	0.56	0.06	0.36	4.87
2010	8.92	1.49	0.55	0.06	0.37	6.20
2011	9.29	1.63	0.55	0.06	0.34	6.87
2012	9.50	1.68	0.53	0.06	0.32	6.67
2013	10.16	1.76	0.54	0.053	0.31	7.11
2014	10.69	1.85	0.52	0.049	0.28	6.99
2015	10.84	1.71	0.49	0.045	0.29	9.77

资料来源：根据各年《中国金融年鉴》和CEIC数据计算得出。

结合图3.1可以看出，2000年以后我国货币电子化的发展尤为快速，且仍有不断加速的趋势。随着货币电子化的快速发展和普及，电子货币对传统货币产生了大量的替代，并且有使货币从低层次向高层次转化的趋势。如图3.1所示，我国现金比率①(M_0/M_2)以及货币流动性(M_1/M_2)比率都呈不断下降的趋势，并且尚未见底。M_0/M_2 从 1990 年的 0.17 下降到 2015 年的 0.045，下降了 73.53%，M_1/M_2 从 1990 年的 0.45 下降到 2015 年的 0.29，下降了 35.56%。电子货币替代现金 M_0 并使其部分向 M_1 和 M_2 转化，电子货币替代 M_1 并使其部分向 M_2 转化，这使我国的现金比率和货币流动性不断降低。此外，M_0/M_2 的下降幅度明显要大于 M_1/M_2 的下降幅度，这说明我国当前电子货币对现金 M_0 的替代程度要强于对活期存款的替代程度，在电子货币发展的初期，电子货币主要替代流动性强的货币。

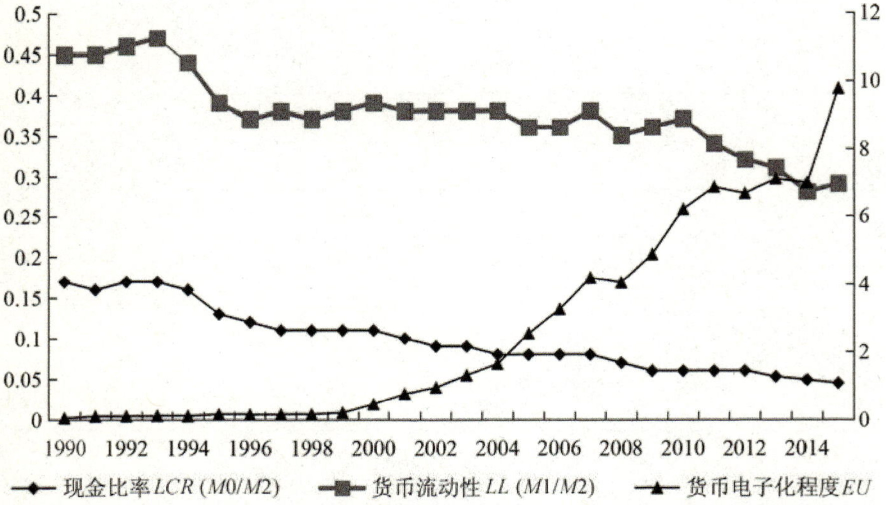

图 3.1　我国现金比率 *LCR*、货币流动性 *LL* 和货币电子化程度 *EU* 变化趋势

在货币电子化快速发展的同时，我国各层次的货币流通速度也发生了较大的变化。从表 3.1 和图 3.2 可以看出，我国的现金流通速度经历了先下降后上升的过程，现金流通速度 V_0 从 1990 年的 7.06 下降到 1999 年的 6.66，随后转入上升过程，2015 年现金流通速度 V_0 达到 10.84。狭义货币流通速度 V_1 和广义货币流通速度 V_2 则一直处于下降过程中，并且还未见底。狭义货币流通速度 V_1、广义货币流通速度 V_2 则分别从 1990 年的 2.69、1.22 下降到 2015 年的 1.71、0.49。

① 这里的现金比率为流通中的现金与广义货币的比值，与平时所说的现金比率(现金与流动性负债的比值)不同。

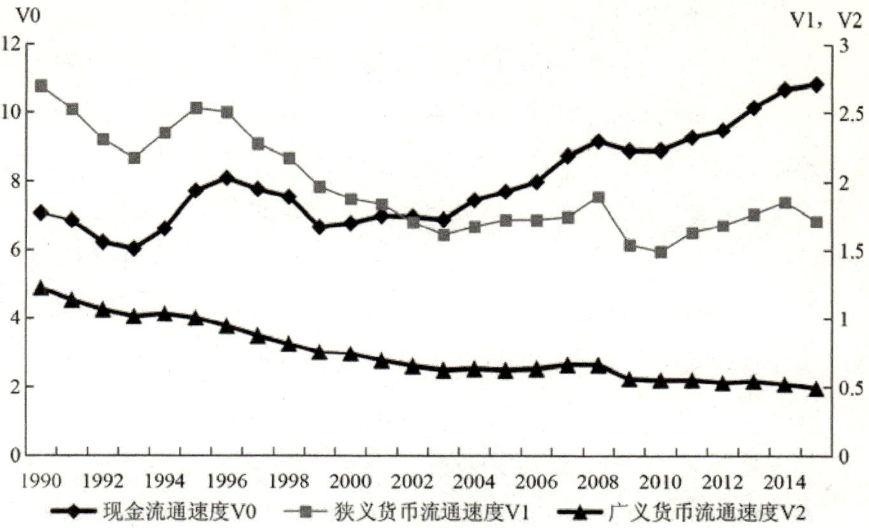

图 3.2 我国各层次货币流通速度变化趋势

3.3.3 货币电子化对货币流通速度影响的实证分析

1. 变量选择和数据说明

表 3.1 列出了有关我国货币流通速度和货币电子化对货币流通速度影响因素的具体选取值。本书选取年度数据来构建协整方程，它可以用来说明被解释变量和解释变量的长期均衡关系。在此，本书选取不同层次的货币流通速度 V_0、V_1 和 V_2 作为被解释变量，选取现金比率（LCR）、货币流动性（LL）和货币电子化程度（EU）作为解释变量来分析货币电子化对不同层次货币流通速度的影响。所用数据均来源于各年度《中国金融年鉴》和 CEIC 数据库。

（1）货币流通速度（V_0、V_1、V_2）

V_0、V_1 和 V_2 分别为现金流通速度、狭义货币流通速度和广义货币流通速度。根据费雪交易方程式 $MV=PY$，V_0、V_1 和 V_2 分别由名义 GDP 除以 M_0、M_1 和 M_2 近似得到。从图 3.2 可以看出，我国狭义货币流通速度 V_1 和广义货币流通速度 V_2 处于明显的下降通道中，并且还未见底。而我国现金流通速度 V_0 则经历了先下降后上升的过程，目前仍处于上升过程中。

(2) 现金比率(M_0/M_2)

现金比率 LCR 为现金 M_0 与广义货币 M_2 的比值。选用这个指标是因为，货币电子化的发展与普及会使现金比率发生改变，而现金比率的改变会影响货币流通速度。具体来看，电子货币具有高流动性和低交易成本的特点，在对现金产生大量替代的同时，它可以通过电子指令迅速实现不同形式货币资产之间的相互转化，并且这种转化有从低货币层次到高货币层次的趋势，即沿着 M_0、M_1、M_2、M_3…序列升高的方向转化。在电子货币时代，这种转化几乎可以以极小的费用在瞬间完成。电子货币带来的这种货币结构的变化趋势使流通中的现金大大减少，从而使现金与广义货币的比值下降。图 3.1 表明我国目前的现金比率呈明显的下降趋势，现金比率的下降反映了我国电子货币对流通中的现金产生了大量替代。

(3) 货币流动性(M_1/M_2)

货币流动性 LL 为狭义货币 M_1 与广义货币 M_2 的比值。M_1/M_2 的值越大，表明可实现实际购买力的货币占广义货币的比重越高，货币流动性越强；反之，M_1/M_2 的值越小，货币流动性越弱。货币流动性的变化必然会影响到货币流通速度。当前我国正处于货币电子化发展的初级阶段，电子货币对现金和活期存款的替代较为明显，这会降低货币供给的流动性。如图 3.2 所示，我国的实际数据表明我国货币供给流动性呈波动下降趋势，货币流动性从 1990 年的 0.45 下降到 2015 年的 0.29，下降了 35.56%。

(4) 货币电子化程度(EU)

货币电子化程度 EU 是银行卡交易额与 GDP 的比值，其中银行卡交易额是指用银行卡进行消费、转账和存取现。货币电子化程度代表着电子货币被用作交易媒介的程度，它既能说明电子货币替代传统货币的程度，又能说明电子货币用于交易结算的规模。一方面，货币电子化程度的提高会通过电子货币替代现金并使其部分转化为广义货币形式而降低现金比率；另一方面，货币电子化程度的提高会通过替代现金和活期存款并使其部分转化广义货币形式而降低货币流动性。货币电子化程度的提高产生两方面的变化都会影响到货币流通速度，对货币流通速度的最终影响取决于这两种作用机制力度的大小。如图 3.1 所示，我国的实际数据表明，近十年来我国货币电子化程度快速提高，并呈加速发展的趋势。

2. 平稳性检验

为防止伪回归的发生，首先要对各变量进行平稳性检验。将拟变量取对数后，采用单位根检验中的 ADF 方法进行平稳性检验。检验结果如表 3.2 所示。$\ln V_0$、$\ln V_1$、$\ln V_2$ 和 LnLCR、LnLL、LnEU 在 5%的显著性水平下是非平稳的；而取一阶差分变化后的各变量都是平稳的，即 $\ln V_0$、$\ln V_1$、$\ln V_2$ 和 LnLCR、LnLL、LnEU 都是一阶单整的，满足协整检验的前提。

表 3.2　各变量及差分序列平稳性检验结果

变量	检验形式	ADF 统计量	5%临界值	平稳性
$\ln V_0$	$(c,0,0)$	−0.48	−3.00	非平稳
$\Delta\ln V_0$	$(c,0,0)$	−2.95	−1.73	平稳
$\ln V_1$	$(c,0,0)$	−1.69	−3.00	非平稳
$\Delta\ln V_1$	$(c,0,0)$	−3.80	−1.73	平稳
$\ln V_2$	$(c,0,0)$	−1.57	−3.00	非平稳
$\Delta\ln V_2$	$(c,0,0)$	−3.88	−1.73	平稳
LnLCR	$(c,t,0)$	−2.33	−3.60	非平稳
ΔlnLCR	$(c,0,0)$	−3.43	−3.00	平稳
LnLL	$(c,t,0)$	−2.14	−3.60	非平稳
ΔlnLL	$(c,0,0)$	−4.02	−3.00	平稳
LnEU	$(c,0,0)$	−0.71	−3.00	非平稳
ΔlnEU	$(c,0,0)$	−3.76	−3.00	平稳

注：(1) (c,t,n)表示 ADF 检验中的常数项、时间趋势项和滞后期数；(2) Δ 为变量的一阶差分项。

3. 协整检验

本书采用多变量的协整检验方法——Johansen 协整检验，在比较了 Johansen 协整检验的 5 种趋势假设结果后，选择有常数项没有时间趋势项的模型进行检验。Johansen 协整检验的结果见表 3.3。对于 $\ln V_0$ 和 lnLCR、lnLL、lnEU，特征根迹检验和最大特征值检验都在 5%的显著水平下拒绝了 0 个协整向量的原假设，这说明 4 个序列之间至少存在 1 个协整向量。需进一步检验至少存在 1 个协整向量的原假设，特征根迹检验和最大特征值检验都在 5%的显著水平下拒绝了 1 个协整向量的原假设，这说明 $\ln V_0$ 和 $\ln LCR$、$\ln LL$、$\ln EU$ 之间至少存在 2 个协整向量。需进一步检验至少存在 3 个协整向量的原假设，特征根迹检验和最大特征值检验都在 5%的显著水平接受了原假设，这说明这 4 个变量之间至少存在 3 个协整向量，因为 4 个变量之前最多存在 3 个协整向量，因此 $\ln V_0$ 和 $\ln LCR$、$\ln LL$、$\ln EU$ 之间必定存在 3 个协整向量，它们之间存在长期均衡关系。同理协整检验结果表明 $\ln V_1$ 和 $\ln LCR$、$\ln LL$、$\ln EU$ 之间，$\ln V_2$ 和 $\ln LCR$、$\ln LL$、$\ln EU$ 之间也存在 3 个协整向量。这样 $\ln V_0$、$\ln V_1$、$\ln V_2$ 分别和 $\ln LCR$、$\ln LL$、$\ln EU$ 存在长期均衡关系。

表 3.3 Johansen 协整检验结果

协整向量原假设		特征根迹检验		最大特征值检验	
		迹统计量	5%临界值	最大特征值统计量	5%临界值
$\ln V_0$ 和 $\ln LCR$, $\ln LL$, $\ln EU$	0 个	90.03*	47.21	46.79*	27.07
	至少 1 个	43.24*	29.68	23.37*	20.97
	至少 2 个	19.87*	15.41	17.93*	14.07
	至少 3 个	1.94	3.76	1.94	3.76
$\ln V_1$ 和 $\ln LCR$, $\ln LL$, $\ln EU$	0 个	86.75*	47.21	41.77*	27.07
	至少 1 个	44.98*	29.68	24.36*	20.97
	至少 2 个	20.63*	15.41	17.95*	14.07
	至少 3 个	2.67	3.76	2.67	3.76
$\ln V_2$ 和 $\ln LCR$, $\ln LL$, $\ln EU$	0 个	90.03*	47.21	46.79*	27.07
	至少 1 个	43.24*	29.68	23.37*	20.97
	至少 2 个	19.87*	15.41	17.93*	14.07
	至少 3 个	1.94	3.76	1.94	3.76

注：* 表示在 5%的显著水平下拒绝原假设，滞后阶数的选取按照 AIC 与 HQIC 准则。

4. 误差修正模型

由于 $\ln V_0$、$\ln V_1$、$\ln V_2$ 分别和 $\ln LCR$、$\ln LL$、$\ln EU$ 存在长期均衡关系，因此

可以构建 $\ln V_0$、$\ln V_1$ 和 $\ln V_2$ 的协整方程①如下：

$$\ln V_0 = -3.21\ln LCR + 5.66\ln LL - 0.36\ln EU \quad (3.11)$$
$$(12.11)^{***} \quad (-8.67)^{***} \quad (12.43)^{***}$$

$$\ln V_1 = -2.10\ln LCR + 4.38\ln LL - 0.35\ln EU \quad (3.12)$$
$$(7.73)^{***} \quad (-6.56)^{***} \quad (11.61)^{***}$$

$$\ln V_2 = -2.21\ln LCR + 5.66\ln LL - 0.36\ln EU \quad (3.13)$$
$$(8.34)^{***} \quad (-8.67)^{***} \quad (12.43)^{***}$$

根据式(3.11)(3.12)(3.13)可得出 $\ln V_0$、$\ln V_1$ 和 $\ln V_2$ 的误差修正项为：

$$ecm_0 = \ln v_{0t-1} + 3.21\ln LCR_{t-1} - 5.66\ln LL_{t-1} + 0.36\ln EU_{t-1} \quad (3.14)$$

$$ecm_1 = \ln v_{1t-1} + 2.10\ln LCR_{t-1} - 4.38\ln LL_{t-1} + 0.35\ln EU_{t-1} \quad (3.15)$$

$$ecm_2 = \ln v_{2t-1} + 2.21\ln LCR_{t-1} - 5.66\ln LL_{t-1} + 0.36\ln EU_{t-1} \quad (3.16)$$

进一步，可构建误差修正模型②，$\ln V_0$、$\ln V_1$ 和 $\ln V_2$ 误差修正方程的估计结果为：

$$\Delta\ln v_{0t} = -0.37ecm_0 + 1.03\Delta\ln v_{0t-1} + 0.55\Delta\ln v_{0t-2} + 1.27\Delta\ln LCR_{t-1}$$
$$(-1.91)^{**} \quad (2.76)^{***} \quad (0.81) \quad (1.90)^{**}$$
$$+0.65\Delta\ln LCR_{t-2} - 0.794\,5\Delta\ln LL_{t-1} - 0.73\Delta\ln LL_{t-2}$$
$$(1.22) \quad (-1.40)$$
$$-0.10\Delta\ln EU_{t-1} - 0.01\Delta\ln EU_{t-2} \quad (3.17)$$
$$(1.40) \quad (-0.14)$$
$$R^2 = 0.55, RMSE = 0.06$$

$$\Delta\ln v_{1t} = -0.35ecm_1 + 1.35\Delta\ln v_{0t-1} + 0.02\Delta\ln v_{0t-2} + 0.08\Delta\ln LCR_{t-1}$$
$$(-1.79)^{*} \quad (3.80)^{***} \quad (0.03) \quad (0.17)$$
$$+0.31\Delta\ln LCR_{t-2} + 1.10\Delta\ln LL_{t-1} - 0.86\Delta\ln LL_{t-2}$$
$$(0.87) \quad (1.99)^{**} \quad (-1.15)$$
$$+0.03\Delta\ln EU_{t-1} - 0.06\Delta\ln EU_{t-2} \quad (3.18)$$
$$(0.42) \quad (-1.08)$$
$$R^2 = 0.71, RMSE = 0.05$$

---

① 经检验并比较误差修正模型的五种趋势假设的结果，对 $\ln V_0$、$\ln V_1$ 和 $\ln V_2$ 均采用协整方程和误差修正方程没有常数项和时间趋势项的形式进行估计；参数上标 *，**，*** 分别表示估计系数在10%，5%，1%置信水平下显著(以下同)。

② 稳定性检验表明所有根模的倒数都小于等于1，说明误差修正模型是稳定的。残差检验表明残差是不存在自相关的正态分布，说明误差修正模型的估计结果是无偏且一致的。

$$\Delta \ln v_{2t} = -0.13ecm_2 + 0.56\Delta \ln v_{0t-1} + 0.17\Delta \ln v_{0t-2} + 0.32\Delta \ln LCR_{t-1}$$
$$(-0.69) \quad (1.61)^{*} \quad (0.27) \quad (0.71)$$
$$+0.17\Delta \ln LCR_{t-2} + 0.12\Delta \ln LL_{t-1} - 0.64\Delta \ln LL_{t-2}$$
$$(0.46) \quad (0.24) \quad (-1.32)$$
$$+0.02\Delta \ln EU_{t-1} - 0.03\Delta \ln EU_{t-2} \tag{3.19}$$
$$(0.37) \quad (-0.57)$$
$$R^2 = 0.71, RMSE = 0.05$$

$\ln V_0$、$\ln V_1$ 和 $\ln V_2$ 误差修正方程的拟合优度 R^2 都较高，说明 $\ln V_0$、$\ln V_1$ 和 $\ln V_2$ 误差修正方程拟合效果较好。

5. 实证结果分析

$\ln V_0$、$\ln V_1$ 和 $\ln V_2$ 的协整方程(3.11)(3.12)和(3.13)以及误差修正方程(3.17)(3.18)和(3.19)表明我国的现金流通速度 V_0、狭义货币流通速度 V_1 和广义货币流通速度 V_2 分别与现金比率(M_0/M_2)、货币流动性(M_1/M_2)和电子货币使用程度存在长期均衡关系和短期动态关系。

(1) 对现金比率 $LCR(M_0/M_2)$因素的分析

从 $\ln V_0$、$\ln V_1$ 和 $\ln V_2$ 的协整方程(3.11)(3.12)和(3.13)可以看出，我国现金流通速度 V_0、狭义货币流通速度 V_1 和广义货币流通速度 V_2 在长期都与现金比率 LCR 呈反方向变动的关系，即我国货币电子化通过降低现金比率而提高了现金流通速度 V_0、狭义货币流通速度 V_1 和广义货币流通速度 V_2。具体来看，现金比率每下降 1%，现金流通速度 V_0、狭义货币流通速度 V_1 和广义货币流通速度 V_2 分别平均提高 3.21%、2.10%和 2.21%。

电子货币对现金的替代产生了两种效应：一是替代加速效应，电子货币对现金产生替代时，由于电子货币的支付依托于计算机网络，其数据的传输和支付的发生往往可以瞬间完成，同样购买力的支付方式，电子货币被用来支付经济中最终产品和服务的平均次数要高于传统货币，因此提高了作为支付手段的货币流通速度；二是替代转化效应，电子货币在替代现金的同时，它会使 M_0 向 M_1 和 M_2 转化，这两方面的影响都会导致 M_0 的减少和 M_1、M_2 的增加，从而使现金比率 M_0/M_2 下降。由于更高层次的货币形式流动性更低，因此这种效应降低了货币流通速度。从 $\ln V_0$、$\ln V_1$ 和 $\ln V_2$ 的协整方程可以看到，现金比率 LCR 的系数全部显著为负，这说明我国电子货币对现金的替代加速效应强于替代转化效应，电子货币通过使现金比率降低而提高了现金流通速度 V_0、狭义货币流通速度 V_1 和广义货币流通速度 V_2。这意味着，我国当前电子货币对现金的替代程度已经很高，电子货币已经广泛用于我们日常生活中的支付领域中，以银行卡渗透率（银行卡消费额占社会零售品总额的比重）为例，截至 2016 年第一季度，我国银行卡渗透率已达 48.35%①。

(2) 对货币流动性 LL(M_1/M_2)因素的分析

从 $\ln V_0$、$\ln V_1$ 和 $\ln V_2$ 的协整方程(3.11)(3.12)和(3.13)可以看出，我国现金流通速度 V_0、狭义货币流通速度 V_1 和广义货币流通速度 V_2 在长期都与货币流动性 LL 呈正方向变动的关系，即我国电子货币通过降低货币流动性而降低了现金流通速度 V_0、狭义货币流通速度 V_1 和广义货币流通速度 V_2。具体来看，货币流动性每下降 1%，现金流通速度 V_0、狭义货币流通速度 V_1 和广义货币流通速度 V_2 分别平均降低 5.67%、4.38%和 5.67%。

实证结果表明，我国货币电子化引起的货币流动性的下降降低了现金流通速度 V_0、狭义货币流通速度 V_1 和广义货币流通速度 V_2。这与电子货币是一种高流动性的货币，它对传统货币的替代必然会加快货币流通速度的直觉认识不符。与现金一样，电子货币对狭义货币 M_1 也会产生替代加速效应和替代转化效应：电子货币对 M_1 的替代加速效应是指电子货币具有高流动性的特点，它对现金和活期存款产生替代会提高货币作为支付手段的流通速度；而电子货币对 M_1 的替代转化效应是指电子货币在对现金和活期存款产生替代的同时，它会使部分现金和活期存款向更高层次的货币形式转化。由于更高层次的货币形式一般具有更低的流动性，因此电子货币对 M_1 的替代转化效应降低了货币流通速度。

货币流动性 LL 的系数显著为正，表明货币电子化通过使货币流动性降低而降低了货币流通速度。这意味着，我国电子货币对 M_1 的替代转化效应强于替代加速效应。这是因为，货币电子化使得各层次货币形式的相互转化变得非常容易，这样公众就更倾向于持有收益率更高的高层次货币形式，这导致了大

① 数据来源：中国人民银行. 2016 年第一季度支付体系运行总体情况[R]. 中国人民银行网站，2016.

量 M_1 转为 M_2 或更高层次的货币形式。狭义货币供给 M_1 由现金和活期存款构成，前面分析已表明我国电子货币对现金的替代加速效应强于替代转化效应，由此可以知道，我国货币电子化对活期存款的替代转化效应必定强于替代加速效应。

此外，电子货币具有高流动性、低交易成本和虚拟性的特点，它可以通过电子指令迅速实现不同货币形式之间的相互转化，因此公众持有电子货币就完全能够满足流动性偏好。相比传统货币，公众持有电子货币可以获得各种便利，如支付便利、储藏便利和投机便利等，而且持有成本更低。因此，公众会更多地持有电子货币。这样，从总体上看，公众的持币时间增加了，货币处于相对静止状态的时间增加，这也会降低货币流通速度。

(3) 对货币电子化程度 EU 因素的分析

从 $\ln V_0$、$\ln V_1$ 和 $\ln V_2$ 的协整方程(3.11)(3.12)和(3.13)可以看出，我国现金流通速度 V_0、狭义货币流通速度 V_1 和广义货币流通速度 V_2 在长期都与货币电子化程度 EU 呈反方向变动的关系，即我国货币电子化程度的提高降低了现金流通速度 V_0、狭义货币流通速度 V_1 和广义货币流通速度 V_2。具体来看，货币电子化程度每提高 1%，现金流通速度 V_0、狭义货币流通速度 V_1 和广义货币流通速度 V_2 分别平均降低 0.36%、0.35%和 0.36%。

随着我国货币电子化程度的不断提高，它对现金和活期存款产生了越来越多的替代，并使其部分转化成为更高层次的货币形式。这引起了我国现金比率(M_0/M_2)和货币流动性(M_1/M_2)的不断下降。实证结果已经表明，我国现金比率的下降提高了货币流通速度，而货币流动性的下降降低了货币流通速度。这意味着，电子货币通过使现金比率和货币流动性下降对货币流通速度产生了双重影响。从 $\ln V_0$、$\ln V_1$ 和 $\ln V_2$ 的协整方程(3.11)(3.12)和(3.13)可以看到，货币电子化程度的系数 EU 的系数全部显著为负，这说明我国货币电子化程度降低货币流动性使货币流通速度减小的作用，强于其引起的现金比率下降使货币流通速度提高的作用。因此，总体来看，货币电子化程度的提高降低了我国的现金流通速度 V_0、狭义货币流通速度 V_1 和广义货币流通速度 V_2。

(4) 对短期误差修正项的分析

在短期，$\ln V_0$、$\ln V_1$ 和 $\ln V_2$ 的误差修正方程(3.17)(3.18)和(3.19)的误差

修正项 ecm 的系数分别反映了 $\ln V_0$、$\ln V_1$ 和 $\ln V_2$ 偏离长期均衡时的调整速度，ecm_0 和 ecm_1 的系数都显著为负说明当 $\ln V_0$ 和 $\ln V_1$ 偏离长期均衡时，经济力量将以一定的力度将其从非均衡拉回均衡状态。就 $\ln V_0$ 而言，当短期波动偏离长期均衡时，经济力量会以－0.37 的速度将其拉回均衡态，即 $\ln V_0$ 与长期均衡的偏差在下一年大约有 37%会得到纠正；而 $\ln V_1$ 的调整速度为－0.35，即 $\ln V_1$ 与长期均衡的偏差在下一年大约有 35%会得到纠正。

6. 实证结论及启示

实证结果表明，我国的现金流通速度 V_0、狭义货币流通速度 V_1 和广义货币流通速度 V_2 分别与现金比率（M_0/M_2）、货币流动性（M_1/M_2）和货币电子化程度存在长期均衡关系。具体来看，现金比率（M_0/M_2）对现金流通速度 V_0、狭义货币流通速度 V_1 和广义货币流通速度 V_2 的影响是正向的，货币流动性（M_1/M_2）对现金流通速度 V_0、狭义货币流通速度 V_1 和广义货币流通速度 V_2 的影响是负向的，货币电子化程度对现金流通速度 V_0、狭义货币流通速度 V_1 和广义货币流通速度 V_2 的影响是负向的。对货币电子化与货币流通速度的相关关系进一步分析，可得出以下结论和启示：

第一，我国电子货币对现金和活期存款的替代产生了两个明显的效应：一是替代加速效应，即电子货币对现金和活期存款替代的同时加快了它们作为支付手段的流通速度；二是替代转化效应，即电子货币在对现金和活期存款产生替代的同时，不仅加快了 M_0、M_1 和 M_2 之间的转化速度，而且有使现金和活期存款向高层次货币形式转化的趋势。由于高层次货币形式流动性弱，因此这种效应降低了货币流通速度。货币电子化对货币流通速度的影响取决于这两个效应的大小。本书的实证结果表明，我国电子货币对现金和活期存款（M_1）的替代转化效应强于替代加速效应，而对现金（M_0）的替代加速效应强于替代转化效应。由此可以推知，我国电子货币对活期存款的替代转化效应必定强于替代加速效应。

第二，当前我国仍处于货币电子化发展的初级阶段，电子货币主要对现金和活期存款产生替代。实证结果表明，货币电子化程度的提高通过对现金和活期存款产生替代整体上降低了当前我国的货币流通速度。以狭义货币流通速

度 V_1 和广义货币流通速度 V_2 为例，我国当前的 V_1 和 V_2 一直处于持续下降的通道，并且尚未见底。但是，单从电子货币对现金的替代情况来看，我国电子货币对现金的替代加速效应强于替代转化效应，这加快了我国的现金流通速度 V_0。如前文所述，我国当前的现金流通速度 V_0 已经从下降转入了上升阶段。从许多金融创新程度非常高的欧美国家的经验来看，货币流通速度都经历了先下降后上升的过程。当前我国电子货币对活期存款的替代加速效应还比较低，随着我国货币电子化的进一步发展，电子货币对活期存款的替代加速效应会进一步增大，到那时电子货币将会加快我国的货币流通速度，从而使 V_1 和 V_2 也呈现先下降后上升的趋势，即现金流通速度 V_0、狭义货币流通速度 V_1 和广义货币流通速度 V_2 的变化特征都呈 V 字形。

第三，由费雪的交易方程式 $MV=PY$ 可知，与货币政策效果大小直接对应的应该是货币流量 MV 而非货币存量 M，货币流量才直接反映了实体经济中充当商品交换媒介的货币总数量，货币流通速度 V 是影响货币政策有效性的一个重要因素。由于不稳定的货币流通速度必然导致货币供给量中介目标无效（黄安仲、张璇，2005）[①]，因此货币电子化使货币流通速度的变化呈 V 字形的特征会降低货币政策有效性。这就需要央行在今后的货币政策操作上，充分考虑到货币流通速度的影响，扩大货币供给量目标的上下浮动范围。根据凯恩斯的货币需求函数 $M^d/P=L(Y,i)$ 可以得到货币流通速度的求解方程 $V=PY/M=Y/L(Y,i)$，即货币流通速度受到实际国民收入 Y 和名义利率 i 的影响，央行可以把当前货币政策的重点放在保持货币供给量稳定的情况下，通过改变外生变量来调节货币流通速度，以此来适应货币政策调控宏观经济的要求。

---

① 黄安仲，张璇. 不稳定的货币流通速度必然导致货币量中介目标无效吗？[J]. 当代财经，2005(09)：22-27.

3.4 本章小结

本章研究了货币电子化、货币需求和货币政策有效性之间的关系。首先对货币需求理论进行了回顾;接着从两个角度对货币电子化影响货币需求进行了分析:一是货币电子化对货币需求目标变量及函数决定变量的影响,二是货币电子化对微观主体货币需求动机的影响,这两方面都使货币需求的稳定性下降,从而降低了货币政策有效性;最后重点实证分析了货币电子化对货币流通速度的影响。货币电子化通过对传统货币进行替代改变了货币流通速度,进而影响到货币政策有效性。本章实证结果表明,我国的现金流通速度、狭义货币流通速度和广义货币流通速度分别与现金比率(M_0/M_2)、货币流动性(M_1/M_2)和货币电子化程度存在长期均衡关系。现金比率(M_0/M_2)对现金流通速度、狭义货币流通速度和广义货币流通速度的影响是正向的,货币流动性(M_1/M_2)对现金流通速度、狭义货币流通速度和广义货币流通速度的影响是负向的,货币电子化程度对现金流通速度、狭义货币流通速度和广义货币流通速度的影响是负向的。我国电子货币对现金和活期存款的替代产生了两个明显的效应:一是替代加速效应,二是替代转化效应。我国电子货币对现金和活期存款(M_1)的替代转化效应强于替代加速效应,而对现金(M_0)的替代加速效应强于替代转化效应。由此可以推知,我国电子货币对活期存款的替代转化效应必定强于替代加速效应。当前我国仍处于货币电子化发展的初级阶段,电子货币主要对现金和活期存款产生替代。货币电子化程度的提高通过对现金和活期存款产生替代整体上降低了当前我国的货币流通速度。以狭义货币流通速度 V_1 和广义货币流通速度 V_2 为例,我国当前的 V_1 和 V_2 一直处于持续下降的通道,并且尚未见底。但是,单从电子货币对现金的替代情况来看,我国电子货币对现金的替代加速效应强于替代转化效应,这加快了我国的现金流通速度 V_0。我国当前的现金流通速度 V_0 已经从下降转入了上升阶段。从许多金融创新程度非常高的欧美国家的经验来看，货币流通速度都经历了先下降后上升的过程。当前我国电子货币对活期存款的替代加速效应还比较低，随着我国货币电子化的进一步发展，电子货币对活期存款的替代加速效应会进一步增大，到那时电子货币将会加快我国的货币流通速度，从而使 V_1 和 V_2 也呈现先下降后上升的趋势，即现金流通速度 V_0、狭义货币流通速度 V_1 和广义货币流通速度 V_2 的变化特征都呈 V 字形。

第4章 货币电子化、货币供给和货币政策有效性

随着中央银行制度的完善，货币发行的垄断权力逐步集中到中央银行手中。在现行中央银行制度下，中央银行通过创造基础货币，然后经过银行体系的货币乘数作用创造出派生货币，最后构成整个经济体系的货币供给。传统的货币供给理论认为，货币乘数是稳定并可以预测的，中央银行可以在货币乘数科学预测的基础上调整其可直接控制的基础货币实现对货币供给的调控。然而，随着货币电子化的快速发展，电子货币的广泛使用给传统的货币供给理论带来了强有力的冲击，主要表现在其增强了货币乘数的内生性和不稳定性，从而削弱了中央银行控制货币供给的能力，降低了货币政策有效性。

4.1 货币供给理论回顾

货币供给是指某一国或货币区的银行系统向经济体中投入、创造、扩张(或收缩)货币的金融过程。货币供给指一个国家在某一特定时点上由家庭和厂商持有的政府和银行系统以外的货币总和。货币供给的主要内容包括:货币层次的划分、货币创造过程、货币供给的决定因素等。

4.1.1 传统货币层次的划分

货币供给理论的基础是对不同货币层次的划分和计量。根据金融资产流动性的不同,各国中央银行把货币层次划分为 M_0、M_1、M_2、M_3、L 等。一般来说,货币供给的定义可以分为狭义和广义两种。狭义的货币供给由流通于银行体系之外的、由公众所持有的现金及商业银行所持有的活期存款构成。如 M_1 表示狭义的货币供给量,C 表示公众所持有的通货,D 表示商业银行的活期存款,则:

$$M_1 = C + D \tag{4.1}$$

广义的货币供给可以分为以下几种:

第一种由弗里德曼、卡甘、施瓦茨等人提出,这种货币定义强调货币的价值储藏职能。他们认为,商业银行的定期存款和储蓄存款也应包括在货币量中。他们这一货币供给定义通常以 M_2 表示,如 T 表示商业银行的定期存款和储蓄存款,则:

$$M_2 = M_1 + T \tag{4.2}$$

第二种由格利、肖和托宾等经济学家和《拉德克利夫报告》提出,这种货币定义强调货币作为一种资产而具有高度流动性的特性。他们认为,广义的货币供给还应该包括一些同样具有高度流动性的其他金融资产,因此它比 M_2 的范围更广。在这种货币定义中,格利、肖和托宾等人的定义和《拉德克利夫报告》

的定义又不尽相同。

格利、肖和托宾等人认为，在多种金融机构并存的现代经济中，不但存在着商业银行的负债，而且还存在着各种非银行金融中介机构所发行的负债。这些负债与商业银行的负债一样，也具有高度的流动性，而且这两种负债间还存在很强的替代性。因此，非银行金融中介机构所发行的负债和商业银行的负债都被当做货币。格利、肖和托宾等人的这种货币供给定义可用 M_3 表示，如 D_n 表示非银行金融中介机构的负债，则：

$$M_3 = M_2 + D_n \tag{4.3}$$

《拉德克利夫报告》中的货币供给定义又比格利、肖和托宾等人的定义更广。该报告认为，除了 M_3 之外，货币量还应该包括那些非金融机构（如政府和企业）所发行的、流动性也较高的短期负债，如政府发行的国库券、企业发行的短期债券及商业票据等。这种更广义的货币供给定义一般用 L 表示，如 A 表示除了 M_3 以外的其他各种流动性较高的、由非金融机构所发行的负债，则：

$$L = M_3 + A \tag{4.4}$$

这两种广义货币供给的定义未能充分地认识到货币所独有的交易媒介职能，把货币和非货币的流动资产混为一谈。因此，目前大多数经济学家都接受狭义的货币定义，从而把其他流动资产称为难货币或近似货币。目前各国的货币供给统计口径不尽相同，只有“通货”和 M_1 这两项大体一致，但是，无论存在何等差异，其划分的基本依据和意义是一致的①。

我国从 1984 年开始探讨对货币层次的划分，并于 1994 年第三季度开始正式按季度公布货币供给量的统计监测指标。按照国际货币基金组织的要求，现阶段我国的货币供给量划分为如下三个层次：

$$M_0 = \text{流通中的现金}$$

$$M_1 = M_0 + \text{企业活期存款}$$

$$M_2 = M_1 + \text{定期存款} + \text{居民储蓄存款} + \text{其他存款}$$

其中，M_1 为狭义货币量，M_2 为广义货币量，$(M_2 - M_1)$ 是准货币。

---

① 戴国强. 货币银行学[M]. 上海：上海财经大学出版社，2001.

4.1.2 货币供给的决定因素及其模型

根据货币供给理论，货币供给量是由中央银行投放的基础货币，按照银行体系的货币乘数放大后决定的。所谓基础货币，是指中央银行能直接控制的并可作为商业银行存款创造之基础的那部分货币。具体而言，基础货币由通货和商业银行的存款准备金构成。其中，商业银行的存款准备金既包括法定准备金，又包括超额准备金。从其存在形式来看，存款准备金既包括商业银行的库存现金，也包括商业银行存在中央银行的准备金款项；而所谓通货，则是指流通于银行体系之外、为社会公众所持有的那部分货币。若以 B 表示基础货币，以 R 表示商业银行的存款准备金，C 表示社会公众所持有的通货，则：

$$B=C+R \tag{4.5}$$

货币乘数也称为货币扩张系数，用以说明货币供给总量与基础货币的倍数关系。若 M 表示货币供给，m 表示货币乘数，B 表示基础货币，则：

$$M=m\cdot B \tag{4.6}$$

由此可见，基础货币是决定货币供给的一个因素，但不是唯一因素。在基础货币一定时，货币乘数的变动将会引起货币供给的变动。一般来说，基础货币可以由中央银行直接加以控制，而货币乘数是中央银行所不能完全控制的。所以，在现代货币供给理论中，学者们往往较多地致力于对货币乘数及其决定因素的研究。

美国经济学家乔顿(Jerry L. Jordan)于 1969 年提出了一个货币乘数模型，该模型受到了大多数经济学家的认可和接受，并被看作是货币供给决定机制的一般模型。乔顿的货币乘数模型采用狭义的货币定义，即：

$$M_1=C+D \tag{4.7}$$

其中，M_1 表示狭义货币供给，D 表示商业银行活期存款，C 表示通货。

根据现代货币供给理论，如 m_1 为货币定义为 M_1 时所对应的狭义货币乘数，则：

$$M_1=B\cdot m_1 \tag{4.8}$$

由式(4.7)和(4.8)得：

$$m_1=\frac{D+C}{R+C}=\frac{D+C}{r_d\cdot D+r_t\cdot T+E+C} \tag{4.9}$$

其中，r_d 表示活期存款的法定准备金率，r_t 表示定期存款的法定准备金率，T 为商业银行吸收的定期存款，E 为商业银行持有的超额准备金。为了简化分析，设 k 为通货比率，为流通中的现金与活期存款之比；t 为定期存款比率，为定期存款与活期存款之比；e 为超额准备金率，为商业银行的超额准备金与活期存款之比，即 $k=C/D$；$t=T/D$；$e=E/D$，则：

$$M_1=\frac{D+k\cdot D}{r_d\cdot D+r_t\cdot t\cdot D+e\cdot D+k\cdot D}=\frac{1+k}{r_d+r_t\cdot t+e+k} \tag{4.10}$$

乔顿货币乘数模型将货币定义为 M_1，若将货币定义扩大为 M_2（$M_2=C+D+T$），并以 M_2 表示相应的广义货币乘数，则：

$$M_2=\frac{D+C+T}{R+C}=\frac{1+k+t}{r_d+r_t\cdot t+e+k} \tag{4.11}$$

由以上分析可知，货币乘数是由多重复杂的因素共同决定的，而这些因素又分别受到中央银行、商业银行和社会公众等不同的经济行为主体的影响。其中，r_d 和 r_t 由中央银行的政策决定；e 由商业银行决定；而 k 和 t 则主要由社会公众的资产选择行为决定。由此可见，中央银行实际上只能控制货币乘数的部分因素而不是全部因素。也就是说，除了中央银行之外，商业银行和社会公众等其他经济主体的行为也会影响货币乘数，从而对货币供给产生影响，甚至产生更加重要的影响。这意味着，货币供给并不是一个由中央银行的主观意愿完全决定而不受内在经济运行影响的外生变量。

4.2 货币电子化对传统货币层次划分的影响

要对货币层次进行划分必须具备两个前提条件：一是要客观存在具有明显不同流动性和收益的金融资产，并且它们有不同的特性；二是各种金融资产之间的界限应非常明显，并且在统计时点前后一段时间内保持稳定。货币电子化淡化了各货币层次间的界限，使传统货币条件下划分货币层次的前提受到了挑战。

4.2.1 货币电子化对金融资产流动性的影响

与传统的货币相比，电子货币具有高流动性的特点，它可以通过电子指令，使客户迅速实现不同金融资产之间的相互转化。比如，存放在银行卡上的活期存款按照当前的货币层次划分标准应归为 M_1，但是一旦持卡人将银行卡上的活期存款变现(这种变现是轻而易举的)，这种行为将会导致银行活期存款的减少，同时将使流通中的现金 M_0 相应增加。同理，持卡人也很容易通过银行将手持的现金存放到银行卡上，使现金转化为活期存款。这类行为在日常生活中是经常发生的，这就使得货币形式频繁地在活期存款和通货之间进行转换，从而模糊了 M_0 和 M_1 之间的界限，并缩小了不同金融资产之间的流动性差异，同时也会造成货币存在形式的高度不稳定，这就意味着传统划分货币层次时要求的不同金融资产应具有不同的流动性的前提条件受到了挑战，并由此使得电子货币条件下对金融资产进行划分的难度加大。

4.2.2 货币电子化对金融资产替代性的影响

电子货币高流动性和低交易成本的特点可以使不同层次的货币形式方便快捷地相互转化，这使得不同形式货币之间的替代性增强。货币电子化背景下，流动性相对较低的金融资产（如股票、债券等），转化为现金的便利性大大增强。一般来说，流动性较低的金融资产具有较高的收益率，因此，金融资产持有者在权衡收益率和流动性的情况下，他们获得更高收益率的同时，并未损失太多流动性。这就使金融资产有从较低货币层次向较高货币层次转化的趋势。电子货币的这种替代效益模糊了金融资产之间的界限，使传统划分货币层次时要求的各种金融资产之间的界限应非常明显的前提条件受到了挑战，加大了对金融资产进行划分的难度。

由以上分析可知，电子货币高流动性和低交易成本的特点使传统货币条件下划分货币层次的前提受到了挑战。那么，货币电子化背景下货币层次是否就不能进行划分了呢？答案是否定的。电子货币类型繁多，不同类型的电子货币属性也不一样，但还是有规律可循的。例如，存款替代型电子货币的流动性与传统存款就没有太大的区别，其存在是以存款为基础的，区别只是货币存在的形态不同，在进行货币层次划分时，可将此类电子货币视同为存款；而对于储值型电子货币，其一般只代替流通中的现金，在进行货币层次划分时，可将此类电子货币视同为现金。因此，电子货币并不像有的学者说的那样“虚无缥缈”和“扑朔迷离”，只要能弄清电子货币的本质，把握其规律性，就仍然可以对货币电子化背景下的货币层次进行划分。如何把握电子货币的规律性和衡量不同类型电子货币在货币总量中的比重，是货币电子化背景下划分货币层次的关键。然而，从目前情况来看，这仍然面临两方面的困难：一是电子货币的发展日新月异，在人们还没有把握其规律性时它就已经对金融、经济环境造成了较大冲击，其中货币政策受到的影响首当其冲；二是电子货币本身具有高流动性的特点，对其进行统计、测算和分析的难度很大，从而加大了货币计量的难度。如何克服这两方面的困难就成为电子货币条件下能够重新有效划分货币层次的关键。

4.3 货币电子化背景下我国货币供给的变化趋势

随着货币电子化的不断发展，电子货币对传统货币产生了大量的替代，电子货币高流动性和低转换成本的特点使得不同层次的货币形式相互转换变得非常容易，而且货币形式有从低层次向高层次转化的趋势。这不仅使货币的形态发生变化，而且还改变了货币的供给结构。

4.3.1 货币电子化背景下我国货币供给量的变化趋势

从绝对数的变化来看，1978—2015 年间，我国货币供给量 M_0、M_1 和 M_2 均呈长期增长的趋势，特别是进入 20 世纪 90 年代以后各层次货币供给量的增长速度明显加快（见表 4.1、图 4.1）。M_0 从 1978 年的 212 亿元增长到 2015 年的 63 216.58 亿元，较 1978 年增加 298.2 倍；M_1 从 1978 年的 1 004.2 亿元增长到 2015 年的 400 953.44 亿元，较 1978 年增加 399.28 倍；M_2 从 1978 年的 1 159.1 亿元增长到 2015 年的 1 392 278.11 亿元，较 1978 年增加 1 201.17 倍。

表 4.1 我国货币供给量及其相关指标数据（1978—2015）

年份	M_0（亿元）	M_1（亿元）	M_2（亿元）	M_0/M_1	M_0/M_2	M_1/M_2
1978	212.00	1 004.20	1 159.10	0.21	0.18	0.87
1979	267.70	1 255.50	1 458.10	0.21	0.18	0.86
1980	346.20	1 560.40	1 842.90	0.22	0.19	0.85
1981	393.60	1 831.90	21 86.10	0.22	0.18	0.84
1982	439.10	2 142.50	2 589.80	0.21	0.17	0.83
1983	529.80	2 502.40	3 075.00	0.21	0.17	0.81
1984	792.10	3 369.70	4 146.30	0.24	0.19	0.81
1985	987.80	3 862.50	4 884.30	0.26	0.20	0.79
1986	1 218.40	4 790.10	6 261.60	0.25	0.20	0.77

续表 4.1

年份	M_0(亿元)	M_1(亿元)	M_2(亿元)	M_0/M_1	M_0/M_2	M_1/M_2
1987	1 454.50	5 596.90	7 664.50	0.26	0.19	0.73
1988	2 134.00	6 629.70	9 288.90	0.32	0.23	0.71
1989	2 344.00	7 185.10	10 919.90	0.33	0.22	0.66
1990	2 644.40	6 950.70	15 293.40	0.38	0.17	0.45
1991	3 177.80	8 633.30	19 349.90	0.37	0.16	0.45
1992	4 336.00	11 731.50	25 402.20	0.37	0.17	0.46
1993	5 864.70	16 280.40	34 879.80	0.36	0.17	0.47
1994	7 288.60	20 540.70	46 923.50	0.36	0.16	0.44
1995	7 885.30	23 987.10	60 750.50	0.33	0.13	0.40
1996	8 802.00	28 514.80	76 094.90	0.31	0.12	0.38
1997	10 177.60	34 826.30	90 995.30	0.29	0.11	0.38
1998	11 204.20	38 953.70	104 498.50	0.29	0.11	0.37
1999	13 456.10	45 837.00	119 898.00	0.29	0.11	0.38
2000	14 653.00	53 147.00	134 610.00	0.28	0.11	0.40
2001	15 688.80	59 871.60	158 301.90	0.26	0.10	0.38
2002	17 278.00	70 881.80	185 007.00	0.24	0.09	0.38
2003	19 746.20	84 118.60	219 226.80	0.24	0.09	0.38
2004	21 468.30	95 970.80	253 207.70	0.22	0.09	0.38
2005	24 031.70	107 278.60	298 755.70	0.22	0.08	0.36
2006	27 072.60	126 028.10	345 577.90	0.22	0.08	0.37
2007	30 334.32	152 519.17	403 401.30	0.20	0.08	0.38
2008	34 219.00	166 217.10	475 166.60	0.21	0.07	0.35
2009	38 246.97	221 445.81	610 224.52	0.17	0.06	0.36
2010	44 628.17	266 621.54	725 851.79	0.17	0.06	0.37
2011	50 748.46	289 847.70	851 590.90	0.18	0.06	0.34
2012	54 659.77	308 664.23	974 148.80	0.177	0.056	0.317
2013	58 574.44	337 291.05	1 106 524.98	0.174	0.053	0.305
2014	60 259.53	348 056.41	1 228 374.81	0.173	0.049	0.283
2015	63 216.58	400 953.44	1 392 278.11	0.158	0.045	0.288

资料来源:根据历年《中国统计年鉴》和《中国金融年鉴》计算而得。

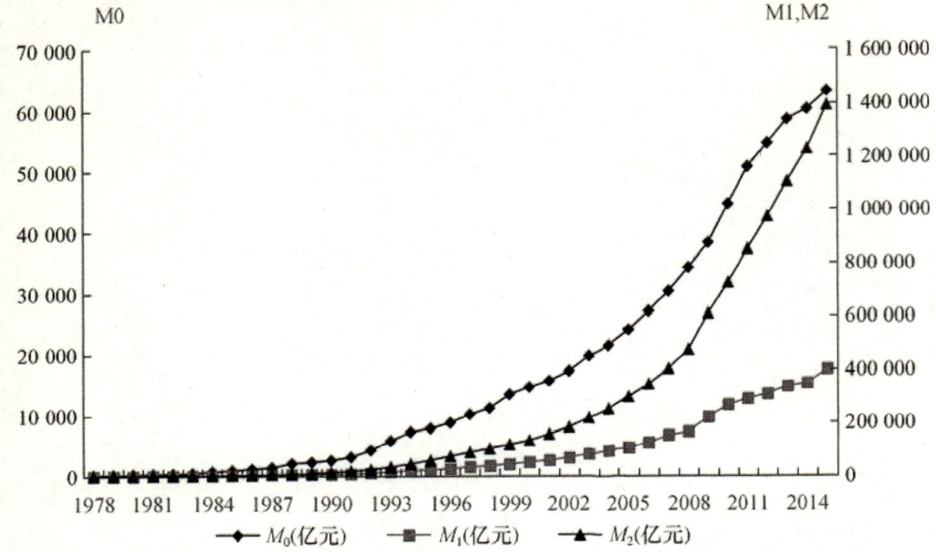

图 4.1　我国货币供给量 M_0、M_1 和 M_2 的变化趋势

从相对数的变化来看,M_0 占 M_1 的比重呈先上升后下降的趋势(见表 4.1、图 4.2),在 20 世纪 90 年代前,M_0 占 M_1 的比重从 1978 年的 21.1%上升到 1990 年的 38%,而从 1990 年开始,M_0 占 M_1 的比重呈逐年下降的趋势,M_0 占

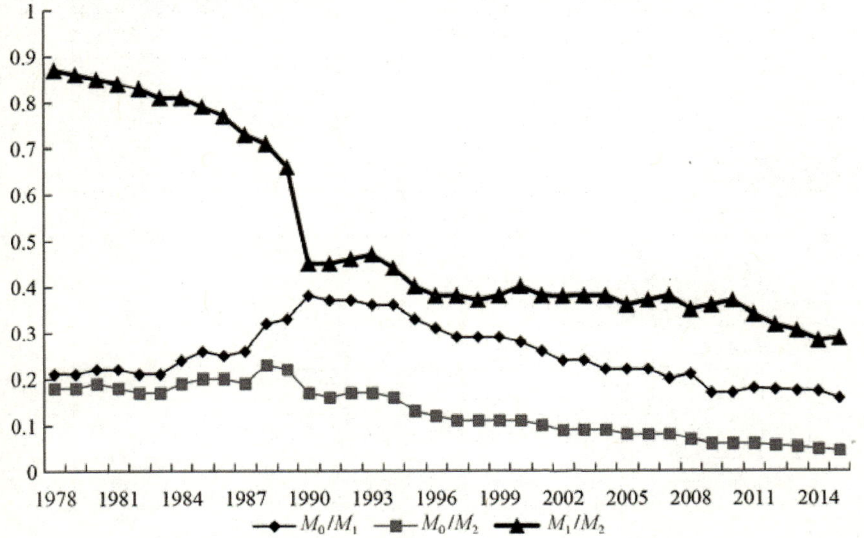

图 4.2　我国 M_0/M_1、M_0/M_2、M_1/M_2 的变化趋势

M_1 的比重从 1990 年的 38%下降到 2015 年的 15.8%，减少了 22.2 个百分点，并且这种下降的趋势还在继续；而 M_0 占 M_2 的比重除个别年份外，表现出稳步下降的趋势，M_0 占 M_2 的比重从 1978 年的 18.3%下降到 2015 的 4.5%，减少了 13.8 个百分点。这种趋势表明，电子货币的存在和发展对传统的现金产生了明显的替代作用，现金已不再是唯一的流通手段。

M_1 占 M_2 的比重（货币流动性比率）从 1978 年以来呈长期下降的趋势，我国货币流动性比率从 1978 年的 86.6%下降到 2015 年的 28.8%，下降了 57.8 个百分点。该比率的下降意味着流动性较强的金融资产（现金和活期存款）占流动性较弱的广义货币 M_2 的下降。这表明，在电子货币对现金和活期存款产生替代的同时，并使其中的一部分转化为流动性较弱的货币形态。

4.3.2　货币电子化背景下我国货币供给结构的变化趋势

自 20 世纪 90 年代电子货币在我国出现开始，之后的二十多年其获得到了快速的发展。1997 年，我国银行卡发卡量为 0.72 亿张，随后呈逐年增长趋势，且增长速度逐年加快。截至 2015 年末，我国银行卡发卡量累计超过 54.42 亿张，同比增长 10.25%（如图 4.3 所示）。其中，借记卡在用发卡数量 50.10 亿张；信用卡和借贷合一卡在用发卡数量共计 4.32 亿张。全国人均持有银行卡 3.99 张，较上年末增长 9.62%。

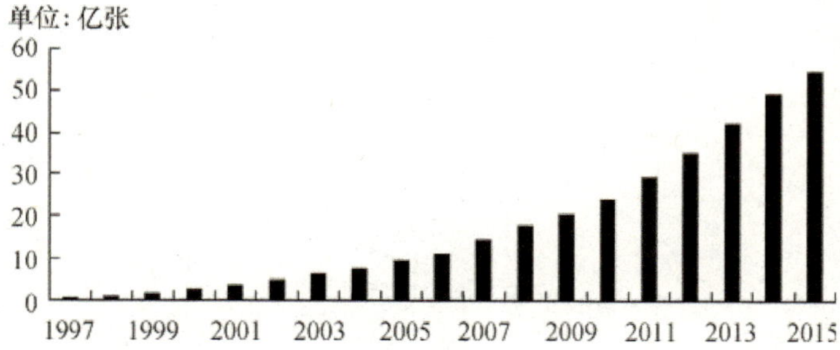

图 4.3　我国银行卡发卡量变化趋势

与银行卡相伴随的受理市场环境也不断完善。如图 4.4 所示，2000 年我国联网 POS 机和 ATM 机分别为 28.8 万台和 3.3 万台，截至 2015 年末，银行卡跨行支付系统联网商户 1 670.00 万户，联网 POS 机具 2 282.10 万台，ATM 86.67 万台。

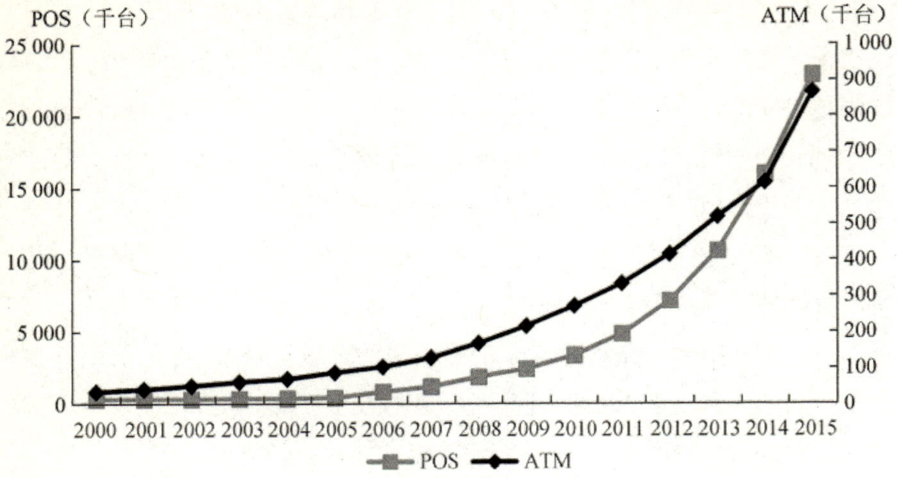

图 4.4　我国 POS 机和 ATM 机数量变化趋势

银行卡交易额持续增长，其中消费业务增长显著。如图 4.5 所示，2000 年我国银行卡交易额为 1.30 万亿元，银行卡消费额为 0.11 万亿元，随后呈缓慢增长趋势。2005 年以后，这种增长速度逐年加快，之后呈爆发式增长，2015 年，我国银行卡交易额为 669.82 万亿元，银行卡消费额为 55 万亿元。

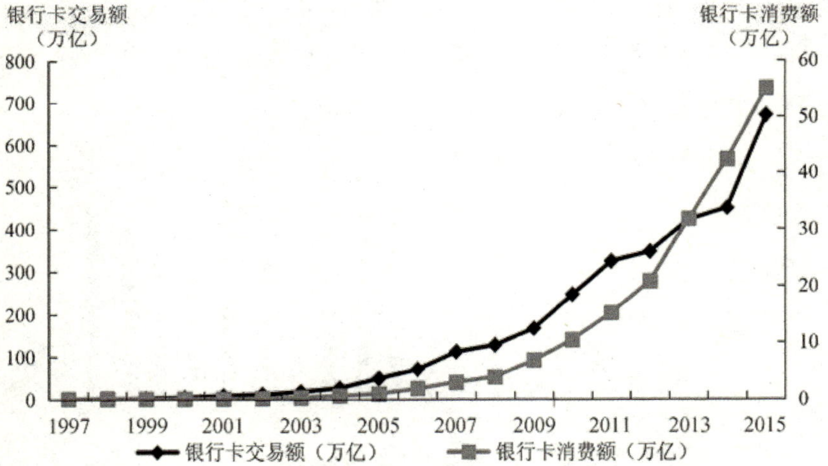

图 4.5　我国银行卡交易额与消费额变化趋势

银行卡渗透率[①]反映了银行卡被用来消费的使用程度。如图 4.6 所示，银行卡渗透率越来越高，其从 2008 年第一季度的 28.60%上升到 2016 年第一季度的 48.35%，表明以银行卡为主要形式的电子货币对公众经济生活的影响越来越大。

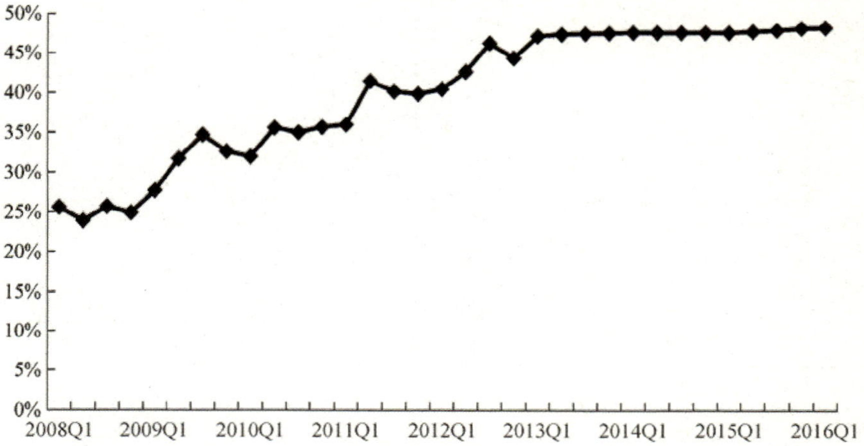

图 4.6　我国银行卡渗透率变化趋势

货币电子化背景下，除个别年份有较大波动外，M_0 和 M_1 的增长率总体呈下降趋势。M_0 和 M_1 的增长率分别从 1991 年的 20%和 24%下降到 2015 年的 5%和 15%（见表 4.2、图 4.7）。

表 4.2　货币电子化背景下我国的货币供给结构数据（1991—2015）

年份	电子货币交易额 EP（亿元）	M_0 增长率	M_1 增长率	EP/M_0	M_0/M_1
1991	2 178.09	0.20	0.24	0.69	0.37
1992	3 024.83	0.37	0.36	0.70	0.37
1993	4 178.12	0.35	0.39	0.71	0.36
1994	5 204.00	0.24	0.26	0.71	0.36
1995	9 612.00	0.08	0.17	1.22	0.33
1996	10 377.30	0.12	0.19	1.18	0.31
1997	12 965.27	0.16	0.22	1.27	0.29
1998	13 201.83	0.10	0.12	1.18	0.29

① 银行卡渗透率为银行卡消费额占社会消费品零售总额的比重。

续表 4.2

年份	电子货币交易额 EP(亿元)	M_0 增长率	M_1 增长率	EP/M_0	M_0/M_1
1999	18 738.57	0.20	0.18	1.39	0.29
2000	45 300.00	0.09	0.16	3.09	0.28
2001	84 279.50	0.07	0.13	5.37	0.26
2002	115 601.80	0.10	0.18	6.69	0.24
2003	179 827.96	0.14	0.19	9.11	0.24
2004	264 500.00	0.09	0.14	12.32	0.22
2005	470 000.00	0.12	0.12	19.56	0.22
2006	705 754.90	0.13	0.18	26.07	0.22
2007	1 114 692.80	0.12	0.21	36.75	0.20
2008	1 271 573.76	0.13	0.09	37.16	0.21
2009	1 659 914.59	0.12	0.33	43.40	0.17
2010	2 467 630.23	0.17	0.20	55.29	0.17
2011	3 238 300.00	0.14	0.09	63.81	0.18
2012	3 462 119.25	0.08	0.06	63.34	0.177
2013	4 233 601.58	0.07	0.09	72.28	0.174
2014	4 499 022.20	0.03	0.03	74.66	0.173
2015	6 698 155.66	0.05	0.15	105.96	0.158

资料来源：根据历年《中国金融年鉴》计算而得。

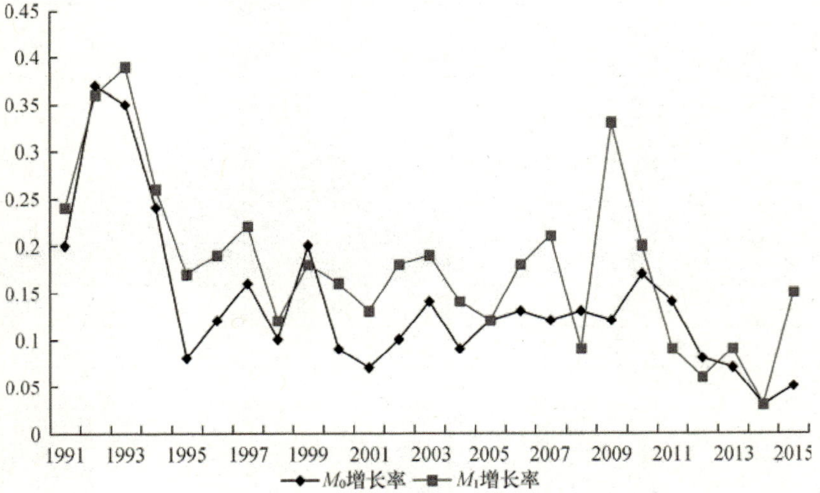

图 4.7　我国 M_0 和 M_1 增长率的变化趋势

电子货币交易额占现金的比重从 1991 年的 0.69 上升到 2015 年的 105.96。与此同时，现金 M_0 占狭义货币 M_1 的比重由 1991 年的 36.8%下降到 2015 年的 15.8%(见表 4.2、图 4.8)。电子货币交易额占现金的比重上升和现金 M_0 占狭义货币 M_1 的比重下降的趋势表明，电子货币的快速发展对现金的替代作用是非常明显的，流通中现金的减少使 M_0 占 M_1 的比重不断下降，从而对我国现金的货币供给结构产生了较大的影响。

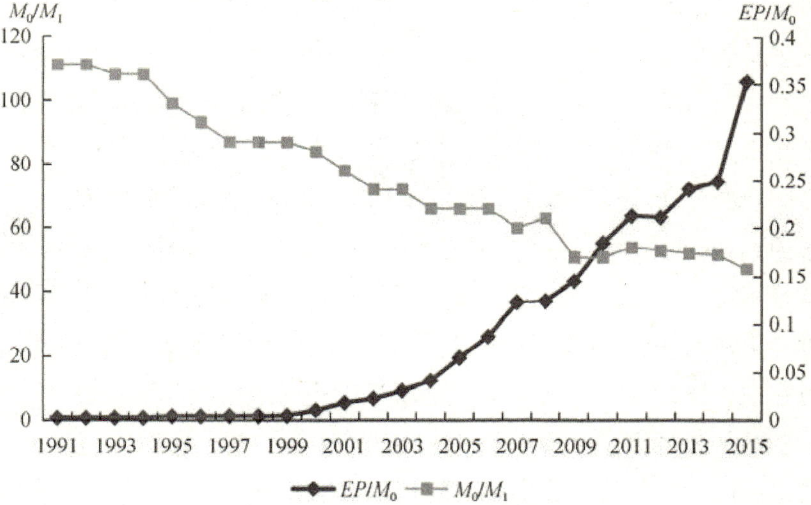

图 4.8　我国 M_0/M_1、EP/M_0 的变化趋势

综上所述，1978—2015 年间，我国货币供给量 M_0、M_1 和 M_2 均呈长期增长的趋势，特别是进入 20 世纪 90 年代以来，我国各层次货币供给量增长速度明显加快，现金 M_0 占狭义货币 M_1 的比重和狭义货币 M_1 占广义货币 M_2 的比重不断下降。西方的经验研究表明，在电子货币发展较快的国家，这两项比值要远远低于电子货币发展迟缓的国家。有足够的数据表明，现金占狭义货币的比重下降和狭义货币占广义货币的比重下降，与该国电子货币和支付清算系统的现代化程度正相关。现代化的电子支付清算系统可以在满足经济总量增长需求的同时，相对减少货币需求量，从而对更有效的控制通货膨胀起到一定作用。

4.4 货币电子化对货币供给的影响

传统的货币理论认为,货币供给主要由基础货币和货币乘数两个因素来决定。其中基础货币是一个外生变量,可以由中央银行直接或间接地控制。而货币乘数是一个内生变量,主要受法定准备金率、超额准备金率、现金漏损率和定期存款比率等因素的影响。在货币电子化背景下,电子货币会对中央银行、商业银行和社会公众等经济行为主体的行为产生影响,从而影响到决定货币乘数的各个因素,使货币乘数的内生性和不稳定性增强;由于我国对商业银行的各种存款采用统一的法定存款准备金率,所以理论上货币电子化对我国基础货币的影响是中性的:电子货币替代现金会通过现金归行和现金回笼的方式增加商业银行在中央银行的储备,电子货币替代存款不会对储备产生影响。这就意味着,当前我国电子货币主要通过改变货币乘数来影响货币供给。

货币乘数是货币供给总量与基础货币之间倍数关系的反映。货币乘数的计算公式可由货币供给量和基础货币的定义公式推导而得。由于我国对活期存款和定期存款实行相同法定准备金率,所以式(4.10)和(4.11)可以变为:

$$m_1=\frac{1+k}{(1+t)\cdot rr+e+k} \tag{4.12}$$

$$m_2=\frac{1+k+t}{(1+t)\cdot rr+e+k} \tag{4.13}$$

其中,k 为流通中现金与活期存款比率(现金漏损率);rr 为法定存款准备金率;e 为超额准备金与活期存款的比率(超额准备金率);t 为定期存款与活期存款的比率(定期存款比率)。从式(4.12)和(4.13)可以看出,货币乘数的影响因素有四个,即法定存款准备金率 rr、超额准备金率 e、现金漏损率 k 和定期存款比率 t。通过货币乘数对各影响因素求偏导数可知,狭义货币乘数 m_1 和广义货币乘数 m_2 对法定存款准备金率 rr、超额准备金率 e 和现金漏损率 k 的偏导数都小于 0,而狭义货币乘数 m_1 对定期存款比率 t 的偏导数小于 0,广义货币乘数 m_2

对定期存款比率 t 的偏导数大于 0。也就是说，狭义货币乘数 m_1 和广义货币乘数 m_2 与法定存款准备金率 rr、超额准备金率 e 和现金漏损率 k 呈负相关关系，狭义货币乘数 m_1 与定期存款比率 t 呈负相关关系，广义货币乘数 m_2 与定期存款比率 t 呈正相关关系。

4.4.1　货币电子化对法定存款准备金率的影响

法定准备金是法律要求商业银行存放在中央银行用以应付日常支付和银行间结算的资金。如果法定存款准备金率越高，这就意味着在存款规模一定的情况下，商业银行要向中央银行缴存更多的存款准备金，而商业银行用于贷款的资金就减少，派生出来的存款规模减小，商业银行的存款货币创造能力就降低，货币乘数的效应相应地下降，从而货币供给量减少。

法定存款准备金率基本上是一个由中央银行直接控制的外生变量，当前我国货币电子化发展还处于初级阶段，电子货币对传统货币的取代主要是流通中的现金，因此货币电子化对法定存款准备金比率大小的影响并不明显。

但是，首先，现金是各国中央银行最大的负债项，电子货币对现金的替代会降低中央银行的资产负债规模，从而限制中央银行的储备供给能力并使货币供给量变得难以测度和控制，此时中央银行可能对电子货币提取较高的法定准备金，以减少电子货币对货币供给量及中央银行地位带来的影响和冲击。由于目前大多数国家并未都对电子货币提出存款准备金的要求，因此电子货币会使一部分有准备金要求的存款转化成没有准备金要求的电子货币，从而商业银行上缴中央银行的准备金会减少。这都可能会导致中央银行在公开市场业务操作时，由于没有足够多的流动资产而无法实现它的预期目标①。

其次，商业银行和存款金融机构向中央银行上缴的准备金存款并不能获得利息收入，这无疑增加了它们的融资成本和机会成本，商业银行和存款金融机构为了降低这种成本，便会千方百计设法规避法定存款准备金的限制。电子货币及其衍生技术的出现为商业银行和存款金融机构规避法定存款准备金的限

---

① Bank for International Settlements. Risk management for electronic banking and electronic money activities[R]. http://www.bis.org/publ/bcbs35.pdf, 1998.

制提供了新的手段，这样一来可能会破坏法定存款准备金率政策的作用机制，使中央银行通过提高或降低法定准备金率来收缩或扩张商业银行货币创造的能力减弱。

最后，在货币电子化背景下，现代化的电子信息技术使商业银行向中央银行报告的时滞明显缩短，中央银行也可以随时获取商业银行的各种信息，对货币供求情况进行实时监控，从而可以更加及时、科学合理地调整法定准备金率。不过，货币电子化背景下的法定准备金率政策的作用时滞也会缩短，从而使商业银行的货币创造能力的扩张和收缩效果更加快速明显，这样中央银行的法定存款准备金比率这剂“猛药”将会更加猛烈。

4.4.2 货币电子化对超额准备金率的影响

超额准备金是商业银行的全部准备金扣除法定准备金后的余额。为了满足流动性的需要，商业银行在经营过程中会持有一定数量的超额准备金。影响商业银行超额准备金率的主要因素有：一是市场利率水平。市场利率决定着商业银行贷款和投资的收益水平，从而也反映着商业银行持有超额准备金的机会成本。如果市场利率水平升高，商业银行持有超额准备金的机会成本会变大，这时商业银行会减少持有超额准备金，超额准备金率下降。二是商业银行借入资金的难易程度及资金成本的高低。如果商业银行在资金头寸不足时，能较容易地从中央银行或其他地方借入资金，且资金成本（如中央银行的再贴现率）较低，此时商业银行可减少超额准备金的持有水平，从而使超额准备金率下降。三是商业银行的资产流动性水平，资产流动性反映了商业银行及时满足其各种资金需要和收回资金的能力。如果资产流动性不足，商业银行会持有较多的超额准备金来应对各种资金需求，超额准备金率会上升。

商业银行之所以在中央银行存有超额准备金，很大程度上是为了应对资金流动性的不足。在货币电子化背景下，电子货币会使商业银行的超额准备金率发生改变。一方面，电子货币高流动性和安全性的特点使商业银行能够快速和低成本地获取资金，同时，由于电子货币使得公众对现金的偏好减弱，使商业银行因准备金不足导致的风险成本下降，这都会使商业银行减少超额准备金的持有；另一方面，电子货币交易额的增加使银行卡账户上的资金清算额加大，其赎回所需要的等值传统货币的数量也就越多，增加了用于结算的储备金，这会使商业银行增加超额准备金的持有。电子货币对超额准备金率的最终影响取决于这两方面作用机制的强弱。

4.4.3　货币电子化对现金漏损率的影响

现金漏损率的高低主要取决于社会公众的流动性偏好，在所有金融资产中，现金的流动性最高，且金融风险最低。但在一般情况下，人们也不会过多地持有现金，因为现金不会带来资产收益，而且持有现金越多就会面临更高的机会成本。当国民收入和金融资产总量增加时，公众持有现金的意愿一般会下降，现金漏损率会降低；当存款或证券类金融资产收益率上升时，现金漏损率也会下降。此外，现金漏损率还会受到社会的支付结算现代化程度、公众的支付工具偏好等因素的影响。一般来说，支付结算体系越发达，公众越不愿意持有现金，从而现金漏损率降低。如果公众比较偏好于现金交易，则现金漏损率随之上升。

当现金漏损率上升，一方面，商业银行为了应付客户提取现金的需要必需保留更多的超额准备金，这样商业银行用于贷款和投资的资金必然减少，其存款货币创造能力会下降；另一方面，商业银行原始存款的减少会使其信用创造能力降低。这都会导致货币乘数的下降，因此，现金漏损率与货币乘数负相关。从世界各国货币电子化的发展历史来看，电子货币对传统货币的替代主要先替代流动性强的货币，然后再替代流动性弱的货币。当前我国货币电子化仍处于发展的初级阶段，电子货币主要替代现金并使其部分转化为活期存款，这使得现金漏损率下降，货币乘数增大。

4.4.4　货币电子化对定期存款比率的影响

定期存款比率主要取决于社会公众的资产选择行为。影响定期存款比率的因素主要有三个：一是定期存款利率，它决定了人们持有定期存款的收益，定期存款利率越高，则定期存款比率也越高。二是其他金融资产的收益率，它决定了人们持有定期存款的机会成本，如果其他金融资产的收益率提高，人们会更多的持有其他金融资产而减少持有定期存款，定期存款比率会下降。三是收入和财富的变动，收入和财富的增加往往引起各种资产持有额的同时增加，但增幅未必相同，对定期存款和活期存款这两种资产而言，随着收入和财富的增加，一般来说定期存款的增幅要大于活期存款，因此收入和财富的变动一般会引起定期存款比率的同向变动。

在货币电子化背景下，社会资金支付结算的效率大大提高，资金在途时间从传统的几天缩短到隔夜，甚至是实时到账，全社会的资金占用会相对减少，这使公众持有的交易准备资金（现金和活期存款）所占的比重下降，而收益率更高的定期存款所占的比重上升货币电子化使货币有从低层次形式向高层次形式转化的趋势。因此，电子货币通过提高支付结算效率、节约社会支付结算资金占用的方式提高了定期存款比率，降低了货币乘数。

从以上分析可以看出，货币电子化通过影响货币乘数的影响因素进而影响货币乘数。货币电子化背景下，影响货币乘数的因素变得更加复杂，影响货币乘数的各个因素都发生了不同程度的变化，这其中有使货币乘数增大的力量，也有使货币乘数减小的力量。货币乘数变得极其不稳定并降低了中央银行对货币乘数的可测性，从而增加了货币供给的内生性。这使得中央银行控制货币供给量的难度加大，降低了货币政策有效性。

4.5 货币电子化背景下的货币乘数和货币政策有效性

传统的货币理论认为，货币供给主要由基础货币和货币乘数两个因素来决定。货币乘数是稳定并可以预测的，中央银行可以在科学预测货币乘数的基础上调整其可直接控制的基础货币，实现对货币供给的调控。随着货币电子化的快速发展，电子货币的广泛使用给传统的货币理论带来了强有力的冲击，主要表现在其加大了中央银行控制基础货币的难度，增强了货币乘数的内生性和不稳定性。正确认识货币电子化对货币乘数的影响，对我国中央银行准确把握货币电子化背景下货币乘数变动的规律，提高货币政策有效性具有重要的现实意义。

从已有的文献看，国内外学者对货币电子化背景下货币乘数的研究已取得了一些有价值的成果，但并没有得出一致性的结论。国外最早对货币电子化的研究来自国际清算银行的支付与清算委员会(BIS)。其于 1996 年、2000 年、2001 年和 2004 年先后发表了对电子货币的研究报告，分别就电子货币的界定、发展、风险和对货币供给和货币政策的影响等进行了研究，这些报告为货币电子化的研究奠定了基础。多恩(James A. Dorn，1996)认为电子货币的存在及其对货币流通速度的影响，降低了中央银行控制基础货币的能力。所罗门(Solomon，1997)在研究货币电子化对货币总供给的影响时，指出应将电子货币的发行量直接计入货币总量，这样就使货币乘数显著增加。霍金斯(John Hawkins，2002)、沙利文(Susan M. Sullivan，2002)和欧文(Ann L. Owen，2004)等学者指出货币电子化会使中央银行难以控制商业银行的行为，从而导致中央银行降低了对基础货币和货币乘数的控制能力。金(Mervyn King，1999)的观点比较激进，他认为在货币电子化背景下，商业银行不再需要基础货币就可以满足结算账户的平衡。弗里德曼(1999)则认为虽然货币电子化会对基础货币和货币乘数产生影响，但这种影响是有限的。

国内对于货币电子化的研究虽然起步较晚，但是发展速度很快。对于货币电子化影响货币乘数这一问题，研究出发点各不相同。胡海鸥和贾德奎(2003)指出货币电子化将减少公众对中央银行基础货币的需求，增强货币乘数的内生性，削弱以货币供给量为货币政策中介目标的货币政策效果甚至可能使其失去作用。谢平、尹龙(2001)指出货币电子化影响了货币供求理论和中央银行对货币政策的控制力度，货币乘数会增大。尹龙(2003)论证货币电子化使货币乘数的计算公式更为复杂，影响货币乘数的因素增加了，而且新增因素大多为经济运行中的内生变量，增强了货币乘数的内生性。靳超、冷燕华(2004)认为电子货币作为一种媒介工具，将更多的货币纳入到银行系统乘数创造过程中，从而总体上增大了货币乘数。周光友(2007)也认为货币电子化增强了货币乘数的内生性，并用实证方法证明了货币电子化对货币乘数的放大效应。王倩、杜莉(2008)通过实证表明货币电子化对货币乘数的影响并不是单一的扩张，而是具有双重作用。

以往研究成果无疑为研究货币电子化对货币乘数变动的影响提供了较好的理论基础和研究方法。但是，以下三点仍有待改进：一是研究大多停留在定性分析的层面上，并且有较多的重复，定性分析的结果虽然对中央银行制定货币政策有一定的参考作用，但很难操作。二是对我国货币电子化影响货币乘数的实证研究局限于只能使用2006年以前的数据①，而恰恰是从2006年开始，我国狭义货币乘数和广义货币乘数都由上升转入了下降通道。三是较少从货币电子化程度的角度研究货币乘数变动，货币电子化程度一方面能说明电子货币的发展程度，另一方面能说明电子货币交易结算的规模。本书尝试把货币电子化程度纳入货币乘数决定的理论分析框架，并利用中国现实数据建立货币乘数的协整方程和误差修正方程，揭示我国货币电子化和货币乘数变动的相互关系和内在机理，为中央银行合理地制定和实施货币政策，提高货币政策的有效性提供依据。

① 银行卡年末存款余额的统计资料只到2006年。

4.5.1　货币电子化背景下我国货币乘数的变动趋势

总体上看，我国狭义货币乘数 m_1 呈先上升后下降的趋势。1990 年到 2005 年，我国狭义货币乘数 m_1 和广义货币乘数 m_2 呈上升趋势，而从 2006 年开始，二者都开始下降（见图 4.9）。m_1 由 1990 年的 1.05 上升到 2005 年的最大值 1.67，到 2014 年降为 1.18，2015 年 m_1 为 1.45；m_2 由 1990 年的 2.12 上升到 2005 年的 4.64，到 2011 年降为 3.79，2012 年后开始上升，2015 年 m_2 为 5.04（见表 4.3）。这种变动趋势有两个重要特点：一是 m_1 和 m_2 大致呈同步变化的趋势，二是 m_2 的变动比 m_1 快。

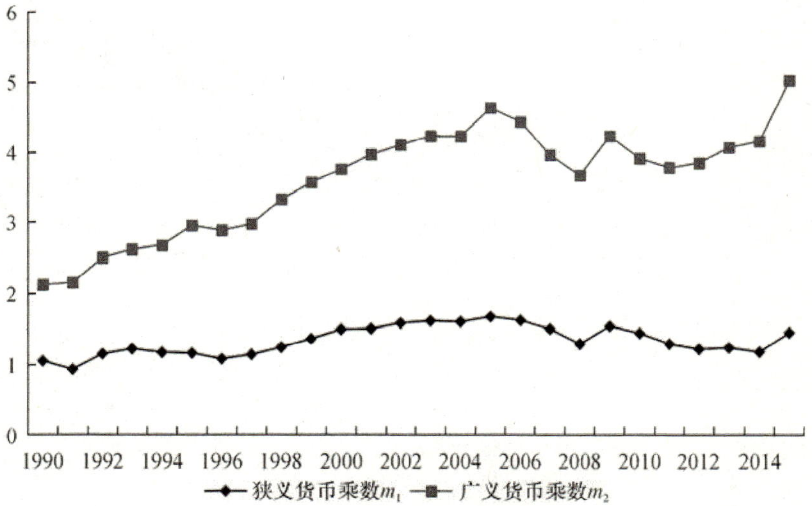

图 4.9　我国货币乘数变动趋势

表 4.3　我国货币乘数及其影响变量的相关数据（1990—2015）

年份	现金漏损率 k	存款准备金率 r	狭义货币乘数 m_1	广义货币乘数 m_2	电子货币使用率 eu
1990	0.61	0.65	1.05	2.12	0.05
1991	0.58	0.7	0.93	2.15	0.1
1992	0.59	0.54	1.15	2.5	0.11
1993	0.56	0.53	1.22	2.61	0.12
1994	0.55	0.75	1.17	2.67	0.11

续表 4.3

年份	现金漏损率 k	存款准备金率 r	狭义货币乘数 m_1	广义货币乘数 m_2	电子货币使用率 eu
1995	0.49	0.8	1.16	2.95	0.16
1996	0.45	0.92	1.08	2.88	0.15
1997	0.41	0.83	1.14	2.97	0.16
1998	0.4	0.73	1.24	3.33	0.16
1999	0.42	0.62	1.36	3.57	0.21
2000	0.38	0.57	1.49	3.76	0.46
2001	0.36	0.55	1.5	3.97	0.77
2002	0.32	0.52	1.58	4.11	0.96
2003	0.31	0.51	1.61	4.23	1.32
2004	0.29	0.5	1.6	4.23	1.65
2005	0.29	0.48	1.67	4.64	2.54
2006	0.27	0.51	1.62	4.44	3.26
2007	0.25	0.58	1.5	3.97	4.19
2008	0.26	0.72	1.29	3.68	4.05
2009	0.21	0.58	1.54	4.24	4.87
2010	0.2	0.63	1.44	3.92	6.2
2011	0.22	0.73	1.29	3.79	6.87
2012	0.22	0.75	1.22	3.86	6.67
2013	0.21	0.74	1.24	4.08	7.11
2014	0.21	0.79	1.18	4.17	6.99
2015	0.19	0.61	1.45	5.04	9.77

资料来源：根据各年度《中国金融年鉴》、中国人民银行网站和 CEIC 中国经济数据库数据计算而得。

与此同时，如表 4.3 和图 4.10 所示，货币电子化程度（银行卡交易额与 GDP 之比）一直处于上升通道，其从 1990 年的 0.05 上升到 2015 年的 9.77，上升了 195 倍，尤其从 2006 年开始，货币电子化程度增长趋势明显加快；现金漏损率则由 1990 年的 0.61 下降到 2015 年的 0.19，处在一个明显的下降通道中，这是由于货币电子化减少了现金的使用而使现金占活期存款的比重下降；另外，与货币乘数相反，存款准备金率（存款准备金与活期存款之比）大致经过了先下降后上升的过程，其从 1996 年的最大值 0.92 下降到 2005 年的最小值 0.48，到 2015 年上升为 0.61。

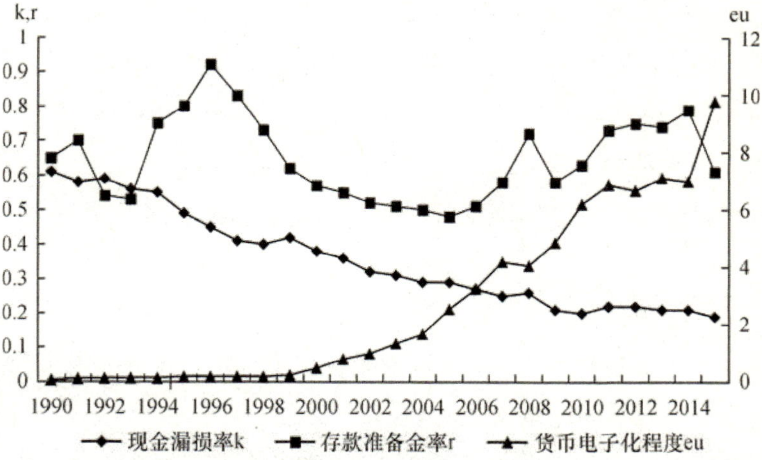

图 4.10　我国现金漏损率、存款准备金率和货币电子化程度变动趋势

由此可见，货币电子化对狭义货币乘数 m_1 和广义货币乘数 m_2 有着明显的影响，它们之间也存在明显的相关性。下面将通过构建货币乘数的协整方程和误差修正方程来进一步揭示它们之间的相互关系。

4.5.2　货币电子化对货币乘数影响的实证分析

1. 变量选择和数据说明

本章实证研究采用年度数据。由于目前我国的电子货币主要以银行卡的形态存在。因此，有关电子货币的数据用银行卡数据来代替。狭义货币乘数 m_1 和广义货币乘数 m_2 分别由狭义货币供给量 M_1 和广义货币供给量 M_2 与基础货币（流通中的现金和金融机构在中央银行的储备之和）之比计算得到。数据取自相关年度《中国金融年鉴》、中国人民银行网站和 CEIC 中国经济数据库。

就我国当前货币电子化发展所处的阶段来看，电子货币对现金和活期存款的替代作用较为明显，电子货币的使用对货币乘数的影响也主要是通过与现金、准备金和活期存款相关的因素来影响货币乘数。在此，选择现金漏损率、存款准备金率和货币电子化程度来揭示货币电子化和货币乘数变动之间的相关关系。

(1) 现金漏损率 k。现金漏损率为流通中的现金和活期存款之比。现金漏损率上升,一方面,商业银行为了应付客户提取现金的需要必需保留更多的超额准备金,这样商业银行用于贷款和投资的资金必然减少,其存款货币创造能力会下降;另一方面,商业银行原始存款的减少会使其信用创造能力降低。这都会导致货币乘数的下降,因此,现金漏损率与货币乘数负相关。电子货币取代了流通中的现金并使其部分转化为存款,这会降低现金漏损率,提高货币乘数。

(2) 存款准备金率 r。存款准备金率为商业银行在中央银行的储备与活期存款之比。存款准备金率的提高使商业银行用于贷款和投资的资金减少,这会降低商业银行的存款货币创造能力,使货币乘数下降。因此,存款准备金率与货币乘数负相关。电子货币交易额的增加使银行卡账户上的资金清算额加大,其赎回所需要的等值传统货币的数量也就越多,这样会使商业银行增加用于结算的储备金,使存款准备金率上升,货币乘数下降。

(3) 货币电子化程度 eu。货币电子化程度为银行卡交易额和 GDP 之比。货币电子化程度代表着电子货币被用作交易媒介的程度,它既能说明电子货币替代现金的程度,又能说明电子货币交易结算的规模。一方面,货币电子化程度的提高会通过电子货币替代现金并使其部分转化为活期存款降低现金漏损率,从而使货币乘数增大;另一方面,电子货币结算规模的扩大会使商业银行增加用于结算的储备金,这会通过提高存款准备金率使货币乘数减小。对货币乘数的最终影响取决于这两种作用机制力度的大小。

2. 平稳性检验

为了防止伪回归的发生,需要对各变量进行平稳性检验。检验方法采用单位根检验中的 ADF 方法。结果如表 4.4 所示,m_1、m_2、k、r 和 eu 在 5%的显著水平下是非平稳的;而经过一阶差分变换后,$D(m_1)$、$D(m_2)$、$D(k)$、$D(r)$ 和 $D(eu)$ 在 5%的显著水平下是平稳的。即 m_1、m_2、k、r 和 eu 都是一阶单整的,满足协整检验的前提。

表 4.4　各变量及其差分序列平稳性检验结果

变量	检验形式	ADF 统计量	5%临界值	平稳性
m_1	$(c,0,0)$	−1.64	−3.01	非平稳
Δm_1	$(c,0,0)$	−4.55	−3.02	平稳
m_2	$(c,0,0)$	−1.89	−3.01	非平稳
Δm_2	$(c,0,0)$	−4.18	−3.02	平稳
k	$(c,t,4)$	−1.45	−3.71	非平稳
Δk	$(c,t,4)$	−4.29	−3.73	平稳
r	$(c,0,0)$	−1.73	−3.02	非平稳
Δr	$(c,0,0)$	−4.26	−3.02	平稳
eu	$(c,t,0)$	0.38	−3.65	非平稳
Δeu	(c,t,1)	−4.17	−3.67	平稳

注:(1) (c,t,n)表示 ADF 检验中的常数项,时间趋势项和滞后期数;(2) Δ 为变量的一阶差分项。

3. 协整检验

协整检验可以确定各变量之间是否存在长期均衡关系。本书采用由 Johansen 和 Juselius 于 1990 年提出的 Johansen 协整检验方法,该方法做多变量协整检验时能精确地检验出协整向量的数目。协整检验的结果如表 4.5 所

表 4.5　Johansen 协整检验结果

协整向量原假设		特征根迹检验		最大特征值检验	
		迹统计量	5%临界值	最大特征值统计量	5%临界值
m_1 和 k、r、eu	0 个	68.13*	47.21	39.32*	27.07
	至少 1 个	28.81	29.68	18.02	20.97
	至少 2 个	10.79	15.41	10.78	14.07
m_2 和 k、r、eu	0 个	61.11*	47.21	35.91*	27.07
	至少 1 个	25.21	29.68	15.93	20.97
	至少 2 个	9.28	15.41	9.21	14.07

注:* 表示在 5%的显著水平拒绝原假设,滞后阶数的选取按照 FPE 与 SBIC 准则。

示，对于 m_1 和 k、r、eu，特征根迹检验和最大特征值检验都在 5%的显著水平下拒绝了 0 个协整向量的原假设，而没有拒绝 1 个协整向量的原假设，这说明 m_1 和 k、r、eu 之间只存在 1 个协整向量；同理得到 m_2 和 k、r、eu 之间也只存在 1 个协整向量。

4. 误差修正模型

由于 m_1 和 k、r、eu 之间以及 m_2 和 k、r、eu 之间都存在协整关系，因此可以构建 m_1 和 m_2 的协整方程①为：

$$\underset{}{m_1} = \underset{(71.58)^{*}}{-1.67k} - \underset{(47.70)^{*}}{0.82r} - \underset{(36.39)^{*}}{0.07eu} + 2.55 \tag{4.14}$$

$$m_2 = \underset{(35.47)^{*}}{-6.63k} - \underset{(9.18)^{*}}{1.26r} - \underset{(15.65)^{*}}{0.25eu} + 7.07 \tag{4.15}$$

由式(4.14)和(4.15)可得 m_1 和 m_2 的误差修正项为：

$$ecm_1 = m_{1t-1} + 1.67k_{t-1} + 0.82r_{t-1} + 0.07eu_{t-1} - 2.55 \tag{4.16}$$

$$ecm_2 = m_{2t-1} + 6.63k_{t-1} + 1.26r_{t-1} + 0.25eu_{t-1} - 7.07 \tag{4.17}$$

进一步，可构建误差修正模型②。m_1 和 m_2 的误差修正方程的估计结果为：

$$\Delta m_1 t = \underset{(-1.87)^{***}}{-1.03ecm_1} \underset{(-0.11)}{-0.04\Delta m_{1t-1}} \underset{(2.36)^{**}}{+1.92\Delta k_{t-1}} \underset{(0.19)}{+0.10\Delta r_{t-1}} \underset{(-0.91)}{-0.08\Delta eu_{t-1}} + 0.16 \tag{4.18}$$

$$R^2 = 0.80, RMSE = 0.06$$

$$\Delta m_2 t = \underset{(-2.51)^{*}}{-0.77ecm_2} \underset{(0.78)}{-0.19\Delta m_{2t-1}} \underset{(2.48)^{**}}{+5.71\Delta k_{t-1}} \underset{(1.54)}{+1.04\Delta r_{t-1}} \underset{(-0.25)}{-0.05\Delta eu_{t-1}} + 0.34 \tag{4.19}$$

$$R^2 = 0.76, RMSE = 0.16$$

m_1 和 m_2 的误差修正方程的拟合优度 R^2 都较高，说明 m_1 和 m_2 的误差修正方程拟合效果较好。

---

① 经检验并比较误差修正模型的五种趋势假设的结果，对 m_1 和 m_2 均采用协整方程和误差修正方程有常数项，没有时间趋势项的形式进行估计；参数上标 *、**、*** 分别表示估计系数在 10%、5%、1%置信水平下显著(以下同)。

② 稳定性检验表明所有根模的倒数都小于等于 1，说明误差修正模型是稳定的。残差检验表明残差是不存在自相关的正态分布，说明误差修正模型的估计结果是无偏且一致的。

5. 实证结果分析

m_1 和 m_2 的协整方程(4.14)和(4.15)以及误差修正方程(4.18)和(4.19)表明我国货币乘数和货币电子化程度、存款准备金率以及现金漏损率之间存在长期均衡关系和短期动态关系。

在长期均衡关系中，货币电子化程度 eu 与狭义货币乘数 m_1 和广义货币乘数 m_2 均呈显著的负相关关系，即货币电子化程度的提高会使货币乘数下降。电子货币的使用依托于商业银行的转账结算服务，货币电子化程度的上升会提高商业银行的转账结算规模，增加商业银行清算准备金的需求量，这会通过提高存款准备金率而降低货币乘数。实证分析的负相关关系说明，我国货币电子化程度的提高降低现金漏损率使货币乘数增大的作用要弱于其提高存款准备金率使货币乘数减小的作用。现金漏损率 k 和存款准备金率 r 对狭义货币乘数 m_1 和广义货币乘数 m_2 的影响都显著为负，这说明传统货币乘数的影响因素仍在发挥着明显作用。货币电子化程度的提高降低了现金漏损率，商业银行的信用创造能力和存款货币创造能力下降，这使货币乘数增大。货币电子化程度的提高增加了商业银行的清算准备金，提高了商业银行的存款准备金率，商业银行用于贷款和投资的资金减少，存款货币创造能力降低，这使货币乘数下降。

在短期，误差修正方程(4.18)和(4.19)的误差修正项 ecm 的系数反映了 m_1 和 m_2 偏离长期均衡时的调整速度，其都显著为负说明当 m_1 和 m_2 偏离长期均衡时，经济力量将以一定的力度将其从非均衡拉回均衡状态。就 m_1 而言，当短期波动偏离长期均衡时，经济力量会以 -1.03 的速度将其拉回均衡态，即 m_1 与长期均衡的偏差需要大约 1 年的时间得以纠正；而 m_2 的调整速度为 -0.77，即 m_2 与长期均衡的偏差在下一年约 77%会得到纠正。Δk_{t-1} 的系数都显著为正说明短期内现金漏损率降低会使货币乘数减小，这与长期的结果相反。本书认为，人们对现金的需求是从供给和需求两个角度影响货币流通的，在短期，货币电子化程度的提高加速了货币流通速度，进而缩短了货币的循环周期，从而降低了货币乘数，但这个观点需进一步研究才能得以证实。

6. 实证结论及启示

由实证结果可知，货币电子化对货币乘数有双重作用：一方面，电子货币被用作交易媒介的程度越高，商业银行需保留的清算储备金会越多，这会通过提高存款准备金率而降低货币乘数；另一方面，货币电子化使电子货币对现金有着明显的替代作用，这会通过降低现金漏损率而提高货币乘数。和西方国家相比，虽然我国还处于货币电子化发展的初级阶段，但是近年来电子货币用于交易媒介的程度已越来越高并呈加速发展的趋势，这大大提高了商业银行的存款准备金率并使我国的货币乘数出现了小幅度的下降。

货币电子化对货币乘数的双重作用增加了影响货币乘数的因素，增强了货币乘数的不稳定性。在影响货币乘数的因素中，央行可以通过法定准备金政策控制存款准备金率，而现金漏损率和电子货币使用率则取决于人们对交易媒介的偏好和我国金融科技的发展程度，是经济运行中的内生变量，央行能控制因素所占比例的降低增加了货币乘数的内生性。货币乘数不稳定性和内生性的增强使中央银行预测货币乘数产生变化，这样通过调整基础货币控制货币供给量的难度加大，这使我国以货币供给量作为中介目标的货币政策效果大打折扣，降低了货币政策有效性。所以央行在实施货币政策时，应当将货币电子化对货币乘数变动的影响考虑进去，加强对电子货币的统计与控制，从而提高货币政策的有效性。

有学者认为，由于中央银行没有对电子货币收缴存款准备金，理论上现金漏损率的降低会使货币乘数无限上升，从而导致中央银行丧失维持货币政策有效性的能力。但是，一方面，目前我国还没有纯粹意义上的电子货币，我国银行卡存款额也同商业银行存款一样受法定准备金政策的制约；另一方面，本书实证结果表明，货币电子化对货币乘数的影响并不是单一的扩张，也有通过提高商业银行的存款准备金率使货币乘数减小的作用。因此，目前来看，我国的货币乘数不但不会无限上升，而且可能会下降。

4.6 本章小结

本章研究了货币电子化、货币供给和货币政策有效性之间的关系。首先，本章对货币供给理论进行了回顾；其次，对货币电子化对传统货币层次划分的影响进行了分析，货币电子化淡化了各货币层次间的界限，使传统货币条件下划分货币层次的前提受到了挑战；再次，描述了货币电子化背景下货币供给的变化趋势，货币电子化背景下的货币供给量和货币供给结构都出现了新的变化；最后，分析了货币电子化对货币供给的影响，其中重点实证研究了货币电子化对货币乘数的影响。实证结果表明，我国货币电子化对货币乘数有双重作用：一方面，电子货币被用作交易媒介的程度越高，商业银行需保留的清算储备金会越多，这会通过提高存款准备金率而降低货币乘数；另一方面，货币电子化使电子货币对现金有着明显的替代作用，这会通过降低现金漏损率而提高货币乘数。和西方国家相比，虽然我国还处于货币电子化发展的初级阶段，但是近年来电子货币用于交易媒介的程度已越来越高并呈加速发展的趋势，这大大提高了商业银行的存款准备金率并使我国的货币乘数出现了小幅度的下降。货币电子化对货币乘数的双重作用增加了影响货币乘数的因素，增强了货币乘数的不稳定性。在影响货币乘数的因素中，央行可以通过法定准备金政策控制存款准备金率，而现金漏损率和电子货币使用率则取决于人们对交易媒介的偏好和我国金融科技的发展程度，是经济运行中的内生变量，央行能控制因素所占比例的降低增加了货币乘数的内生性。货币乘数不稳定性和内生性的增强使中央银行预测货币乘数发生变化，这样通过调整基础货币控制货币供给量的难度加大，这使我国以货币供给量作为中介目标的货币政策效果大打折扣，降低了货币政策有效性。央行在实施货币政策时，应当将货币电子化对货币乘数变动的影响考虑进去，加强对电子货币的统计与控制，从而提高货币政策的有效性。

第5章 货币电子化、通货膨胀和货币政策有效性

自20世纪70年代以来，通货膨胀已成为备受关注的世界性经济问题。通货膨胀是衡量一国宏观经济运行是否稳定和健康的重要指标。随着货币电子化的快速发展，我国电子货币对传统货币形式产生了大量的竞争替代，这对货币供求结构和货币流通速度都产生了明显的影响，并由此影响到了通货膨胀的形成机制。因此，以货币电子化为切入点，研究其对通货膨胀形成机制的影响，不但可以丰富通货膨胀的成因理论，而且研究结论有助于中央银行更好地选择货币政策工具和中介目标，从而提高货币政策的有效性。

5.1 通货膨胀理论回顾

通货膨胀指货币供给大于货币实际需求，也即现实购买力大于产出供给，导致货币贬值，从而引起物价总水平在一定时期内持续的普遍的上升过程，或者是说货币价值在一定时期内持续的下降过程。通货膨胀的实质是社会总需求大于社会总供给。

5.1.1 通货膨胀的衡量

既然通货膨胀是物价总水平的持续上涨，通货膨胀的程度也就可以用物价上涨的幅度来衡量。世界上多数国家，一般采用以下一个或一个以上的物价指数来度量通货膨胀。

1. 消费物价指数(Consumer Price Index)

该指数是根据家庭消费的有代表性的商品和劳务的价格变动状况而编制的。这一指数的优点是资料容易搜集，公布次数较频繁，能够迅速直接地反映影响居民生活的价格趋势；缺点是该指标所包括的范围较窄，只包括社会最终产品中的居民消费品这一部分，不包括公共部门的消费、生产资料和资本产品以及进出口商品，从而不足以说明全面的情况。

2. 批发物价指数(Wholesale Price Index)

该指数是根据制成品和原材料的批发价格编制的，又称为生产者物价指数。该指数的优点是对商业周期反应敏感；缺点是不包括劳务产品在内，同时它只计算了商业在生产环节和批发环节的价格变动，没有包括商品在最终销售时的价格变动，其波动幅度经常小于零售商品的价格波动幅度。因此，用此指标判断总供给与总需求的对比关系时，可能会出现信号失真的情况。

3. 国民生产总值物价平减指数(Gross National Product Deflator)

该指数是按现行价格计算的国民生产总值与按固定价格计算的国民生产总值的比率。GNP 平减指数的优点是其包含的范围广泛,除了居民消费品外,还包括公共部门的消费、生产资料和资本产品以及进出口商品,因此可以较准确地反映一般物价水平的走向;缺点是资料比较难收集,需要对不在市场上发生交易的商品和劳务进行换算,因此公布次数不如 *CPI* 那么频繁。

5.1.2 通货膨胀的分类

按照不同的标准,国内外经济学家从不同的角度对通货膨胀进行了不同的分类,一般有以下几种:

1. 按严重程度划分为爬行式、温和式、奔腾式和恶性通货膨胀

爬行式通货膨胀指价格总水平上涨每年不超过 2%~3%,并且没有在经济生活中形成通货膨胀预期;温和式通货膨胀指价格总水平上涨比爬行式高,但又不是很快,具体的百分比没有一个统一的说法;奔腾式通货膨胀指物价总水平每年上涨在 10%以上,且发展速度很快;恶性通货膨胀又称超级通货膨胀,指物价上升特别猛烈,且呈加速趋势。此时,货币完全丧失了价值储藏功能,部分丧失了交易媒介功能,成为“烫手山芋”,持有者都设法将其花费出去。当局若不采取断然措施,货币制度将完全崩溃。

2. 按预期程度划分为预期性通货膨胀和非预期性通货膨胀

预期性通货膨胀又称惯性通货膨胀,是指通货膨胀过程被人们预期到了,以及由于这种预期而采取各种补偿性行动引发的物价上升运动,如在商品定价中加进未来原材料及劳动力成本上升的因素;非预期性通货膨胀是指在没有心理预期的情况下,出现的通货膨胀现象或是价格上升超出人们的预期。相对而言,预期性通货膨胀对经济产生的影响比较小,而非预期性通货膨胀会对经济和社会产生严重的影响。

3. 按市场机制作用划分为公开型通货膨胀和隐蔽型通货膨胀

公开型通货膨胀是指在市场机制充分运行和政府对物价不加控制的情况

下表现出来的通货膨胀。在市场经济特别发达的条件下，由于没有政府的直接干预，通货膨胀会以物价水平公开上升的形式表现出来；隐蔽型通货膨胀是指政府通过计划控制和行政管制手段来抑制物价的上涨，使通货膨胀的压力不通过一般物价水平的上涨表现出来，物价保持表面的稳定，社会供求的矛盾是以非价格信号如商品与物资供给的短缺表现出来的通货膨胀类型。

除了以上划分方法，按照是否推进通货膨胀政策，通货膨胀可以划分为自主性通货膨胀和被动性通货膨胀。由当局主动推行的政策引发的通货膨胀为自主性通货膨胀；反之，则是被动性通货膨胀。按照是否由国际因素传递引起，通货膨胀可以划分为内生性通货膨胀和外生性通货膨胀。前者是由国内因素引起的，后者是由于对外经济联系，如国际贸易活动引起的，又称为输入性通货膨胀。按照是否存在战争因素，通货膨胀可以划分为战时通货膨胀及和平时期通货膨胀。

5.1.3　通货膨胀的成因

多数学者认为，通货膨胀是货币发行过多引起的，只要采取断然措施，使流通中的货币大大减少，则通货膨胀可以自然消除。但是，对付所有通货膨胀一律采取紧缩措施，有时收效甚微，甚至可能出现“滞胀”。因此，对通货膨胀的成因进行分析，有助于理解通货膨胀过程中的各种现象和制定适当的消除通货膨胀的措施。在西方经济学界，关于通货膨胀成因的理论不胜枚举，在此只选择介绍其中影响力大、概括性强的三种理论。

1. 需求拉动型通货膨胀(Demand-Pull Inflation)

需求拉动型通货膨胀是指总需求超过总供给所引起的物价水平持续上涨。如图 5.1 所示，横轴 Y 表示总产量，纵轴 P 表示价格，AD 为总需求曲线，AS 为总供给曲线。AS 曲线分为水平、倾斜、垂直三段。

在 AS 水平段，由于经济中有大量的闲置资源，即使价格水平不上升，厂商也愿意生产。随着总需求的增加，AD 曲线从 AD_0 右移至 AD_1 的位置，产出增加，价格不变。在 AS 的倾斜段，随着总需求的增加，AD 曲线从 AD_1 右移至 AD_2 的位置，假设此时价格水平不变，维持在 P_1，则总需求大于总供给，从而价格会上升，价格一直上升到 AD_2 与 AS 的交点所决定的 P_2 水平。这时的产出由 Y_1 增加到 Y_2，价格由 P_1 上升到 P_2。在这一阶段，随着生产能力的不断挖掘，产出增加使生产成本增加，从而导致价格上升。随着总需求的不断增加，AD 曲线右移到 AD_3，这时整个社会的资源得到充分利用，经济达到充分就业水平。当 AD 曲线移动至 AD_4 位置时，总需求曲线与垂直的总供给曲线相交，在此过程中，产出不变，价格从 P_3 上升到 P_4。在这一阶段，由于社会资源得到充分利用，生产能力已达到最大，总需求的扩大不能继续增加产出，只会引起价格上升。以上这种总需求不断扩大引起的价格水平的不断持续上升即为需求拉动型通货膨胀。

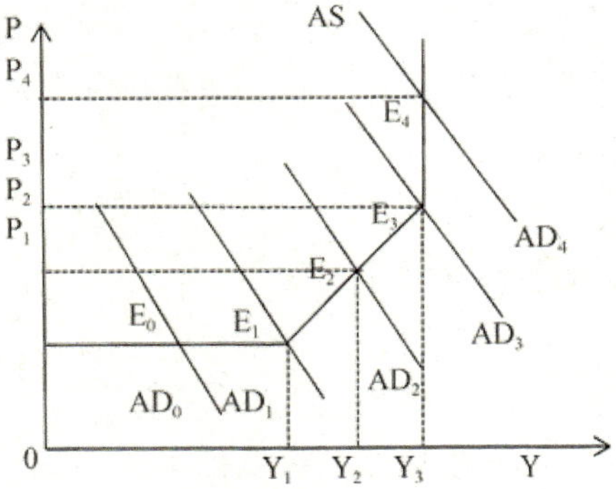

图 5.1　需求拉动型通货膨胀

在 AS 的水平段，经济处于严重衰退期，这时刺激总需求复苏经济；AS 的倾斜段是凯恩斯强调的阶段，凯恩斯强调经济大部分时间都处于非充分就业状态，通过刺激有效需求可以拉动经济，增加产出，减少失业；AS 的垂直段是古典学派强调的阶段，古典学派认为无需政府干预，经济的自由运行便可以达到充分就业的状态，而政府刺激总需求的政策只会引起通货膨胀。

2. 成本推动型通货膨胀(Cost-Push Inflation)

成本推动型通货膨胀又称“成本通货膨胀”或“供给通货膨胀”，是指在没有超额需求的条件下，由于供给方面生产成本的提高所引起的价格水平的普遍持续上涨。这种生产成本的提高主要是因为由对市场价格具有操纵力量的团体(如工会、垄断企业以及石油输出国组织)引起的。例如，当工会要求厂商提高工资，并使工资的增长率快于劳动生产率的增长时，生产成本就会提高，这会导致物价上涨，物价上涨后，工会又要提高工资，对物价又产生了向上的压力（这称为工资推动型通货膨胀）。又如，当垄断企业凭借其垄断地位，通过提高价格来增加利润的方式也会导致物价的普遍上涨（这称为利润推动型通货膨胀）。再如，当石油输出国组织提高其所控制的原油价格时，这会导致其他国家生产成品提高，从而引发通货膨胀（这称为进口成本推动型通货膨胀）。

成本推动型通货膨胀的过程如图 5.2 所示，假设经济起始于总需求曲线 AD 与总供给曲线 AS_1 的交点 M，相对应的价格为 P_1，产出为 Y_1，此时经济处于充分就业状态。由于生产原材料（比如石油）的价格突然上涨，厂商的生产成本增加，而此时厂商生产的产品的价格由于价格黏性等原因，不能迅速上升，对厂商来说，边际成本上升了，为了利润最大化，其只得减少产量，结果总产出下降，表现为总供给从 AS_1 左移至 AS_2，在 P_1 的价格水平上，总供给为 Y_3，总需求为 Y_1，总供给小于总需求，引起价格上涨。随着价格的上升，总需求减少，而总供给增加，当价格上升到 P_2 时，总供给与总需求再一次相等，对应的产出为 Y_2。在新的均衡点 N，价格从 P_1 上升到 P_2，产出从 Y_1 下降到 Y_2，就业低于充分就业水平。所以在成本推动型通货膨胀中，物价和失业同时上升。

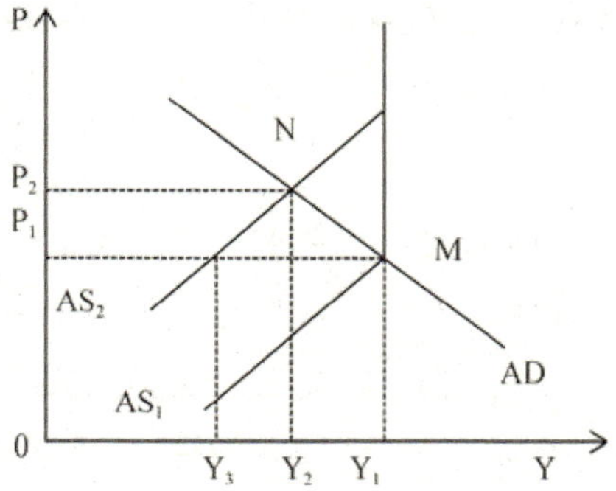

图 5.2　成本推动型通货膨胀

3. 结构型通货膨胀(Structural Inflation)

结构型通货膨胀是指在总需求和总供给大体处于均衡状态时，由于经济结构方面的因素引起的物价持续上涨。结构型通货膨胀又可分为以下几种：

（1）需求结构转移型通货膨胀

在总需求不变的情况下，某个部门的部分需求转移到另一个部门，需求增加了的部门的工资和产品价格上升，而需求减少了的部门的工资和产品价格却未必相应下降，结果导致了物价总水平的上升。

(2) 小国开放经济的通货膨胀

小国开放经济的通货膨胀问题最初由挪威经济学家奥德·奥克鲁斯特提出。小国开放经济指的是一类小型国家，它们参与国际贸易，但其进出口总额在世界市场上所占的份额非常小，它们的进出口不会对世界上的价格产生任何影响，是纯粹的价格接受者。小国开放经济分为两个部门，一是开放经济部门，即产品与世界市场有直接联系的部门；二是非开放经济部门，即产品与世界市场没有直接联系的部门。由于小国开放经济是世界市场上的价格接受者，因此，当世界市场上的价格上涨时，开放经济部门的产品价格也随之上涨，结果也会使开放经济部门的工资相应上涨。而非开放经济部门必然会向开放经济部门看齐而提高工资，结果非开放经济部门的生产成本上升，其产品价格也必然随之提高。这样，就导致了小国开放经济全面的通货膨胀。

(3) 落后经济体的结构型通货膨胀

这种类型的通货膨胀是由拉丁美洲的结构主义经济学家所提出的。他们认为，在发展中国家，落后的、不合理的经济结构不适应经济发展的需要，尤其是农业、外贸和政府部门的制度性刚性，导致物价水平随着经济的发展而普遍上升。

第一，在农业部门，过时的土地所有制阻碍了农业投资的增加和生产技术的改进，使农业生产结构僵化，农业生产率低下，结果农业部门的农产品供给赶不上工业化和人口增长对农产品的需求，这导致农产品价格上涨。由于农产品价格是一种基础价格，其上涨必然会引起一系列的连锁反应，从而带动整体物价水平的上涨。

第二，在外贸部门，发展中国家的出口以初级产品为主，初级产品在国际市场上需求的价格弹性很低，贸易条件非常不利，再加上出口部门供给弹性不足，导致出口增长十分缓慢；另一方面，外贸部门进口又以资本品及中间投入品为主，这些更高端的产品是维持国内生产所必不可少的，而为了加快国内经济增长就必须大量增加这类产品进口。这样，出口收入的增长赶不上进口支出的增加，结果势必导致国际收支逆差。在这种情况下，本币的贬值就不可避免，进口品的国内价格就会上升。在进口需求呈刚性的情况下，进口品的价格上升会推动国内生产成本和物价水平的上涨。

第三，在政府部门，由于发展中国家的人均收入水平比较低，所得税所占的比重很小，税收主要以间接税为主。而间接税税收的收入弹性很低，其增长速度极其缓慢。同时，由于面临着加快经济发展的艰巨任务，发展中国家的政府必须不断扩大支出（特别是投资支出）以拉动经济增长，这造成了越来越庞大的结构性财政赤字。面对这种情况，货币当局经常以增发货币的形式来弥补经济。如此一来，通货膨胀就会接踵而至。

5.2 货币电子化对通货膨胀的影响

关于通货膨胀的形成原因，理论学界存在着很多的观点，货币电子化的发展使通货膨胀的形成机制变得更加复杂。货币电子化对通货膨胀的影响主要是通过其对货币供给、货币需求和货币流通速度的影响来实现的。

关于这方面的研究，国内外已取得很多研究成果，主要包括货币电子化对货币流通速度的影响，电子货币的特征及其对货币需求、准备金需求的影响，电子货币的使用对铸币税、货币乘数的影响等。学者们一致认为电子货币对传统货币的竞争性替代削弱了央行货币政策的有效性。Mervyn King(1999)甚至推测，在电子货币广泛使用的条件下，商业银行不再需要基础货币就可以满足结算账户的平衡，一旦电子货币完全替代基础货币，中央银行只能退出操纵货币政策的舞台。然而多数学者如 Friedman(1999)则认为，虽然货币电子化会对基础货币和货币乘数产生影响，但这种影响是有限的。唐平(2005)通过建立数学模型，证明了货币电子化使现金漏损率、定期存款比率以及总准备金率发生变动进而影响货币乘数。谢平和尹龙(2001)，胡海鸥和贾德奎(2003)的研究表明，我国货币电子化会使货币乘数增大，影响了中央银行对货币政策的控制力度。王倩、杜莉(2008)的实证检验则表明，货币电子化对货币乘数的影响并不是单一的扩张，而是具有双重作用。另外，周光友(2011)认为电子货币的使用使我国货币流通速度发生改变，并且通过实证检验表明，长期电子货币对通货膨胀具有放大效应和加速效应，加大了中央银行调控货币政策的难度。

国内外对货币电子化影响货币供给、货币需求和货币流通速度的研究已经取得了很多有价值的成果，但对于货币电子化影响通货膨胀这一问题虽然有文献在研究其他问题时有所提及，却鲜有文献对其进行专门讨论。通货膨胀是由货币供给和货币需求共同决定的，因此货币电子化在影响货币供求和货币流通速度的同时，必然影响到通货膨胀的形成机制。

5.2.1 货币电子化对货币供求结构的影响

1. 货币电子化对货币供给的影响

在现代货币理论中，货币供给量是由中央银行投放的基础货币，按照银行体系的货币乘数放大后决定的。基础货币(B)由商业银行的存款准备金(R)和流通中的现金(C)构成，因为我国对商业银行的各种存款(包括银行卡存款)采用统一的法定存款准备金率，所以电子货币对我国基础货币的影响是中性的。而货币乘数(m)为一内生变量，主要取决于中央银行、社会大众和商业银行的行为，因此货币电子化可能会通过改变货币乘数进而影响货币供给。

接下来以狭义货币乘数(m_1)为例，来分析货币电子化对货币乘数的影响。狭义货币乘数的计算公式如下：

$$m_1=\frac{1+k}{(t+1)\cdot r+k+e} \tag{5.1}$$

其中，k 为现金漏损率，指流通中的现金与活期存款之比；t 为定期存款比率，是定期存款与活期存款之比；r 为中央银行规定的法定存款准备金率；e 为商业银行的超额准备金率。

首先，一方面，电子货币具有高度的流动性，商业银行能快捷且低成本地在头寸不足时进行融资，这会降低商业银行的超额准备金率 e 而使货币乘数增大；另一方面，反映货币电子化程度的电子货币交易额占 GDP 的比重从 1990 年的 0.05 持续上升到了 2015 年的 9.77，电子货币结算规模的扩大会使商业银行增加用于结算的储备金，这会提高商业银行的超额准备金率 e 而使货币乘数减小。对货币乘数的最终影响取决于两种作用机制力度的大小。

其次，法定准备金率 r 的变动和货币乘数呈反向关系，而法定准备金率是由中央银行控制的外生变量，因此货币电子化对法定准备金率没有确定性的影响。如图 5.3 和表 5.1 所示，货币电子化背景下，我国的存款准备金率呈现了一个上升趋势，其从 2003 年的 0.51 上升到 2015 年的 0.61。

再者，电子货币现阶段主要对流通中的现金产生替代并使其部分转化为活期存款，这使现金漏损率 k 减小。而一般情况下货币乘数大于 1，即

$(t+1)\cdot r+e-1<0$，则$\frac{\partial m_1}{\partial k}=\frac{(t+1)\cdot r+e-1}{[(t+1)\cdot r+e+k]^2}<0$，所以 k 的减小会使货币乘数增大。如图 5.3 和表 5.1 所示，货币电子化下，我国现金漏损率一直呈下降趋势，其从 2003 的 0.31 下降到 2015 年的 0.19。

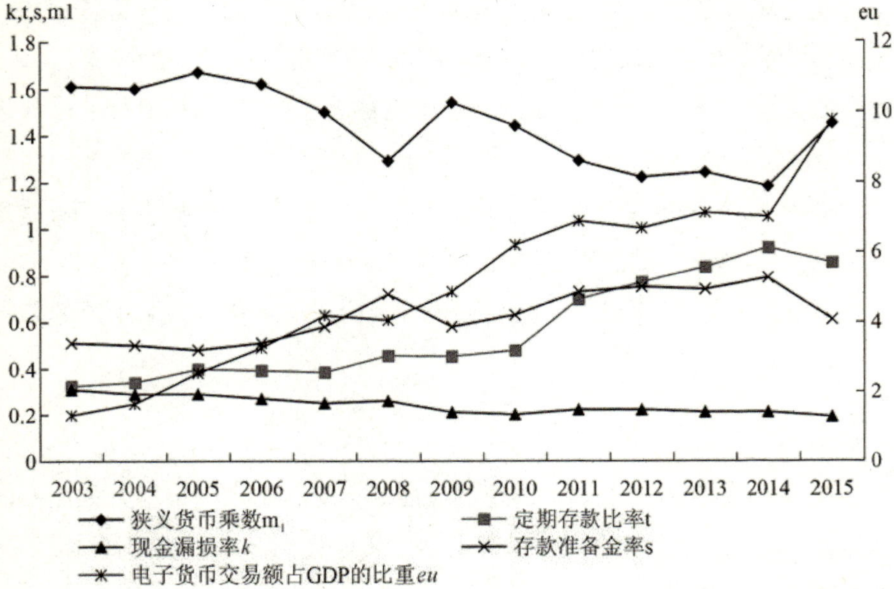

图 5.3　我国货币乘数及其影响因素变化趋势

最后，货币电子化使得资金支付结算效率大大提高，资金在途时间从过去几天缩短到隔夜，甚至实时到账，这样居民和企业持有的通货和活期存款所占的比重下降，而收益率相对较高的定期存款所占比重上升，从而使得定期存款比率 t 上升，我国的定期存款比率 t 从 2003 年的 0.33 上升到 2015 年的 0.85。由式(5.1)可知，t 的上升使货币乘数减小。

由此可见，货币电子化对货币乘数有增大和减小的双重影响力。2003—2015 年期间的相关数据显示，近年来随着我国电子货币交易额占 GDP 比重的加速上升，商业银行相应地需保留大量的清算准备金，这使存款准备金比率上升并使货币乘数进入了下降通道①(见图 5.3 和表 5.1)。

① 这里的存款准备金率为金融机构在中央银行的储备(包括法定准备金和超额准备金)与活期存款之比计算而得。

表 5.1 我国货币乘数及其影响因素数据(2003—2015)

年份	狭义货币乘数 m_1	定期存款比率 t	现金漏损率 k	存款准备金率 s	电子货币交易额占GDP的比重 eu
2003	1.61	0.325 3	0.31	0.51	1.32
2004	1.6	0.340 7	0.29	0.5	1.65
2005	1.67	0.397 6	0.29	0.48	2.54
2006	1.62	0.391 4	0.27	0.51	3.26
2007	1.5	0.384 1	0.25	0.58	4.19
2008	1.29	0.455 3	0.26	0.72	4.05
2009	1.54	0.452 7	0.21	0.58	4.87
2010	1.44	0.476 9	0.2	0.63	6.2
2011	1.29	0.696 8	0.22	0.73	6.87
2012	1.22	0.771 4	0.22	0.75	6.67
2013	1.24	0.834 9	0.21	0.74	7.11
2014	1.18	0.917 5	0.21	0.79	6.99
2015	1.45	0.853 4	0.19	0.61	9.77

2. 货币电子化对货币需求的影响

根据凯恩斯的货币需求偏好理论，人们的货币需求动机分为交易动机、预防动机和投机动机。由交易动机和预防动机构成的货币需求是收入的函数，由投机动机构成的货币需求是名义利率的函数，由此得出了凯恩斯的货币需求函数为：

$$\frac{M^d}{P}=L(Y,i) \tag{5.2}$$

其中 M^d 为货币需求，P 为价格，Y 为收入，i 为名义利率，且$\frac{\partial L}{\partial Y}>0$，$\frac{\partial L}{\partial i}<0$。

一方面，货币电子化使货币需求对收入的敏感性减弱，即$\frac{\partial L}{\partial Y}$减小。其原因在于当收入增加时，由于货币电子化大大降低了交易成本，以交易和预防为目的的资金融通变得更为方便，于是人们会选择将收入转化成收益率更高的货币形式而减少现金持有。

另一方面，货币电子化使货币需求对利率的敏感性增强，即$\left|\frac{\partial L}{\partial i}\right|$变大。因为$\frac{\partial L}{\partial i}<0$，所以$\frac{\partial L}{\partial i}$减小。其原因在于货币电子化使不同金融资产之间的转换变得非常高效、快捷，人们可以根据预期利率的变化迅速地进行跨市场的投机。例如，当人们预期利率下降时，金融资产价格会上升，人们可以将持有的资金转化为金融资产而获取更多收益。

5.2.2 货币电子化对货币流通速度的影响

由前文分析可知，我国货币电子化对传统货币有着两个明显的替代效应：分别为替代加速效应和替代转化效应。替代加速效应是指电子货币对传统货币产生替代时，由于电子货币的支付依托于计算机网络，其数据的传输和支付的发生往往可以瞬间完成，同样购买力的支付方式，电子货币被用来支付经济中最终产品和服务的平均次数要高于传统货币，因此提高了货币流通速度；替代转化效应是指电子货币缩小了金融资产之间的流动性差异，促使低层次货币形式向收益相对更高的高层次货币形式转化。由于高层次的货币形式的流动性要差于低层次的货币形式，所以这降低了货币流通速度。由于我国货币电子化的发展还处于初期阶段，我国电子货币对现金和活期存款(M_1)的替代转化效应强于替代加速效应，而对现金(M_0)的替代加速效应强于替代转化效应。货币电子化整体上降低了我国货币流通速度。但从许多金融创新程度非常高的欧美国家的经验来看，货币流通速度都经历了先下降后上升的过程①。因此，长远来看，我国货币流通速度的下降并非是无止境的，电子货币的进一步发展必将加快我国的货币流通速度，从而使我国货币流通速度呈现出先下降后上升的V字形特征。

根据费雪的交易方程式$MV=PY$，与物价水平直接对应的应该是货币流量MV而非货币存量M，货币流量才直接反映了实体经济中充当商品交换媒介的货币总数量，因此货币流通速度V是影响物价水平的一个重要因素，对费雪的

① 蒲成毅.数字现金对货币供应和货币流通速度的影响[J].金融研究，2002(05):81-89.

交易方程式 $MV=PY$ 取对数微分得：

$$\frac{dP}{P}=\frac{dM}{M}+\frac{dV}{V}-\frac{dY}{Y} \tag{5.3}$$

其中$\frac{dP}{P}$为通货膨胀率，P、M、V 和 Y 均为基期水平。由于现阶段我国还处于电子货币降低货币流通速度的阶段，因此 dV 减小。由式(5.3)可知，通货膨胀率与货币流通速度变化率同方向变动，因此电子货币通过降低货币流通速度会使通货膨胀率减小。

5.3 货币电子化背景下的通货膨胀和货币政策有效性

随着货币电子化的快速发展，我国电子货币对传统货币形式产生了大量的竞争替代，这对货币供求结构和货币流通速度都产生了明显的影响，并由此影响了通货膨胀的形成机制。基于此，本书试图将电子货币引入通货膨胀形成机制的理论分析框架，用误差修正模型来揭示我国货币电子化和通货膨胀之间的相互关系和内在机理，为中央银行合理地制定和实施货币政策，提高货币政策的有效性提供明确的依据。

5.3.1 货币电子化背景下的货币市场均衡

货币市场的均衡条件为货币需求等于货币供给，即：

$$\frac{M^s}{P}=L(Y,i) \tag{5.4}$$

其中，M^s 为货币供给。对式(5.4)先取自然对数然后取微分可得：

$$\frac{\mathrm{d}P}{P}=\frac{\mathrm{d}M^s}{M^s}-\frac{\frac{\partial L}{\partial Y}\cdot \mathrm{d}Y+\frac{\partial L}{\partial i}\cdot \mathrm{d}i}{L(Y,i)} \tag{5.5}$$

其中，$\frac{\mathrm{d}P}{P}$为价格变化率，也就是通货膨胀率，P、M^s 和 $L(Y,i)$均为基期水平。由式(5.5)可知，通货膨胀率取决于货币供给的增长率和货币需求的增长率。

近年来随着我国电子货币交易额的快速增长，电子货币减小了货币乘数效应，这在基础货币给定的基础上减小了货币供给，即 $\mathrm{d}M^s$ 减小，所以货币供给的增长率减小。而货币电子化使货币需求对收入的敏感性减弱以及对利率的敏感性增强导致$\frac{\partial L}{\partial Y}\cdot \mathrm{d}Y+\frac{\partial L}{\partial i}\mathrm{d}i$ 减小，所以货币需求的增长率也减小。由(5.5)式可知通货膨胀率的变化取决于 $\mathrm{d}M^s$ 和$\frac{\partial L}{\partial Y}\cdot \mathrm{d}Y+\frac{\partial L}{\partial i}\cdot \mathrm{d}i$ 减小的程度，即如果货币需求增长率减小的程度大于货币供给增长率减小的程度，则通货膨胀率上升；相反，则通货膨胀率下降。

5.3.2　货币电子化对通货膨胀影响的实证分析

1. 变量选择和数据说明

变量选择采用居民消费品价格指数（*CPI*）作为反映通货膨胀率的指标。货币电子化对通货膨胀的影响主要通过货币电子化影响货币供求和货币流通速度来实现，在此分别选择货币乘数（m_1）和货币流通速度（V_2）来衡量货币电子化的通货膨胀效应①。

货币乘数（m_1）根据各季度狭义货币量 M_1 和基础货币之比计算得出，其中基础货币选取货币当局负债中储备货币余额来衡量。从图 5.4 来看，随着我国电子货币交易额的迅速增长，货币乘数虽有波动，但总体呈下降趋势，其从 2003 年第一季度的 1.62 下降到 2011 年第四季度的 1.30。

货币流通速度（V_2）由名义 GDP 除以广义货币量 M_2 近似得到。由图 5.4

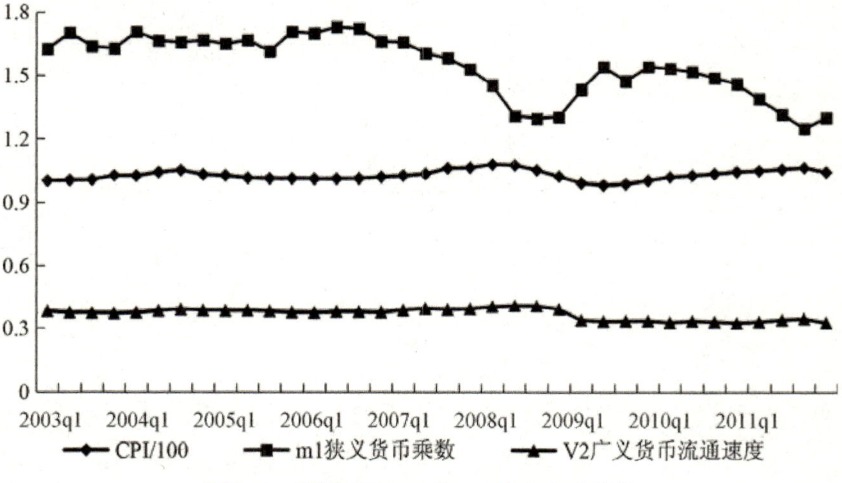

图 5.4　我国 *CPI*、m_1 和 V_2 季度变动趋势

---

① 选取狭义货币乘数是因为居民消费品价格指数的变动主要是通过狭义货币的供求实现的；选取广义货币流通速度是因为电子货币对货币流通速度的影响涉及不同货币层次之间的转换，而广义货币涵盖更多的货币形式。

可知，我国货币流通速度正处于下降的阶段，并且尚未见底，其从 2003 年第一季度的 0.38 下降到 2011 年第四季度的 0.33。

其中，M_1、M_2 和基础货币的数据来源于各年度《中国金融年鉴》和中国人民银行网站，CPI 和 GDP 的数据均来源于各年度《中国统计年鉴》。由于季度数据往往存在季节性因素，因此本书用 X_{11} 方法得到季节性调整后的数据。

2. 平稳性检验

为了防止伪回归的发生，需要对各变量进行平稳性检验。检验方法采用单位根检验中的 ADF 方法。检验结果如表 5.2 所示，取对数后的各变量 $\ln CPI$、$\ln m_1$ 和 $\ln V_2$ 在 5%显著水平下是非平稳的；而经过一阶差分变换后，$\Delta\ln CPI$、$\Delta\ln m_1$ 和 $\Delta\ln V_2$ 在 5%的显著水平下是平稳的。所以 $\ln CPI$、$\ln m_1$ 和 $\ln V_2$ 均为一阶单整，满足协整检验的前提。

表 5.2 各变量及差分序列平稳性检验结果

变量	检验形式	ADF 统计量	5%临界值	平稳性
$\ln CPI$	(c,0,0)	−1.79	−2.97	非平稳
$\Delta\ln CPI$	(c,0,0)	−2.99	−2.98	平稳
$\ln m_1$	(c,0,0)	−0.67	−2.97	非平稳
$\Delta\ln m_1$	(c,0,0)	−4.90	−2.98	平稳
$\ln V_2$	(c,t,0)	−0.83	−2.97	非平稳
$\Delta\ln V_2$	(c,t,0)	−4.20	−2.98	平稳

注：(1) (c,t,n)表示 ADF 检验中的常数项，时间趋势项和滞后期数；(2) Δ 为变量的一阶差分项。

3. 协整检验

协整检验可以确定各变量之间是否存在长期均衡关系。本书采用由 Johansen 和 Juselius 于 1990 年提出的 Johansen 协整检验方法，该方法做多变量协整检验时能精确地检验出协整向量的数目。经检验并比较 Johansen 协整检验的五种趋势假设的结果，选择有常数项，没有时间趋势项的模型进行检验。Johansen 协整检验结果表 5.3 表明，对于 $\ln CPI$、$\ln m_1$ 和 $\ln V_2$，特征根迹检验和最大特征值检验都在 5%的显著水平下接受至少存在 2 个协整向量的原假设，而三个序列之间最多有 2 个协整向量，因此 $\ln CPI$、$\ln m_1$ 和 $\ln V_2$ 之间存在 2 个协整向量，即这三个变量之间存在长期均衡关系。

表 5.3　Johansen 协整检验结果

协整向量原假设	特征根迹检验		最大特征值检验	
	迹统计量	5%临界值	最大特征值统计量	5%临界值
0 个	41.10*	29.68	24.56*	20.97
至少 1 个	16.56*	15.41	15.77*	14.07
至少 2 个	0.794	3.76	0.79	3.76

注：* 表示在 5%的显著水平拒绝原假设，滞后阶数的选取按照 FPE 与 AIC 准则。

4. 误差修正模型

由于 $\ln CPI$ 和 $\ln m_1$、$\ln V_2$ 之间存在长期均衡关系，因此可以得到 $\ln CPI$ 的协整方程①为：

$$\ln CPI = \underset{(-1.98)^{**}}{0.09\ln V_2} - \underset{(3.21)^{***}}{0.13\ln m_1} + 4.78 \tag{5.6}$$

在 $\ln CPI$ 的协整方程中，$\ln m_1$ 的系数反映了 CPI 的货币乘数弹性，其值为 −0.13 并且是显著的，这表明近年来货币乘数的下降提高了我国的通货膨胀率。具体来看，狭义货币乘数每下降 1%，通货膨胀率将平均上升 0.13%。由式(5.4)可知通货膨胀率的变化取决于货币供给增长率和货币需求增长率减小的程度，即如果货币需求增长率减小的程度大于货币供给增长率减小的程度，则通货膨胀率上升；相反，则通货膨胀率下降。$\ln m_1$ 的系数显著为负表明，相对于货币供给增长率减小的程度，我国货币电子化使货币需求增长率减小的程度更大，这意味着在我国，货币电子化大大降低了交易成本，使不同金融资产之间的转换变得高效快捷，这样人们减少了现金持有并可以灵活地根据利率的变化进行跨市场投机，由此导致的货币需求对收入的敏感性减弱以及对利率的敏感性增强大大降低了我国货币需求的增长率。$\ln V_2$ 的系数反映了 CPI 的货币流

① 经检验并比较误差修正模型的五种趋势假设的结果，对 CPI 采用协整方程和误差修正方程有常数项，没有时间趋势项的形式进行估计；参数上标*、**、***分别表示估计系数在 10%、5%、1%置信水平下显著(以下同)。

通速度弹性，其值为 0.09 并且是显著的，这说明货币电子化引起的货币流通速度的下降降低了我国的通货膨胀率。具体来看，广义货币流通速度每下降 1%，通货膨胀率将平均下降 0.09%。由前文分析得知，我国的货币流通速度的下降并非是无止境的，电子货币的进一步发展必将加速我国的货币流通速度，那时货币流通速度的上升将会加速我国的通货膨胀。

由式(5.6)可得误差修正项为：

$$ecm = \ln CPI_{t-1} - 0.09\ln V_{2t-1} + 0.13\ln m_{1t-1} - 4.78 \tag{5.7}$$

进一步，可构建误差修正模型①。其中 CPI 的误差修正方程的估计结果为：

$$\begin{aligned}\ln CPI_t = & -0.25ecm + 0.51\Delta\ln CPI_{t-1} + 0.50\Delta\ln CPI_{t-2} + 0.04\Delta\ln V_{2t-1} \\ & \quad (-1.55) \qquad\quad (2.75)^{***} \qquad\qquad (2.25)^{**} \qquad\qquad (0.42) \\ & -0.02\Delta\ln V_{2t-2} + 0.06\Delta\ln Vm_{1t-1} + \quad 0.14 \quad 0.06\Delta\ln Vm_{1t-2} + 0.01 \\ & \quad (-0.28) \qquad\qquad (0.93) \qquad\quad (2.42)^{**} \quad (0.49)\end{aligned} \tag{5.8}$$

$$R^2 = 0.58, RMSE = 0.01$$

$\ln CPI$ 的误差修正方程的拟合优度 R^2 较高，说明其拟合效果较好。其中通货膨胀率(CPI)、货币流通速度(V_2)和货币乘数(m_1)的对数差分项分别反映了各自的短期波动。从短期来看，第一，通货膨胀率的短期波动受其自身滞后一期和滞后二期的影响都显著为正，这说明正向的通货膨胀预期在短期会引起通货膨胀率上升，即前一期的通货膨胀率越高，人们对当期通货膨胀率的预期也越高。第二，货币流通速度的短期波动对通货膨胀率变动的影响不显著，这说明货币流通速度短期内并不是引起通货膨胀率变动的主要因素。第三，滞后二期的货币乘数变动对短期通货膨胀率变动产生了正的显著影响，这表明货币电子化引起的货币乘数下降短期内降低了通货膨胀率，这与长期的结果不同，$\ln CPI$ 的协整方程表明长期中货币电子化引起的货币乘数下降提高了通货膨胀率。这是因为在短期，货币电子化使货币乘数减小从而降低货币供给的增长率可以快速实现，货币电子化使货币需求对收入的敏感性减弱以及对利率的敏

① 稳定性检验表明所有根模的倒数都小于等于 1，说明误差修正模型是稳定的。残差检验表明残差是不存在自相关的正态分布，说明误差修正模型的估计结果是无偏且一致的。

感性增强是通过改变人们的行为实现的，而人们行为的改变有一定的滞后性，因此货币电子化降低货币需求增长率的过程需要一定的时间来实现，短期内效果并不明显。

5. 脉冲响应函数

对误差修正模型进行稳健性检验、正态分布检验和序列相关检验的结果都表明，所估计模型统计性质上是良好可靠的。因此，在误差修正模型的基础上构建脉冲响应函数可以为变量间的动态关系提供更详细的信息。脉冲响应刻画了干扰项一个标准差的冲击给内生变量的当前值和未来值带来的影响。图 5.5 为 lnCPI 受其自身、货币乘数（m_1）和货币流通速度（V_2）的对数冲击的脉冲响应函数曲线。

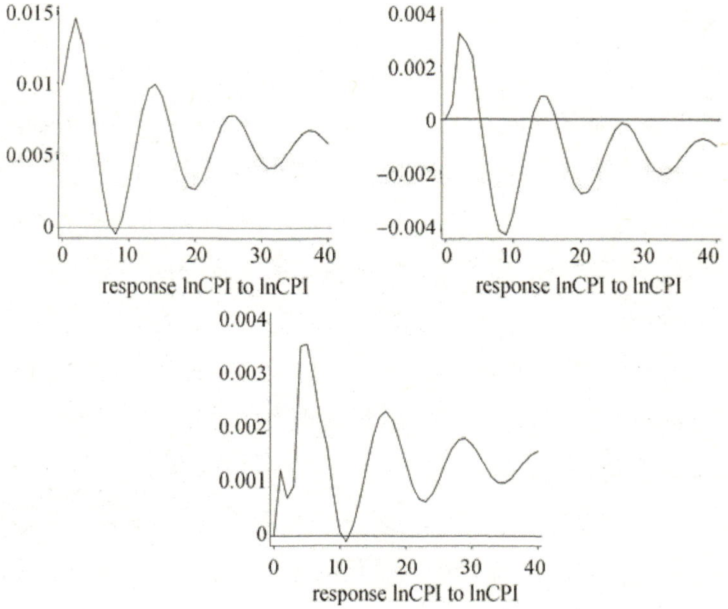

图 5.5 ln*CPI* 受各变量一个标准差冲击的脉冲响应图

首先，从 lnCPI 自身的脉冲响应图来看，lnCPI 一个标准差的冲击会导致 lnCPI 在高位徘徊并有所上升，在滞后 2 个季度才会开始下降。这反映了通货膨胀预期和自身的相互影响，当期价格通过预期及预期的自我实现机制来对未来价格产生影响，而 lnCPI 冲击响应图的阻力震荡形态也反映了价格具有黏性这一特征。其次，从货币乘数（m_1）对数的脉冲响应图来看，lnCPI 对来自 lnm_1

一个标准差冲击的响应在前 4 个季度为正，从第 5 个季度开始几乎全部为负。这可以对 ln*CPI* 误差修正方程的结论进行补充，前 4 个季度电子货币对货币乘数的减小效应降低了通货膨胀率，但是第 5 个季度开始，电子货币的货币乘数减小效应提高了通货膨胀率。最后，从货币流通速度(V_2)对数的脉冲响应图来看，ln*CPI* 对来自 $\ln V_2$ 一个标准差冲击的响应呈现上下波动的趋势，但都是正的。这表明我国电子货币的替代转化效应明显强于替代加速效应导致的货币流通速度的下降降低了通货膨胀率，这与 ln*CPI* 协整方程的结论一致。

6. 实证结论及启示

实证结果表明，我国货币电子化通过改变货币供求结构以及货币流通速度而产生了通货膨胀效应。这加大了中央银行调控货币政策的难度，降低了货币政策的有效性。

从长期来看，货币乘数的减小提高了我国的通货膨胀率，这说明货币电子化使货币需求增长率下降的程度大于使货币供给增长率下降的程度。当前我国货币电子化降低了货币流通速度，这使通货膨胀率下降。但是，当我国货币流通速度随着电子货币的发展转入上升期时，其将会使通货膨胀率上升；从短期来看，货币流通速度的下降不是影响通货膨胀率变动的主要因素。货币电子化对货币乘数的减小效应降低了我国的通货膨胀率，这主要是因为短期内货币电子化使人们的货币需求对收入的敏感性减弱以及对利率的敏感性增强效果不明显。脉冲响应分析则进一步表明，货币乘数的减小在前 4 个季度降低了通货膨胀率，而之后会提高通货膨胀率。

本章所得结论对中央银行更好地实施货币政策，提高货币政策有效性具有一定的借鉴意义。首先，随着货币电子化的进一步发展，我国货币流通速度会转入上升期，货币电子化的通货膨胀效应将会更加明显，因此中央银行应抓紧完善电子货币的统计机制，提高电子货币的可测性，从而可以更好地测度电子货币对通货膨胀的影响。其次，由于不稳定的货币流通速度必然导致货币供给量中介目标无效①，因此电子货币使货币流通速度的变化呈 V 字形的特征降低

① 黄安仲，张璇.不稳定的货币流通速度必然导致货币量中介目标无效吗？[J].当代财经，2005(09):22-27.

了货币政策有效性，这就需要我国中央银行在今后的货币政策操作上，充分考虑到货币流通速度的影响，扩大货币供给量这一货币政策中介目标的上下浮动范围。最后，由凯恩斯的货币需求函数 $M^d/P=L(Y,i)$ 可以得到货币流通速度的求解方程 $V=PY/M=Y/L(Y,i)$，即货币流通速度受到实际国民收入 Y 和名义利率 i 的影响，央行可以把当前货币政策的重点放在保持货币供给量稳定的基础上，通过改变外生变量来调节货币流通速度，这对缓解我国当前的通货膨胀压力具有一定的作用。

5.4 本章小结

本章研究了货币电子化、通货膨胀和货币政策有效性之间的关系。首先，对通货膨胀理论进行了回顾；其次，就货币电子化对通货膨胀的影响进行了理论分析，货币电子化对传统货币形式产生了大量的竞争替代，这对货币供求结构和货币流通速度都产生了明显的影响，并由此影响到了通货膨胀的形成机制；最后，重点对电子货币对通货膨胀的影响进行了实证分析，从长期来看，货币乘数的减小提高了我国的通货膨胀率，这说明货币电子化使货币需求增长率下降的程度大于使货币供给增长率下降的程度。当前我国货币电子化降低了货币流通速度，这使通货膨胀率下降。但是，当我国货币流通速度随着货币电子化的发展转入上升期时，其将会使通货膨胀率上升；从短期来看，货币流通速度的下降不是影响通货膨胀率变动的主要因素。货币电子化对货币乘数的减小效应降低了我国的通货膨胀率，这主要是因为短期内货币电子化使人们的货币需求对收入的敏感性减弱以及对利率的敏感性增强效果不明显。脉冲响应分析则进一步表明，货币乘数的减小在前 4 个季度降低了通货膨胀率，而之后会提高通货膨胀率。本章所得结论对中央银行更好地实施货币政策，提高货币政策有效性具有一定的借鉴意义。随着货币电子化的进一步发展，我国货币流通速度会转入上升期，货币电子化的通货膨胀效应将会更加明显，因此中央银行应抓紧完善电子货币的统计机制，提高电子货币的可测性，从而可以更好地测度电子货币对通货膨胀的影响。

第6章 货币电子化、货币政策传导机制和货币政策有效性

货币政策是保证宏观经济平稳运行的重要经济政策之一，而货币政策传导机制是决定货币政策有效性的重要组成部分。货币政策传导机制是中央银行运用货币政策工具影响中介指标，进而最终影响既定产出和价格的传导途径与作用机理。货币政策传导机制是指从运用货币政策到实现货币政策目标的过程，货币传导机制是否完善及提高，直接影响货币政策的实施效果以及对经济的贡献。在传统经济中，中央银行根据当前的经济形势选择适当的货币政策工具和中介目标来达到其最终的货币政策目标。然而，随着货币电子化的发展，电子货币对货币政策传导机制产生了明显的影响。货币电子化使得货币政策传导过程变得复杂多变。它一方面加大了中央银行选择货币政策工具和中介目标的难度，另一方面使得货币政策工具和中介目标的效果下降，从而降低了货币政策有效性。

6.1 货币政策传导机制理论回顾

西方的众多经济学者中，由于各自观察的角度和强调的因素等方面的差异，使得对货币政策传导机制的认识存在许多流派的观点，它们的不同之处主要在于不同学派对货币、信贷、利率、汇率、资产价格、商业银行和其他金融机构的职能等要素强调的不同而形成了不同的渠道观。在这些观点中，有的相互交叉，或者存在相似之处，但从金融机构的资产和负债角度看，一般认为货币政策传导主要有两个基本渠道，即货币渠道（包括利率途径、非货币资产价格途径、汇率途径等）和信贷渠道（包括银行贷款途径和资产负债表途径等），与这相适应，也就形成了货币渠道观和信贷渠道观两种观点。货币渠道观认为，金融资产只有货币和债券两种形式，银行贷款只是债券的一种，贷款和债券可以相互替代，货币政策通过利率传导机制影响投资水平和产出。信贷渠道观认为金融资产有货币、债券和银行贷款三种形式，银行贷款是特殊的，债券不能与之替代，货币政策是通过银行信用影响局部投资水平，进而影响产出。另外，随着金融创新和信用工具的日渐发达，出现了很多银行信用的替代物，信用渠道的作用开始减弱。在实证方面，西方学者也通过各种计量分析方法得出了不同的结论，其支持者和反对者的争论也是异常激烈的。然而二者并不是相互排斥的，利率渠道是货币政策传导机制的关键变量，是其他渠道的基础，信贷渠道实际上是对传统利率渠道的丰富与发展，同时信贷渠道和资产价格渠道也是相互补充的。由此可见，西方经济学界争论的焦点也主要集中在货币政策传导的途径是货币渠道还是信用渠道上。

关于货币传导机制，在西方经济学界现在有许多不同的观点，各种观点强调不同因素在货币传导机制中的作用。这些观点可以分为三类：传统的利率渠道、其他资产价格渠道以及信贷渠道。

6.1.1　信贷传导渠道

利率效应未能很好地解释货币政策对长寿资产支出的影响，这就导致了一种新的观点。这种观点强调金融市场上的不对称信息。由于信贷市场上信息问题的存在，就产生了货币传导的两个基本渠道：银行贷款渠道和平衡表渠道。

1. 银行贷款渠道

在大多数国家，银行仍然是信贷资金的主要来源。它们专门从事克服信贷市场上的信息问题和其他摩擦的工作。因此，银行在金融体制中具有特殊的作用。某些借款者除了从银行借款外别无他途。这样银行就有了传导货币政策的作用。扩张性货币政策将增加银行准备金和银行存款，从而使可行的银行贷款数量增加。银行贷款数量的增加将导致投资支出的增加。该机制的一个含义是：货币政策对小企业的作用更大。因为他们更依赖于银行贷款，而大企业则可以通过股票和债券市场直接进入信贷市场，对银行的依赖性不大。但是现在在美国理论界有人怀疑，银行贷款渠道在美国不如以前那样有力了，原因是：第一，现在的美国管理规则对银行筹集资金能力的限制不像以前那么大了。在 20 世纪 80 年代中期以前，存款证（CDs）必须满足准备金要求和 Q 条例的存款利率上限，这使银行在货币紧缩时期难以补充流出银行体系的存款。在废除了这些条例之后，银行可以通过以市场利率发行无需以法定准备金支持的 CDs 对准备金的减少作出反应。第二，爱德华和米什金 1995 年在一篇题为《传统银行的衰落：对金融稳定和管制政策的启示》的文章中指出，在全世界范围内传统银行贷款业务有一种下降的趋势。这种下降意味着银行在信贷市场上的重要性越来越小，使得银行贷款渠道越来越无力。

2. 平衡表渠道

即使银行贷款渠道的重要性可能正在下降，但这并不意味着另一个信贷渠道即平衡表渠道也是如此。所谓的平衡表在这里指的是企业的财务状况。在平衡表渠道中，一个关键概念是借款者的净值。这个净值可理解为借款者的流动性资产与可售抵押品之和。平衡表渠道也因信贷市场的不对称信息而出现。企业的净值越低，在向这些企业放贷时逆向选择和道德障碍的问题越严重。净值越低，意味着放贷者对其贷款拥有的抵押品越少，因而来自逆向选择的损失越大。净值的降低加重了逆向选择问题，从而导致支持投资支出的贷款下降。企业净值的降低也加重道德障碍问题。因为它意味着所有者在其企业所拥有的权益比重下降，使他们介入高风险投资项目的动机增强。因为采取高风险投资项目使贷款者收不回贷款的可能性增大，企业净值的下降将降低贷款，从而降低投资支出。

平衡表渠道的产生，是因为中央银行能够直接和间接地影响借款者的财务状况。货币政策可能以下述两种方式影响企业的平衡表。

第一，扩张性货币政策将通过前面所说的路线导致权益价格 P_e 上升，这将提高企业净值，从而降低逆向选择和道德障碍，这将导致贷款和投资支出的增加，最后引起总需求和总产量的增加。

第二，扩张性货币政策也降低利率，这也改善企业的平衡表，因为它增加现金流量，从而降低逆向选择和道德障碍，这将依次导致贷款、投资支出、总需求和总产量的增加。这种传导机制的一个重要特征是：影响企业现金流量的是名义利率。因此，这种利率机制与传统的利率机制不同。另外，在这种机制中短期利率起到了特殊的作用。因为一般而言对现金流量影响最大的是短期利息支付而非长期利息支付。此处与逆向选择有关的一个机制涉及所谓信贷配给现象。信贷配给出现于借贷人即使愿意支付高利率也被拒绝贷款的时候。这是因为具有高风险投资项目的个人和企业恰恰是愿意支付较高利率的人，如果高风险项目成功，他们将是主要的受益人。因此，高利率增加逆向选择问题，而降低利率则减少之。若扩张性货币政策降低利率，贷款人中风险倾向较低者占的比例较大，因而贷款者更愿意放贷，从而提高投资和产量。

第三，货币政策也通过对一般价格水平的影响发生作用。因为债务在合同中是以名义量确定的。价格水平未预计到的上升将降低企业债务的真实价值（降低债务负担），但却不降低企业资产的真实价值。这样的货币扩张因而增加真实净值，这又降低了逆向选择和道德障碍问题，因而导致贷款、投资支出和产量的增加。

3. 资产负债平衡表效应

关于信贷渠道的大部分文献着重考虑企业支出，但信贷渠道同样适应于消费支出，尤其是耐用消费品和住房支出。货币紧缩造成的银行贷款的下降造成家庭平衡表的恶化，因为消费者的现金流受到反向影响。

考虑平衡表渠道如何通过消费者发生作用的另一种方式是，思考一下对耐用消费品和住房支出的流动性效应——这被认为是大萧条期间的重要因素。按流动性效应观点来看，平衡表效应通过其对消费者支出意愿的影响起作用，而非通过其贷款者的贷款意愿的影响起作用。耐用消费品和住房是流动性很差的资产，因为对其质量存在不对称信息。如果由于坏的收入冲击使得消费者不得不出售其耐用品或住房以增加货币，他们将受到一个大的损失，因为在急切中出售时不能实现这些资产的全部价值。相反，如果消费者持有金融资产（如银行存款、股票、债券等），他们可以迅速地以市场价值出售这些资产从而增加现金。因此，如果消费者预计到他们处于财务困境的可能性增大，他们将少持有流动性差的耐用消费品和房地产，而持有流动性更大的金融资产。

消费者在估计其遭受财务困境的可能性时，其平衡表有重要影响。具体而言，如果相对于其债务而言消费者持有的金融资产数量较大，他们就会认为自己陷于财务困境的可能性较小，因而他们就会更愿意购买耐用品或住房。如果股票价格上涨，金融资产的价值也会上升，从而耐用消费品支出上升。因为这时消费者的财务状况更为安全，他遭受财务困境的可能性降低。这导致了货币政策另一传导机制：货币供应量的增加将导致股票价格的上升，使得消费者的金融资产增加，这就降低了其出现财务困境的可能性，从而耐用品和住房支出增加，最后导致总需求和总产量的增加。

6.1.2　利率传导渠道

从希克斯于1937年提出IS-LM模型到现在，该模型一直是大多数西方宏观经济学教科书中的主要内容，也一直是西方国家政策讨论中所使用的主要工具，到现在依然如此。在这一模型中，货币政策是通过利率的变化来传导的。货币存量的增加将降低利率即借贷成本，借贷成本的降低增加厂商的投资支出和消费者对耐用品的消费支出。这样需求将增加，从而导致总产量和总收入的增加。这就是利率渠道。也就是说，货币存量的变动将导致利率的变动，而利率的变动又将引起投资的变动，从而引起总需求的变动，最终导致总产量的变动。因此，在 IS-LM 模型中利率渠道是主要的货币传导机制。

货币政策的利率传导机制的一个重要特点是，它强调真实利率而非名义利率。另外，人们通常认为，对支出有主要作用的是长期真实利率而非短期真实利率。但是，如果中央银行使得短期名义利率发生变化，就会导致短期以及长期债券的真实利率发生相应变化。由于价格黏性的存在，扩张性货币政策降低了短期名义利率。利率期限结构中的预期假说指出，长期利率是预期的未来短期利率的平均数，因此短期真实利率的降低将导致长期真实利率的降低。真实利率的降低导致企业固定投资、住宅投资、耐用消费品支出和库存投资的上升，所有这些又将导致总产量的上升。

对支出起作用的是真实汇率，而非名义利率。这一事实对货币政策刺激经济提供了一个重要的启示：即使名义利率在通货紧缩时期到达零限，货币政策依然有用。如果名义利率在零限上，货币扩张将提高预期价格水平从而提高预期通货膨胀率，进而降低真实利率。真实利率的降低将使投资支出增加，进而导致总产量的增加。

这个机制说明，即使名义利率被货币当局降到零，货币政策可能依然有效。实际上，当货币主义者说明在大萧条时期美国经济为什么没有处于流动性陷阱，以及为什么那时扩张性货币政策有可能防止产量的急剧下降时，这个机制是一个关键要素。

泰勒考察了利率渠道，他认为有力的证据表明，利率对消费支出和投资支出有巨大影响，这使得货币的利率传导机制成为一个坚强的机制。对他的观点争论很大，因为许多研究者认为经验研究很难认定利率通过资本成本而产生的影响。这些研究者看到了利率渠道的经验失败，这就刺激了对其他传导机制的研究。

6.1.3 其他资产价格渠道

货币主义者对上述 IS-LM 范式一个主要的反对意见是，它只关心一种资产的价格——利率，而非许多种资产的价格。货币主义者所看重的，是一个通过其他相对资产价格以及真实财富将货币政策传导到经济的机制。凯恩斯主义者也认识到，这些其他资产价格对于货币传导机制十分重要。

1. 汇率渠道

随着各国经济的不断国际化以及浮动汇率制度的出现，人们越来越注意到货币政策通过汇率对净出口所产生的影响。实际上，在西方主要的宏观经济学和货币银行学教科书中这种传导机制现在已成为其中的标准内容。这种渠道的作用过程如下：如果货币供应量增加，本国的短期名义率将下降，在存在价格黏性的情况下，这意味着短期真实利率将下降，从而对本国货币的需求也将下降，本国货币就会贬值。本国货币贬值使得本国产品比外国产品便宜，因而使净出口上升，最终导致总产量的上升。

2. 权益价格渠道

对于货币机制而言，有两个与权益价格有关的渠道：托宾的 q 投资理论和财富对消费的作用。

(1) 托宾的 q 理论。该理论所提供的机制是，货币政策通过影响权益的价值来影响经济。托宾把 q 定义为企业的市场价值除以其资本的重置成本。如果 q 高，则企业的市场价值高于其资本的重置成本，因而相对于企业的市场价值而言，新的厂房和设备比较便宜。这样企业就可以发行权益，并取得相对于其为购买这些厂房和设备所花费成本的较高价格，从而投资支出就将上升，因为企业只需发行少量权益即可购买大量投资品。

另一方面，如果 q 较低，企业就不愿意购买投资品，因为相对于资本成本而言企业的市场价值较低。如果企业在 q 低时想获取资本，它可以便宜地购买另一家企业，从而获得的是已有资本，因此投资支出将较低。

这种理论的关键在于，在托宾的 q 与投资支出之间存在一种联系。但是货币政策如何能够影响权益价格？货币主义认为，如果货币供给上，公众发现他手中的货币持有量大于他所希望的，从而通过增加支出来降低之。公众可以支出更多的一个地方是权益市场，这就增加了对权益的需求，提高了其价格。凯恩斯主义得出了一个类似的结论。该理论认为，扩张型货币政策导致利率下降，使得债券的吸引力下降，从而导致权益价格上升。如果权益价格上升，则 q 也上升，因而投资支出也上升，最后总产量跟着上升。

(2) 财富效应。货币政策通过权益价格传导的另一渠道依赖于财富对消费的影响。在莫迪利安尼的生命周期理论中，消费支出决定于消费者一生的资源，这些资源由人力资本、真实资本和金融财富构成。金融财富的一个主要组成部分是普通股票。股价上升，金融财富增加，消费者可用资源增加，从而消费上升。因此，这一机制可以总结如下：如果货币供应量增加，则股票价格上升，消费者的金融财富增加，从而消费支出增加，总需求和总产量随之上升。

（3）房地产价格渠道。以上两种效应均适用于房地产。托宾的 q 理论可以直截了当地应用于房地产市场，其中房地产市场是一种权益。通过房地产价格的上升，从而刺激其生产。与此类似，房地产是财富的一个极为重要的组成部分，因此房地产价格的上升将使总财富增加，从而提高消费，增加总需求。因此，货币传导也可通过房地产价格渠道来进行。

6.2　货币电子化对货币政策工具的影响

货币政策工具是中央银行为达到货币政策目标而采取的手段。货币政策工具有一般性货币政策工具和选择性货币政策工具。一般性货币政策工具是指中央银行所采用的、对整个金融系统的货币信用扩张与紧缩产生全面性或一般性影响的手段，是最主要的货币政策工具。其主要包括存款准备金政策、再贴现政策和公开市场业务，这三项政策工具被誉为中央银行的“三大法宝”。货币电子化对中央银行的一般性货币政策工具产生了明显的影响，并弱化了它们的作用和效果。

6.2.1　货币电子化对存款准备金政策的影响

一般来说，凡是实行中央银行制度的国家，存款准备金政策都是中央银行调节货币供给量的一种行之有效的货币政策工具。首先，中央银行可以通过提高或降低法定存款准备金率来增加或减少存款准备金；其次，存款基数的大小直接影响着存款准备金缴存的规模和数量；最后，法定存款准备金率的高低和存款基数的大小又会影响货币乘数，从而影响商业银行的信用创造能力，进而影响货币供给。货币电子化的发展对存款准备金政策作用过程的各个环节会产生不同程度的影响，并由此降低了存款准备金政策的主动性和效率。

1. 货币电子化对法定存款准备金率的影响

法定存款准备金率是指一国中央银行规定的商业银行和存款金融机构必须缴存中央银行的法定准备金占其存款总额的比率。在其他条件不变的条件下，中央银行可以通过提高或降低法定存款准备金比率来直接改变货币乘数，从而达到控制货币供给量的目的。法定存款准备金比率被认为是最有威力的货币政策工具，是中央银行的一剂“猛药”，只要对它进行微小的调整就会使经济产生剧烈的波动。但是，电子货币的产生和发展使法定存款准备金率的作用大大降低，主要表现在以下几个方面：

首先，法定存款准备金比率基本上是一个由中央银行直接控制的外生变量，而当前货币电子化发展还处于初级阶段，电子货币对传统货币的取代主要是流通中的现金，因此货币电子化对法定存款准备金比率大小的影响并不明显。但是，一方面，现金是各国中央银行最大的负债项，电子货币对现金的替代会降低中央银行的资产负债规模，从而限制中央银行的储备供给能力并使货币供给量变得难以测度和控制，此时中央银行可能对电子货币提取较高的法定准备金，以减少货币电子化对货币供给量及中央银行地位带来的影响和冲击。另一方面，由于目前大多数国家并未都对电子货币提出存款准备金的要求，因此电子货币会使一部分有准备金要求的存款转化成没有准备金要求的电子货币，从而商业银行上缴中央银行的准备金会减少。这两方面的影响可能会导致中央银行在公开市场业务操作时，由于没有足够多的流动资产而无法实现它的预期目标[①]。

其次，商业银行和存款金融机构向中央银行上缴的准备金存款并不能获得利息收入，这无疑增加了它们的融资成本和机会成本，商业银行和存款金融机构为了降低这种成本，便会千方百计设法规避法定存款准备金的限制。电子货币及其衍生技术的出现为商业银行和存款金融机构规避法定存款准备金的限制提供了新的手段，这样一来可能会破坏存款准备金政策的作用机制，使中央银行通过提高或降低法定准备金率来收缩或扩张商业银行货币创造的能力减弱，这时法定存款准备金政策的作用会下降。

最后，在货币电子化下，现代化的电子信息技术使商业银行向中央银行报告的时滞明显缩短，中央银行也可以随时获取商业银行的各种信息，对货币供求情况进行实时监控，从而可以更加及时、科学合理地调整法定准备金率。但是，货币电子化背景的法定准备金率政策的作用时滞也会缩短，从而使商业银行的货币创造能力的扩张和收缩效果更加快速明显，这样中央银行的法定存款

① Bank for International Settlements. Risk management for electronic banking and electronic money activities [R]. http://www.bis.org/publ/bcbs35.pdf,1998.

准备金比率这剂“猛药”将会更加猛烈。所以，中央银行在使用法定存款准备金政策时应该更加谨慎。

2. 货币电子化对准备金计提基数的影响

准备金计提基数是中央银行实施存款准备金政策的依据，也是商业银行创造派生存款的基础和前提，准备金计提基数越大，商业银行的信用货币创造能力也就越强，在法定存款准备金率既定的情况下，中央银行就可以收取更多的准备金存款，从而获得更高的流动性负债，在实施存款准备金政策时也就越主动，其政策效果也会越明显。而电子货币是一种高流动性货币，它不但通过对传统货币的替代改变了已有的存款结构，而且其自身的信用创造能力比传统货币更强。因此，在当前大多数国家没有对电子货币提取存款准备金的情况下，货币电子化对传统货币的替代必然减少了准备金的计提基数，这降低了中央银行存款准备金政策的主动性和效率。

6.2.2　货币电子化对再贴现政策的影响

再贴现政策是指中央银行通过制订或调整再贴现率来干预和影响市场利率及货币市场的供给和需求，从而调节市场货币供给量的一种金融政策。再贴现率是商业银行将其贴现的未到期票据向中央银行申请再贴现时的预扣利率。再贴现政策作为中央银行控制货币供应量的三大传统政策手段之一，较法定准备政策、公开市场业务更易于操作，其引起的波动程度也远比法定存款准备金率小。但是，中央银行在实施再贴现政策时经常处于被动地位，商业银行是否愿意到中央银行申请贴现，或者贴现多少，决定于商业银行，如果商业银行可以通过其他途径筹措资金，而不依赖于再贴现，则中央银行就不能有效地控制货币供给量。

中央银行通过提高或降低再贴现率，可以增加或减少商业银行向中央银行的再贴现成本，从而控制商业银行的信用规模和信用创造能力。中央银行再贴现政策的效果与商业银行对再贴现政策的依赖程度呈正比，商业银行对再贴现政策的依赖程度越高，中央银行再贴现政策的效果就越强，反之则越弱。但是，在货币电子化背景下，电子货币为商业银行提供了更多的低成本融资渠道，其可以由商业银行自由发行，即使中央银行提高了再贴现率，商业银行也可以通过扩大发行电子货币量的方式来缓冲再贴现率提高因再贴现规模缩小的压力。因此，在货币电子化背景下，中央银行在实施再贴现政策时变得更加被动，再贴现政策的效果也被削弱了。但是，再贴现政策并不会完全失效，因为即使电子货币技术再发达，其仍需传统货币来保证自身的货币价值，当电子货币发行者面临赎回压力而需向中央银行借款时，再贴现政策仍能体现出其调整借款成本的作用。

6.2.3 货币电子化对公开市场业务的影响

公开市场业务是指中央银行通过买进或卖出有价证券，吞吐基础货币，调节货币供给量的活动。它是中央银行最有力、最常用，也是最重要的货币政策工具。与一般金融机构所从事的证券买卖不同，中央银行买卖证券的目的不是为了盈利，而是为了调节货币供给量。根据经济形势的发展，当中央银行认为需要收缩银根时，便卖出证券，相应地收回一部分基础货币，减少金融机构可用资金的数量；相反，当中央银行认为需要放松银根时，便买进证券，扩大基础货币供应，直接增加金融机构可用资金的数量。

公开市场业务与其他货币政策工具相比，具有主动性、灵活性和时效性等特点。公开市场业务可以由中央银行充分控制其规模，中央银行有相当大的主动权；公开市场业务是灵活的，多买少卖，多卖少买都可以，对货币供应既可以进行“微调”，也可以进行较大幅度的调整，具有较大的弹性；公开市场业务操作的时效性强，当中央银行发出购买或出售有价证券的意向时，交易可以立即执行，参加交易的金融机构的超额储备金会相应发生变化。在货币电子化背景下，电子货币会使中央银行公开市场业务的操作过程和作用变得更加复杂，公开市场业务的主动性、灵活性会降低，而时效性会增强，具体表现为以下几点：

首先，现金是各国中央银行最大的负债项，电子货币对现金的替代会降低中央银行的资产负债规模，这可能会使中央银行因缺乏足够的资产负债而不能灵活地进行大规模的货币吞吐操作，从而降低了公开市场业务操作的灵活性。特别是在外汇市场急剧波动的情况下，中央银行需要相应地买入或售出外汇来保持汇率稳定。资产负债规模的大缩减可能会导致中央银行无法灵活地进行货币“对冲”操作，使本国汇率变得不稳定。

其次，在货币电子化背景下，当中央银行发出购买或出售有价证券的意向时，电子货币可以保证交易在更短的时间内完成。电子货币使公开市场业务操作的作用时滞大大缩短，更加快捷地吞吐基础货币，对货币供给的调节也更为实时有效。因此，货币电子化增强了中央银行公开市场业务操作的时效性。

最后，在传统经济中，货币发行总是由中央银行所垄断。在网络经济下，货币电子化的发展打破了这种垄断，电子货币可以由商业银行等金融机构以及专门的发行公司等非金融机构发行。电子货币对传统货币的大范围替代会导致中央银行由发行无息负债（通货）所换取的利息性资产的收益，即铸币税收入(Seigniorage Revenues)大幅度减少。对大多数国家的中央银行来说，铸币税收入是弥补其操作成本的中央财源。铸币税收入的大幅度减少大大降低了中央银行公开市场业务操作的主动性。关于货币电子化对铸币税收入的影响，一些西方学者进行过研究，他们利用长期政府债券的收益率乘以通货发行额减少的价值，对一些主要国家货币电子化使铸币税减少的数额进行了推算。如表 6.1

表 6.1 货币电子化对中央银行铸币税影响比较

国家	铸币税收入占 GDP 比重(%)	中央银行操作成本占 GDP 比重(%)	电子货币使中央银行铸币税收入的减少占 GDP 的比重(%)		
			假如预付卡消除所有 25 美元以内的银行券	假如每人的预付卡有 100 美元的电子货币	假如预付卡消除所有 25 美元以内的支付
美国	0.43	0.03	0.14	0.03	0.14
英国	0.28	0.03	0.14	0.05	0.14
瑞士	0.45	0.05	0.05	0.01	0.05
瑞典	0.48	0.04	0.10	0.04	0.10
荷兰	0.46	0.06	0.06	0.03	0.06
日本	0.42	0.06	0.06	0.01	0.06
意大利	0.65	0.06	0.05	0.06	0.05
德国	0.52	0.17	0.06	0.03	0.06
法国	0.28	0.13	0.08	0.03	0.07
加拿大	0.31	0.03	0.15	0.05	0.13
比利时	0.44	0.17	0.05	0.03	0.05

资料来源：Bank for International Settlements. Implication for central banks of the development of electronic money [R]. www. bis. org/publ/bisp01. htm，1996.

所示，国际清算银行(1996)利用机会成本法估算了各国如果发行电子货币对铸币税收入和央行操作成本的影响。如果25美元以下的纸币被预付卡取代，其对铸币税的影响在各国都比较小，平均约为GDP的0.085%；如果每个人都持有100美元的预付卡，其对各国铸币税的影响平均约为GDP的0.034%；如果预付卡取代的是25美元以下的现金支付，其对各国铸币税的影响平均约为GDP的0.034%。

关于货币电子化对铸币税影响的定量研究，波申腾和赫宾克(Boeschoten & Hebbink,1996)研究了电子货币对G10铸币税的影响，研究结论如表6.2所示。

表6.2　货币电子化对铸币税降低的潜在影响

国家	铸币税收入占GDP比重(%)	电子货币对铸币税的降低影响(10亿美元)	电子货币对铸币税影响占GDP百分比(%)
比利时	0.44	0.66	0.28
加拿大	0.34	1.31	0.24
法国	0.29	3.03	0.22
德国	0.52	7.15	0.33
意大利	0.66	4.43	0.44
荷兰	0.47	0.69	0.20
瑞典	0.48	0.66	0.33
瑞士	0.46	0.76	0.28
英国	0.28	2.96	0.28
美国	0.43	18.67	0.28

资料来源：W. C. Boeschoten, G. E. Hebbink, Electronic Money. Currency Demand and Seignorage Loss in the G10 Countries. DNB Staff Reports NO. 1. De Nederlandsche Bank, 1996(05)：14.

从表6.2可知，货币电子化发行使得十国集团从现金和准备金存款中获得的铸币税收入平均约占GDP的0.44%。货币电子化对铸币税收入降低的影响从绝对值来看，其对美国的影响最大，铸币税收入减少了186.7亿美元，而对比利时、瑞典和瑞士的影响较小；从相对值来看，货币电子化对铸币税的减少占GDP的影响比例都不大，大约在0.2%～0.33%之间，平均仅0.288%。

6.3 货币电子化对货币政策中介目标的影响

货币政策中介目标的概念最早是在 20 世纪 60 年代由美国经济学家提出的，到 70 年代中期，它逐渐成为各国中央银行货币政策传导机制的主要环节之一。货币政策中介目标是指为了实现货币政策最终目标而选定的中间性或传导性金融变量。由于货币政策的最终目标并不处于中央银行的控制之下，为了实现最终目标，中央银行必须选择某些与最终目标关系密切、中央银行可以直接影响并在短期内可以度量的金融指标作为实现最终目标的中介性指标。因此，货币政策中介指标就成为货币政策作用过程中一个十分重要的环节。中央银行选择货币政策中介目标通常有以下三个标准：一是可测性，中央银行能对这些作为货币政策中介目标的变量加以精确的统计。二是可控性，中央银行可以较有把握地将选定的中介目标控制在确定的或预期的范围内。三是相关性，指作为货币政策中介目标的变量与货币政策的最终目标应该有着紧密的关联性。

1994 年 9 月，我国央行首次根据流动性的不同定义公布了我国 M_0、M_1 和 M_2 三个层次的货币供给指标，并于 1996 年将货币供给量 M_1 和 M_2 作为货币政策的调控目标，这标志着我国开始引入货币政策中介目标。随后信贷规模控制遭到放弃，货币供给量作为货币政策中介目标的地位更是无可争议。随着计算机网络、通讯等现代化技术的发展，金融业的支付和结算方式产生了重大变化，贷记卡、借记卡、储蓄卡、网络货币等各种形式的电子货币应运而生，网络金融已成为现代金融业务发展的新趋势。货币电子化给传统的货币金融理论带来了强烈的冲击，传统的货币统计和货币层次的划分方式已越来越不能适应当前电子金融环境的要求，作为我国货币政策中介目标的货币供给量的可测性、可控性和相关性标准均不同程度地受到影响，这对货币政策中介目标有效性产生了影响，使中央银行的货币政策面临着新的挑战。

6.3.1 货币电子化对货币供给量可测性的影响

货币供给量的可测性是指中央银行能够对货币供给量的中介目标进行比较精确的统计。各国中央银行一般根据资产的流动性，即各种不同货币资产转化为通货或者现实购买力的能力来对货币层次进行划分，从而可以对不同口径的货币供给量进行检测、分析和调控。例如在我国，M_0 是指流通中的通货；M_1 是狭义货币供给量，包括 M_0 和企业的活期存款；M_2 是广义货币供给量，包括 M_1 和准货币（定期存款、居民储蓄存款和其他存款等等）。

在传统金融环境下，狭义货币和广义货币的定义都是比较明确的。而在货币电子化背景下，电子货币具有高流动性的特点，客户可以通过电子指令快速实现不同货币资产形式之间的相互转化。例如，按照传统的货币层次划分标准，存放在银行卡里的活期存款应归为 M_1，但是持卡人一旦把银行卡上的活期存款变现（这种变现可以通过 ATM 轻而易举实现），这种行为将会导致银行的活期存款减少，并相应地使流通中的现金 M_0 等量增加。同理，持卡人也很容易通过 ATM 将手里的现金存放到银行卡上，使现金转化为活期存款。这类行为在日常生活中是经常发生的，这就使得货币形式频繁地在活期存款和现金之间进行转换，从而模糊了 M_0 和 M_1 之间的界限，并缩小了不同金融资产之间的流动性差异，同时也会造成货币形式的高度不稳定，这就意味着传统划分货币层次时要求的不同金融资产应具有不同的流动性的前提条件受到了挑战，并由此使得货币电子化背景下对货币资产进行划分的难度加大。

电子货币高流动性和低交易成本的特点使不同层次的货币形式方便快捷地进行相互转化，这也使得不同形式货币之间的替代性增强。货币电子化使得流动性相对较低的金融资产（如股票、债券等）转化为现金的便利性大大增强，从而提高了金融资产的流动性。一般来说，流动性较低的金融资产具有较高的收益率，因此，金融资产持有者在权衡收益率和流动性的情况下，他们会倾向持有收益率更高的金融资产，这样他们在获得更高收益的同时，并未损失太多的流动性。这种行为使金融资产有从较低货币层次向较高货币层次转化的趋势。电子货币的这种替代效益模糊了金融资产之间的界限，使传统划分货币层次时要求的各种金融资产之间的界限应非常明显的前提条件受到了挑战，加大了对金融资产进行划分的难度。由此可见，货币电子化通过对金融资产流动性和金融资产替代性的影响而降低了我国中央银行对货币供给量的可测性。

6.3.2　货币电子化对货币供给量可控性的影响

货币供给量的可控性是指中央银行可以较有把握地将货币供给量控制在确定的或预期的范围内。根据货币供给理论，货币供给量是由基础货币和货币乘数共同决定的。基础货币是指中央银行能直接控制并可作为商业银行信用创造基础的那部分货币，它由存款准备金（法定准备金和超额准备金）和流通中的现金构成。货币乘数是指在基础货币的基础上货币供给量通过商业银行的存款货币创造功能产生派生存款的信用扩张倍数。电子货币的广泛使用使基础货币难以控制，货币乘数的内生性和不稳定性增强，从而降低了货币供给量的可控性。

一般来说，中央银行应该能够直接控制基础货币，从而在对货币乘数准确预测的基础上对货币供给量进行控制。货币电子化不仅使中央银行对基础货币数量的可控性减弱，它还使中央银行对基础货币的需求和结构的控制力减弱。首先，货币电子化对现金的广泛替代使中央银行的铸币税收入减少和资产负债规模缩减，这直接降低了中央银行对基础货币的控制能力。其次，电子货币的高流动性和交易成本低的特点使得金融资产有从较低货币层次向较高货币层次转化的趋势，这表现为公众降低了对银行存款的要求，而越来越倾向于有更多投资机会和更高收益的资产组合。同时，没有准备金要求的电子货币取代了一些有准备金要求的存款，这都会导致中央银行可控制的准备金的数量减少。另外，电子货币高流动性的特点使客户可以通过电子指令快速实现不同货币资产形式之间的相互转化。准备金比例不同要求的活期存款账户、定期存款账户和其他账户之间进行快速频繁的转化，弱化甚至规避了中央银行对存款准备金的控制。最后，由于有些电子货币同样具有信用创造功能，这使得现金和存款准备金不再是唯一的基础货币，同时电子货币供给主体的多元化导致了中央银行投放现金的途径和数量不断变化，现金需求量变得极其不稳定并且不容易测度，这都降低了基础货币的可控性。2009 年以来我国基础货币季度余额的增速忽快忽慢，很不平稳，如图 6.1 所示。

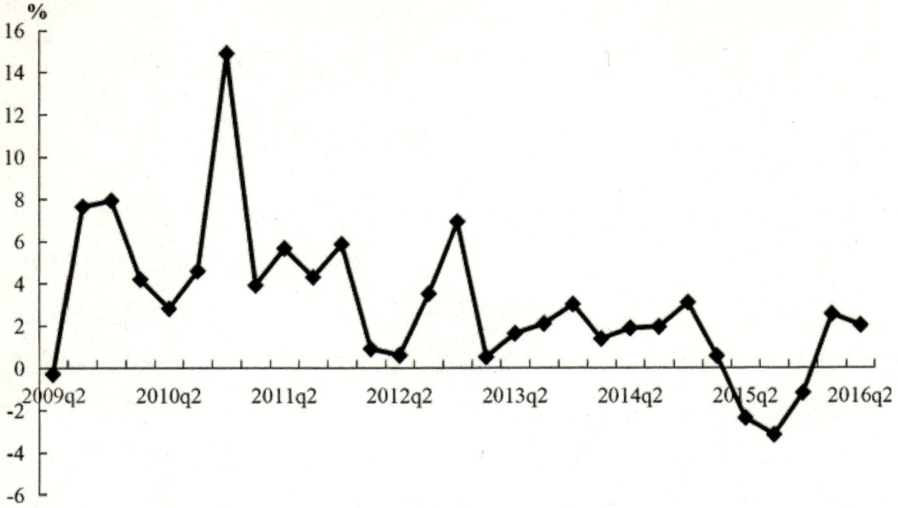

图 6.1　2009 年以来我国基础货币季度余额同比增速

货币乘数由法定存款准备金率以及超额存款准备金与活期存款率、现金漏损率、定期存款与活期存款比率等因素共同决定。除了法定准备金率由中央银行的政策决定之外，货币电子化降低了我国的超额存款准备金与活期存款比率、现金漏损率，提高了我国的定期存款与活期存款比率。货币电子化通过影响这些因素而改变了货币乘数，并增强了货币乘数的内生性和不稳定性。货币电子化背景下货币乘数变得不再那么容易预测，其在一定程度上摆脱了中央银行的控制，从而降低了货币供给量这一货币政策中介目标的可控性。

我国中央银行自 1994 年开始货币统计与货币层次的划分，1996 年正式将货币供给量作为货币政策的中介目标，但是货币供给量的目标值与实际值一直存在较大偏差。以 2009—2011 年为例，我国中央银行制定的 M_2 的增长率目标值分别为 17%、17%、16%，但实际值分别为 27.7%、19.7%和 13.6%。这么大幅度的偏差，说明我国货币政策中介目标的可控性比较低。

6.3.3　货币电子化对货币供给量相关性的影响

货币供给量的相关性是指中央银行选定的货币供给量这一货币政策中介目标变量与货币政策最终目标的变量有着紧密的关联性。一方面，货币电子化改变了货币供给和货币需求的运行规律;另一方面,电子货币供给主体的多元化使得货币供给变动较为松散和不稳定。这两方面都使货币供给量这一中介目标与货币政策最终目标之间的相关性遭到破坏。

首先,货币电子化背景下货币发行不再由中央银行一家垄断,电子货币可以由商业银行等金融机构以及专门的发行公司等非金融机构发行,这使得电子货币的发行主体日趋分散和多样化。电子货币供给主体的多元化使货币供给量的流向趋于分散,对货币政策最终目标的影响逐渐减弱,这无疑增加了中央银行通过调整货币供给量来实现特定货币政策最终目标的难度。其次,货币电子化增强了货币乘数的内生性和不稳定性,中央银行即使能控制基础货币,货币乘数的不稳定也使得货币供给量很难得以控制在既定的范围内,这影响了与货币供给量相关联的货币政策最终目标的实现。最后,货币电子化使货币需求的目标变量及函数中的各个决定变量发生了改变,货币电子化对微观主体货币需求动机和货币流通速度也产生了影响。这都使货币需求的稳定性下降。在这种情况下,即使货币供给量达到中介目标的要求也不一定能实现稳定币值等货币政策的最终目标,此时货币供给量不能与货币政策最终目标产生关联,无法成为有效的货币政策中介目标。

综上所述,近年来我国货币电子化发展势头迅猛,电子货币的广泛使用给传统的货币供给量的定义与统计带来强烈冲击,从而弱化了货币供给量这一中介目标的可测性。此外,电子货币供给主体变得多样化和分散化,货币乘数变得极其不稳定,货币供给和货币需求的运行规律也发生了改变,这弱化了我国货币供给量这一中介目标的可控性和相关性,降低了我国货币政策中介目标的有效性。

为此,本书认为可以从以下几个方面采取应对举措。首先,加强对电子货币的统计与监测。第一,中央银行应完善对电子货币的统计机制,提高电子货币的可测性;第二,通过相关的法律法规来建立严格的电子货币发行条件制度,对达不到法定发行标准的主体不得享有电子货币发行权,以此来提高电子货币的发行质量;第三,中央银行应加强对电子货币发行主体的监管,防止电子货币滥发而导致的中央银行铸币税收入和资产负债规模缩减。这样一来,货币电子化对我国货币供给量这一货币政策中介目标的影响便可以通过计量模型加以模拟和测度，这有利于提高货币供给量的可测性、可控性和相关性，从而提高货币政策中介目标的有效性。

其次，建立一套货币供给量和社会融资规模、利率等多指标相协调的中介目标体系。货币电子化弱化了我国货币供给量这一货币中介目标的可测性、可控性和相关性，导致我国货币政策中介目标的有效性大大减弱。在此背景下，中国人民银行于2011年首次公布了社会融资规模这一指标，社会融资规模全面反映了我国金融与经济的关系，与货币供给量相比，其与主要经济指标具有更强的关联性，我国宏观政策调控正逐步尝试将其作为货币政策的中介目标，这是一种探索和创新，符合我国融资结构的变化和金融宏观调控的市场化方向。此外，通胀率、货币市场利率等也可以作为我国货币政策中介目标的重要参考。只要商业银行在金融业中仍居于主导地位，货币供给量就仍可作为我国货币政策的中介目标之一。

最后，中央银行要加强与银行监管等部门的合作。货币电子化增强了货币乘数的内生性和不稳定性，降低了中央银行控制货币供给的能力。中央银行通过改变法定准备金率等措施来控制信贷传导的能力大大减弱。而目前在我国，银行监管部门在控制商业银行的放贷行为和货币创造方面具有更强的控制力，更能直接影响商业银行的信贷传导过程。因此，中央银行应该加强与银行监管等部门的合作，这更加有利于减少政策间的抵消和摩擦，提高货币政策的有效性。

6.4　货币电子化背景下的货币政策传导机制和货币政策有效性

货币政策传导机制是货币政策工具的运用引起中介目标的变动，从而实现中央银行货币政策最终目标这样一个过程。货币政策的传导过程是一个非常复杂的过程，从金融机构的资产和负债的角度看，货币政策传导主要有三个渠道：即传统的利率传导渠道、资产价格渠道（包括股价渠道和汇率渠道）和信贷渠道（包括银行贷款渠道和资产负债表渠道）。电子货币的产生和发展使货币政策的传导渠道变得更加复杂。在此，本书从货币电子化对资产负债表渠道、银行贷款和利率渠道三个渠道的影响进行分析。

6.4.1　货币电子化对资产负债表渠道的影响

资产负债表渠道产生于信息不对称。公司的资产净值越低，商业银行贷款给这些公司所产生的逆向选择和道德风险就越大，因为净值较低意味着贷款人对其贷款只拥有较少的抵押品。净值的下降使逆向选择更严重，因为这会致使用于金融投资的贷款减少；净值的下降也使道德风险上升，因为这会促使投资者去参与高风险的投资项目，而进行高风险的投资使得贷款人得不到偿还的可能性增大，故公司资产净值的下降会导致贷款的减少，进而引起投资下降。

以货币政策通过改变股价来影响公司的资产负债表为例，来说明货币政策的资产负债表渠道传导过程。扩张性的货币政策使股票价格上升，增加公司的资产净值，由于逆向选择和道德风险下降，使得贷款增加，投资增加，引起总需求上升。即：货币政策工具→M（货币供给）↑→P_e（股票价格）↑→净值↑→贷款↑→I（投资）↑→Y（总收入）↑。

资产负债表渠道发挥作用隐含着这样一个前提条件：银行贷款是公司主要的（甚至是唯一的）资金来源。而电子货币的产生和发展逐渐改变了这一条件，电子货币具有高流动性和交易成本低的特点，这使得各种金融资产之间界限淡化的同时，它们之间的相互转化也更为容易，这样公司在借款时有了越来越多的选择余地，筹集资金的渠道更多样化了，而不是只局限于向商业银行借款。即使是资产负债表状况不佳的公司，也可以容易地获得贷款。因此，在货币电子化背景下，公司获得资金的渠道日益增加，货币政策资产负债表渠道的效用逐渐减弱。

6.4.2 货币电子化对银行贷款渠道的影响

银行贷款渠道的出发点在于商业银行在金融体系中所扮演的特殊角色，即它们可以为企业提供信贷资金。就货币政策的传导而言，扩张性货币政策会增加商业银行的准备金和存款，从而使银行的贷款量上升，而贷款量的增加将刺激企业投资，扩大总需求。即货币政策工具→M（货币供给）↑→银行存款↑→银行贷款↑→I（投资）↑→Y（总收入）↑。

货币电子化背景下，商业银行可以快速、便捷地远程融通资金，其资金来源的渠道更加多样化。即使中央银行通过紧缩性货币政策来限制商业银行的信用，由于商业银行可以到不受管制的欧洲货币市场借款，这使得中央银行对商业银行的信用控制能力下降，其货币政策最终目标也未必能通过银行贷款渠道顺利实现。因此，在货币电子化背景下，银行贷款渠道的效用逐渐减弱。

在网络经济下，电子货币由商业银行等金融机构以及专门的发行公司等非金融机构发行。货币供给主体多样化和分散性的趋势使得商业银行和非金融机构共同在中央银行货币政策的下一个传导环节中发挥作用。金融市场的扩大、传导过程中经济变量的增加、经济变量之间相互关系的复杂化，使得货币政策传导渠道呈现多元化的趋势，即中央银行可以通过多种渠道向货币政策最终目标施加影响。

6.4.3 货币电子化对利率传导渠道的影响

以利率为渠道是传统凯恩斯学派货币政策传导机制的核心，其基本思路可以表示为：货币政策工具→M（货币供给）↑→i（利率）↓→I（投资）↑→Y（总收入）↑。货币政策的作用过程，先是通过货币供给量的变动影响利率水平，再经过利率水平的变动改变投资活动水平，最后导致收入水平的变动。在这一传导过程中，核心变量为利率 i，这也是凯恩斯学派的基本观点——强调利率在经济中的核心作用。

近年来，随着互联网技术和网络经济的快速发展，电子货币对传统货币的替代程度越来越强，但现有的货币理论和货币政策并没有将电子货币纳入其中。电子货币在支付领域的流通冲击了传统的货币政策传导机制，从而使得货币政策效果变得难以掌控。在电子货币时代，大量的资金交易用不到纸币，只需通过电子方式在债务上算账，这使得各国大大减少了纸币印刷，公众对央行增发基础货币的感觉没有那么强烈了，新时代的货币政策传导机制发生了重大变化。

早在1996年，BIS就发表文章论述了货币电子化对货币政策及其传导机制产生影响。此后学术界对于此问题的研究，主要围绕电子货币影响货币政策传导机制涉及的货币政策工具、目标等变量展开。Supriya(1999)认为货币电子化对传统货币的竞争性替代，改变了传统的支付方式，降低了交易成本，削弱了央行的货币政策有效性。Palley(2001)指出货币电子化降低了央行的资产负债规模，使央行不能灵活地进行基础货币吞吐操作，进而削弱了央行控制利率的能力。Hawkins(2002)认为货币电子化降低了央行控制基础货币的能力，并影响到货币政策传导机制。King 和 Governor(1999)甚至推测，货币电子化使用足够广泛的条件下，电子货币对基础货币产生完全替代，商业银行账户间的结算将不再需要基础货币，中央银行将退出操纵货币政策的舞台。然而大部分学者，如 Friedman(1999)认为货币电子化会对基础货币和货币乘数产生影响，但这种影响是有限的。Fujiki 和 Tanaka(2014)基于微观个体家庭数据的实证结果表明，电子货币比纸币交易更加直接、交易时间减少、交易成本下降。

国内相关文献主要是货币电子化对货币数量政策的影响。谢平和尹龙(2001)认为货币电子化会提高货币乘数，进而影响货币供给和货币政策效果；而王亮和吴浜源(2013)的研究表明，货币电子化对货币乘数具有增大和减小双重作用。电子货币对货币乘数的影响方向目前还存在争议，但电子货币会影响货币政策效果，降低货币政策有效性已经毋庸置疑。周光友(2015)的研究表明，货币电子化产生的替代转化效应和替代加速效应会改变货币流通速度，降低交易性货币需求，加之电子货币对货币乘数的放大作用，其对通货膨胀会产生放大和加速效应，这加大了货币政策最终目标的实现难度。

除此之外，部分研究还从货币政策内涵的角度出发，研究货币电子化对货币政策传导机制的影响。杨路明(2002)指出货币电子化提高了金融资金的运行效率。尹龙(2000)认为货币电子化会对货币政策工具和货币政策中介目标产生影响。货币电子化降低了央行资产负债规模，从而降低了公共市场业务的灵活性和实效性。货币电子化使货币政策中介目标货币供给量的可测性和可控性受到严重影响，与最终目标的相关性也降低了。周光友(2006)指出货币电子化削弱了货币政策传导机制的作用，增强了货币政策传导时滞的不确定性。谢平和刘海二(2013)认为未来移动支付是货币电子化形态的主要表现形式，二者具有网络规模效应。移动支付使货币需求的形式发生改变，并大大降低了货币控制的有效性，这时需要新的货币政策工具来应对这一冲击。

以上文献大都基于电子货币对传统货币的替代，并一致认为货币电子化会影响货币政策传导机制的作用，降低货币政策的有效性。但现有研究主要还存在以下不足：其一，货币电子化影响货币政策传导机制的研究多数停留在定性描述层面，缺乏系统的理论框架支撑，且较少有通过建立模型进行的实证检验。其二，已有的实证研究主要针对货币电子化影响货币政策传导机制中涉及的某一个变量，无法全面反映货币电子化背景下货币政策传导作用发生的变化。基于此，本书尝试把电子货币纳入到传统 IS-LM 模型的分析框架，并收集相关数据，系统性地对货币电子化的货币政策传导效应进行量化分析。

1. 货币电子化对利率传导渠道影响的理论分析

IS-LM 模型是凯恩斯宏观经济学的核心。货币电子化不仅改变了人们的生活习惯和支付方式，而且对传统的金融理论也产生了明显的冲击，甚至引起了整个经济运行方式的变化，这自然也引起了 IS-LM 模型中传导机制的变化。基于此，本书尝试性地将电子货币纳入 IS-LM 模型的分析框架，来分析货币电子化对利率的影响。

加入电子货币的 IS-LM 模型有一个重要的假定是利率弹性的非对称性，即电子货币使实际投资对利率的敏感性减弱，而金融投资(特别是货币投机)对利率的敏感性增强。首先，货币、股票债券和其他金融工具等流动性不同的金融资产之间是不完全替代的，因此，实际投资对利率的反应在各金融资产之间就是不一致的；其次，电子货币高流动性和低交易成本的特点拓宽了投资者的资金来源渠道和迅速获取资金的能力，从而增加了投资者资金的可获得性。这样，实际投资对利率的敏感性会减弱；最后，电子货币高流动性的特点使得不同类型的金融资产之间的相互转换变得极为容易，同时交易成本在下降。这加速了金融资产价格对于利率的反应，增强了金融投资（特别是货币投机）对利率的敏感性。

接下来推导加入电子货币的 IS-LM 模型。对于 IS 曲线，这里不考虑政府部门和对外部门，总收入等于消费和投资之和。即：

$$Y=C+I \tag{6.1}$$

假定消费 C 是收入的一个线性函数，即

$$C=cY \tag{6.2}$$

其中，c 为边际消费倾向，且 $0<c<1$；Y 为收入。根据凯恩斯的假定，投资 I 是利率的减函数，即：

$$I=\partial_0-\partial_1 I \tag{6.3}$$

其中，$\partial_0>0$，$\partial_1>0$；i 为利率。在电子货币条件下，根据前面的假定，电子货币会使投资对利率的敏感性减弱。用 E 表示电子货币，对投资函数作简单变动，有：

$$I=I(E,i)=\alpha_0-\alpha_1(E)i \tag{6.4}$$

其中，$\alpha_0>0$，$\alpha_1(E)>0$，$\alpha_1'(E)<0$。

根据式(6.1)、(6.2)和(6.4)可推出加入电子货币的 IS 曲线为：

$$(1-c)Y+\alpha_1(E)i-\alpha_0=0 \tag{6.5}$$

对于 LM 曲线，根据凯恩斯的货币需求理论，货币需求动机分为交易动机、预防动机和投机动机三种。交易动机和预防动机可表示为交易性货币需求：

$$L_1=\beta_1(E)Y \tag{6.6}$$

其中，$\beta_1(E)$为交易性货币需求对收入的敏感程度，且 $\beta_1(E)>0$，$\beta_1'(E)<0$，这表示随着电子货币的发展，交易效率的提高，用于交易的货币需求减少。投机动机可表示为投机性货币需求，其为利率的减函数，在利率高的情况下，持有货币的机会成本较高，公众更愿意持有其他资产，从而减少货币需求。投机性货币

需求可表示为：

$$L_2=-\beta_2(E)(i-i^*) \tag{6.7}$$

其中，i^* 为预期均衡利率水平；$(i-i^*)$ 为当前利率与预期均衡利率的差额（套利空间）；$\beta_2(E)$ 为投机性货币需求对利率差额 $(i-i^*)$ 的敏感程度，且 $\beta_2(E)>0$，$\beta_2'(E)>0$，这意味着，随着电子货币的发展，支付效率的提高和交易成本的降低使得不同类型金融资产之间的相互转化变得更加容易，从而使投机性货币需求对利率及利率差额的敏感程度提高。根据货币市场均衡条件，可以得出加入电子货币的 LM 曲线为：

$$\frac{M}{P}=L_1+L_2=\beta_1(E)Y-\beta_2(E)(i-i^*) \tag{6.8}$$

整理得：

$$\beta_1(E)Y-\beta_2(E)i+\left[\beta_2(E)i^*-\frac{M}{P}\right]=0 \tag{6.9}$$

根据式（6.5）和（6.9），可以得到加入电子货币的 IS-LM 模型为：

$$\begin{cases}(1-c)Y+\alpha_1(E)i-\alpha_0=0\\ \beta_1(E)Y-\beta_2(E)i+\left[\beta_2(E)i^*-\dfrac{M}{P}\right]=0)\end{cases} \tag{6.10}$$

将联立方程组变形，可得 IS、LM 曲线新的表达式：

$$\begin{cases}i=-\dfrac{1-c}{\alpha_1(E)}Y+\dfrac{\alpha_0}{\alpha_1(E)}\\ i=\dfrac{\beta_1(E)}{\beta_2(E)}Y+\left[i^*-\dfrac{1}{\beta_2(E)}\dfrac{M}{P}\right]\end{cases} \tag{6.11}$$

其中，IS 曲线的斜率为$-\dfrac{1-c}{\alpha_1(E)}$，LM 曲线的斜率为$\dfrac{\beta_1(E)}{\beta_2(E)}$。

由于 $\alpha_1(E)>0$，$\alpha_1'(E)<0$，$0<c<1$，所以当 E 上升时，$\alpha_1(E)$ 下降，从而 IS 曲线的斜率$-\dfrac{1-c}{\alpha_1(E)}$的绝对值变大，因此向右下方倾斜的 IS 曲线变得更为陡峭；由于 $\beta_1(E)>0$，$\beta_2(E)>0$，$\beta_1'(E)<0$，$\beta_2'(E)>0$，所以当 E 上升时，$\beta_1(E)$ 下降，$\beta_2(E)$ 上升，从而 LM 曲线的斜率$\dfrac{\beta_1(E)}{\beta_2(E)}$变小，因此向左上方倾斜的 LM 曲线变得更加平坦。

如图 6.2 所示，在加入电子货币的 IS-LM 模型中，IS 曲线变为 IS_E，LM 曲

线变为 LM_E。在其他条件不变的情况下，IS 曲线变得更为陡峭意味着货币政策效应减弱，因此电子货币降低了货币政策有效性。

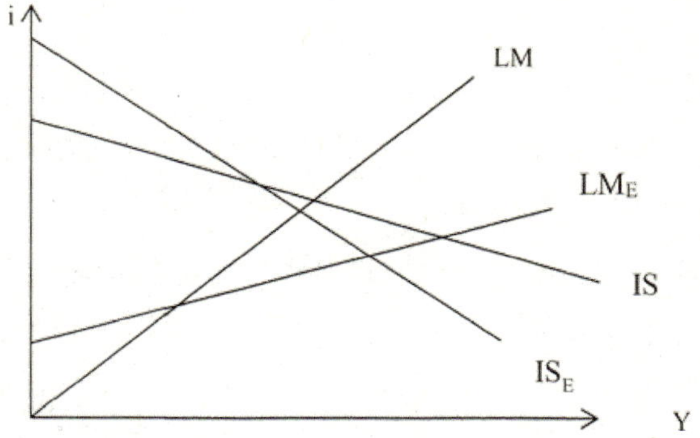

图 6.2 电子货币条件下 IS、LM 曲线斜率的变化

第一，在货币电子化背景下，实际投资的利率弹性逐渐减弱(反映在 IS 曲线变得更为陡峭)，IS 曲线变得更加陡峭意味着中央银行通过货币政策工具调整货币供给量进而影响利率，再通过利率的变化影响投资水平，最后导致收入水平改变的货币政策传导机制的作用大打折扣。

第二，在传统条件下，中央银行对短期利率的调控行为依赖于其对基础货币的垄断权，即通过吞吐基础货币来改变利率。但随着货币电子化的快速发展，电子货币发行主体的多元化导致的不同类型电子货币的出现对中央银行基础货币供应的垄断地位形成冲击，从而削弱了中央银行依靠吞吐基础货币来改变利率的能力。

第三，货币电子化降低了中央银行所能调控的利率和市场利率之间的关联性，即中央银行力图达到的利率水平，并不一定马上能被市场接受。

第四，货币电子化会使货币供给变化率和货币需求变化率发生变动，从而影响到通货膨胀率。

第五，货币电子化改变了 IS、LM 曲线的斜率，以及通过改变货币供给 M 使 LM 曲线水平移动，这都会使利率 i 以及产出 Y 发生变化。

由此可见，货币电子化不但降低了中央银行调控利率的能力，而且削弱了中央银行通过调整利率来改变实际投资的货币政策效应。这使得通过货币供给量的变动影响利率水平，再经过利率水平的变动改变投资活动水平，最后导致收入水平变动的利率传导渠道的作用大打折扣。

2. 货币电子化对利率传导渠道影响的实证分析

(1) 变量选择

本部分研究货币电子化对利率传导渠道的影响,货币政策的传导机制是央行通过货币政策工具影响中介目标,进而实现最终目标的过程。结合前文的理论分析,本书做出如下的变量选择。

货币政策工具:利率,由于央行的基准利率并不是市场化利率,可以选择相对市场化的上海同业拆借利率(Shibor)作为利率的衡量指标,取 Shibor 30 天利率季度平均值记作 r。利率的变化呈现出先下降后上升再下降的趋势,具有明显的周期性特征(见图 6.3)。

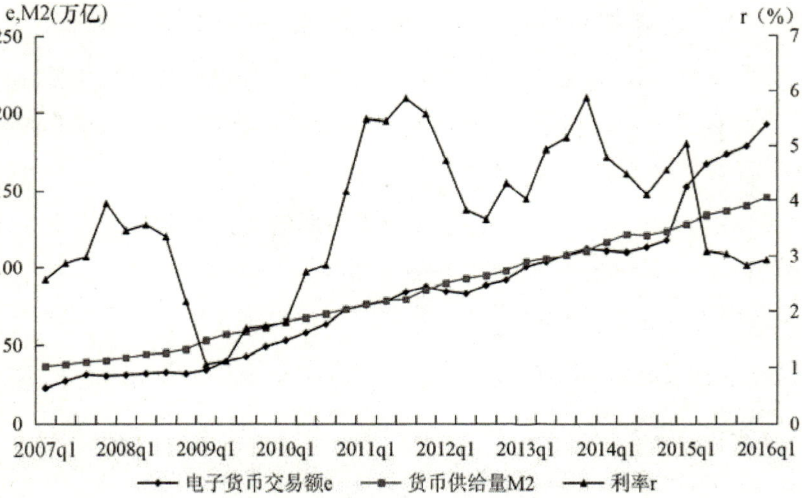

图 6.3 电子货币交易额、货币供给量和利率变动趋势

货币政策中介目标:广义货币供给量,取季度数据记作 M_2。如图 6.3 所示,M_2 呈稳步增长态势,从 2007 年第一季度的 36.04 万亿增长到 2016 年第 1 季度的 144.62 万亿。

货币政策最终目标:通货膨胀率是我国央行宏观调控最关注的目标,本书选择居民消费者价格指数(CPI)作为通货膨胀率的衡量指标,取季度平均值记作 cpi。cpi 的变动呈现先下降后上升再下降的趋势,近两年我国的 cpi 稳中有降(见图 6.4)。

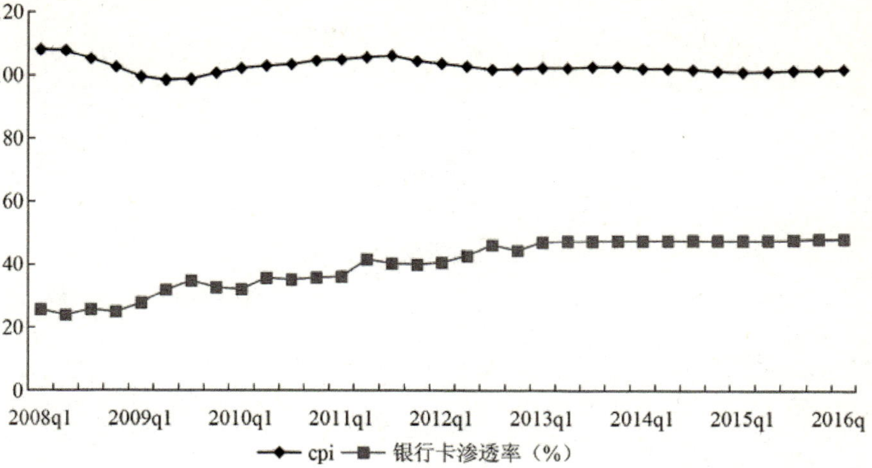

图 6.4 银行卡渗透率和 *cpi* 变动趋势

电子货币指标：我国电子货币发展并不成熟，各种电子支付手段主要是依托于银行账户进行货币转移，当前我国电子货币的主要存在形式是银行卡。银行卡渗透率①越来越高，从 2008 年第一季度的 25.60%增长到 2016 年第一季度的 48.35%（见图 6.4）。这表明以银行卡为主要形式的电子货币对公众日常生活的影响越来越大。本书选择银行卡交易规模（主要包括银行卡存款、取款、转账和消费）作为电子货币的衡量指标，取季度数据记作 e。

本书中居民消费价格指数 cpi、广义货币供给量 M_2 和利率 r 数据主要来源于中国人民银行网站、CEIC 数据库和国家统计局网站，银行卡数据来自于中国人民银行发布的支付体系总体情况季度报告。由于季度数据往往存在季节效应，因此本书用 X_{12} 方法对数据进行了季节性调整。

（2）模型构建

对时间序列数据进行分析前，需对变量进行单位根检验，以判断序列的稳定性，检验方法采用 ADF 检验。经检验，原始序列均在 5%显著水平拒绝了序列平稳的原假设，当对一阶差分后的序列 dcpi、de、dM_2、dr 进行单位根检验后，各序列的 P 值均小于 10%水平的临界值，从而拒绝一阶差分序列非平稳的原假设，序列为一阶单整序列。因此可以用一阶差分序列来构建无约束 VAR 模型。根据 FPE

① 银行卡渗透率为银行卡消费额占社会消费品零售总额的比重。

和 HQIC 信息准则，确定 VAR 模型的滞后期为 1。由此得到模型[①]如下：

$$\begin{bmatrix} dcpi_t \\ dr_t \\ dM2_t \\ de_t \end{bmatrix} = \begin{bmatrix} -0.74 \\ -0.56 \\ 3.03 \\ 3.99 \end{bmatrix} \begin{bmatrix} 0.52^{***} & 0.64^{**} & 0.24 & -0.01 \\ 0.31^{***} & 0.21 & 0.26^{***} & -0.04^{***} \\ -0.36^{**} & -0.13 & -0.13 & 0.07^{**} \\ -0.66 & 0.03 & -0.51 & 0.46^{**} \end{bmatrix} \begin{bmatrix} dcpi_{t-1} \\ dr_{t-1} \\ dM2_{t-1} \\ de_{t-1} \end{bmatrix} \begin{bmatrix} \varepsilon_{1t} \\ \varepsilon_{2t} \\ \varepsilon_{3t} \\ \varepsilon_{4t} \end{bmatrix}$$

VAR 模型的稳定性是进行脉冲响应分析的前提。经检验，VAR 模型的单位特征根的倒数都在单位圆以内（见图 6.5），这表明 VAR 模型是稳定的，可以进行后续的脉冲响应分析。

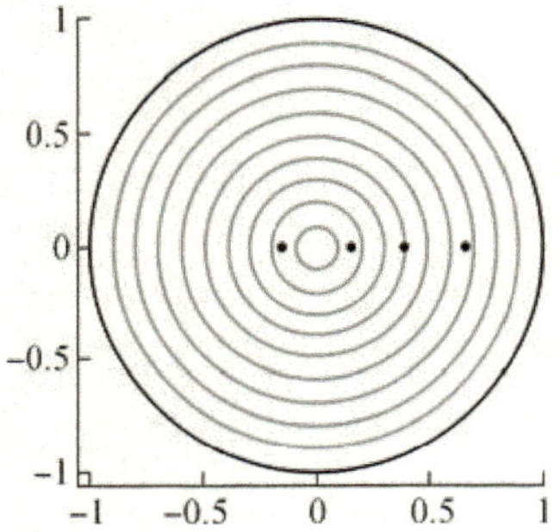

图 6.5　模型的稳定性检验

（3）格兰杰因果检验

格兰杰因果关系检验可以用来判断某个变量的滞后期是否对其他变量的当期值产生影响。表 6.3 给出了四个内生变量的格兰杰因果关系检验结果（10%检验水平）。

由检验结果可知，de 是 dr 和 dM_2 的格兰杰因，而不是 dcpi 的格兰杰因，这表明电子货币的滞后期会对利率和货币供给量的当期值产生影响，但对通货膨胀率当期值的影响并不显著；dr 和 dcpi 互为格兰杰因果关系，说明利率和通货膨胀率是互为影响的关系；dM_2 是 dr 的格兰杰因，说明货币供给的滞后期会对当期的利率产生影响；dcpi 是 dM_2 的格兰杰因，而 dM_2 不是 dcpi 的格兰杰因，这表明通货膨胀率的滞后期对货币供给量当期值产生影响，但货币供给量的滞

① 参数上标*、**、***分别表示估计系数在 10%、5%、1%置信水平下显著。经检验，估计的 VAR 模型联合滞后阶数显著，残差服从正态分布，残差序列不存在序列相关。

后期对当期通货膨胀率的影响并不显著。

表 6.3　格兰杰因果关系检验

原假设	滞后长度	F 值	P 值	对原假设的判断
dr 不是 dcpi 的格兰杰因	1	3.867	0.060	拒绝原假设
dM_2 不是 dcpi 的格兰杰因	1	2.449	0.129	不能拒绝原假设
de 不是 dcpi 的格兰杰因	1	0.104	0.750	不能拒绝原假设
dcpi 不是 dr 的格兰杰因	1	10.298	0.003	拒绝原假设
dM_2 不是 dr 的格兰杰因	1	6.999	0.013	拒绝原假设
de 不是 dr 的格兰杰因	1	5.487	0.027	拒绝原假设
dcpi 不是 dM_2 的格兰杰因	1	4.336	0.047	拒绝原假设
dr 不是 dM_2 的格兰杰因	1	0.127	0.724	不能拒绝原假设
de 不是 dM_2 的格兰杰因	1	4.740	0.038	拒绝原假设
dcpi 不是 de 的格兰杰因	1	0.428	0.519	不能拒绝原假设
dr 不是 de 的格兰杰因	1	0.000	0.989	不能拒绝原假设
dM_2 不是 de 的格兰杰因	1	0.247	0.623	不能拒绝原假设

(4) 脉冲响应分析

由于 VAR 模型的估计系数只反映了一个局部的动态关系，为了刻画一个变量的变化对另一个变量的全部影响过程，可以利用脉冲响应函数来分析一个标准差的冲击给内生变量的当期值和未来值带来的影响。图 6.6、图 6.7、图 6.8、图 6.9 列出了给电子货币(de)一个单位的正向冲击时，通货膨胀率(dcpi)、货币供给量(dM_2)、利率(dr)和电子货币(de)的脉冲响应图。

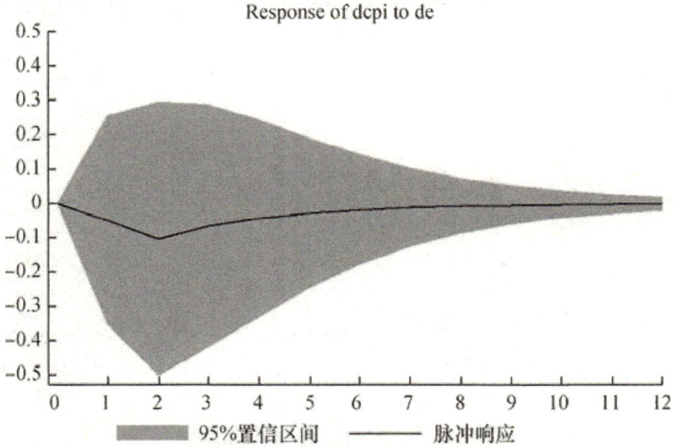

图 6.6　电子货币对通货膨胀率的冲击

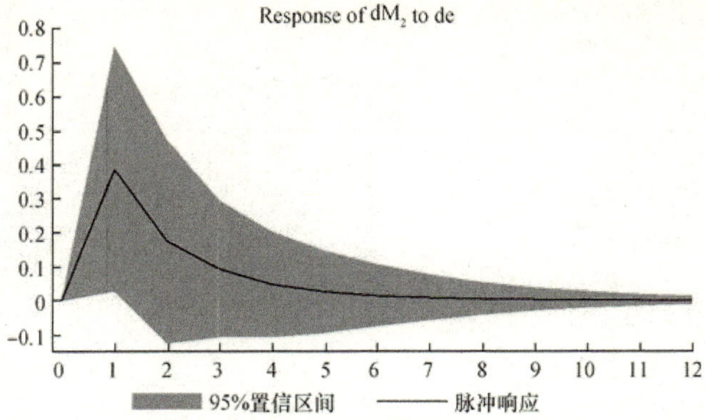

图 6.7 电子货币对货币供给量的冲击

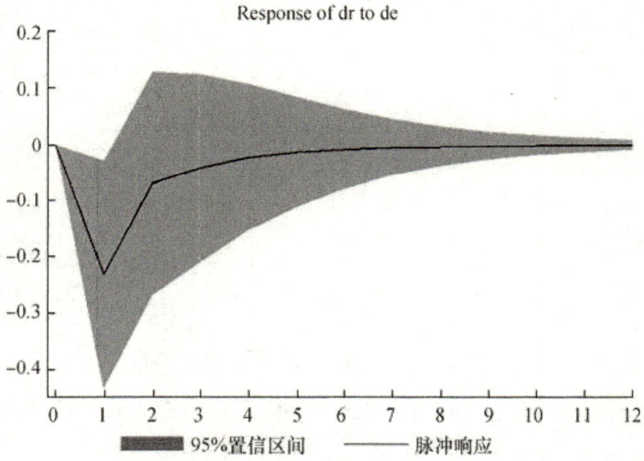

图 6.8 电子货币对利率的冲击

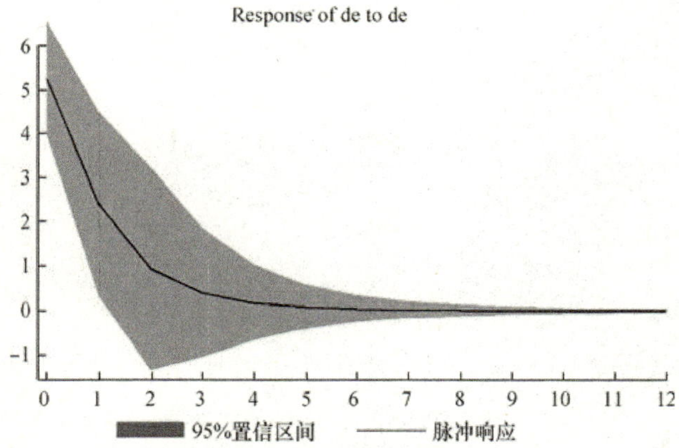

图 6.9 电子货币对自身的冲击

① 电子货币冲击引起的通货膨胀率的反应(图 6.6)。通货膨胀率在初期开始下降,在第 2 季度达到最小值,然后逐步上升,第 4 季度后冲击的影响趋于平稳并消失。电子货币对通货膨胀率的影响整体为负,则表明电子货币使货币供给变化率减小的程度大于使货币需求变化率减小的程度。但由于 95%置信区间始终包含了 0,因此电子货币对通货膨胀率的影响并不显著,这与格兰杰因果关系检验所得结论一致。

② 电子货币冲击引起的货币供给量的反应(图 6.7)。货币供给量在初期有较明显的上升,并在第 1 季度达到最大值,随后开始下降,第 4 季度后冲击的影响趋于平稳并消失。电子货币对货币供给量的初始冲击较强,而后迅速衰减下去,这表明电子货币对货币供给量的影响不具有长期效应。电子货币对货币供给量的影响整体为正,表明电子货币提高了货币供给量,这种影响持续时间为 4 个季度,降低了我国货币政策中介目标的有效性,增大了央行通过货币政策工具调控宏观经济的难度。

③ 电子货币冲击引起的利率的反应(图 6.8)。利率水平在初期有较明显的下降,并在第 1 季度达到最小值,随后开始上升,第 4 季度后冲击的影响趋于平稳并消失。电子货币对利率的初始冲击较强,而后迅速衰减下去,这表明电子货币对利率的影响也不具有长期效应。电子货币短期内显著降低利率水平,而且利率的脉冲响应曲线和货币供给量的脉冲响应曲线呈对称形状,可以理解为电子货币引起的货币供给的增加导致了利率水平的下降。

④ 电子货币冲击引起自身的反应(图 6.9)。初始时电子货币有一个很大的正响应,然后开始快速下降,第 4 季度后冲击的影响趋于平稳并消失,总体影响为正。这表明微观个体提高电子货币使用程度的行为具有明显的短期效应,结合以上分析,这种效应会进一步渗入到货币政策传导机制当中,降低货币政策传导效果。

(5) 方差分解分析

方差分解通过分析结构冲击对内生变量的贡献度,进一步评价每一个结构冲击的重要性。本书选取滞后阶数为 12 个季度,对主要变量进行方差分解。

从表 6.4 可以看出,电子货币受自身的影响最为明显,贡献度一直维持在 79%左右。可以这样理解,上期电子货币的发展状况会对人们的预期产生很大影响，上期电子货币规模的扩大会向人们传达电子货币被人们所接受的信息，加之电子货币方便、高效、快捷的特点，会导致本期电子货币规模的再扩大。利率对电子货币变化的贡献度为14%左右，在一定程度上影响了电子货币规模。可以理解为，根据预期利率的变化，人们会利用电子货币方便、高效、快捷地进行跨市场的投机。比如，当预期利率下降时，金融资产价格会上升，人们可以以银行卡为媒介，把持有的货币资产转化为收益率更高的金融资产。

表 6.4　方差分解表

变量	滞后期	d*cpi*	d*r*	dM_2	d*e*
d*e*	1	6.166 1	13.343 0	2.067 4	78.423 5
	3	5.112 8	13.962 9	1.765 5	79.158 8
	4	5.171 1	13.891 5	1.828 4	79.109 0
	8	5.284 1	13.854 8	1.910 9	78.950 2
	12	5.290 6	13.854 3	1.915 2	78.939 9
d*cpi*	1	100	0	0	0
	3	83.772 4	7.057 6	8.227 0	0.943 0
	4	81.826 7	7.314 4	9.688 4	1.170 5
	8	80.450 6	7.490 8	10.744 6	1.314 0
	12	80.400 8	7.497 8	10.783 0	1.318 4
d*r*	1	4.857 4	95.142 6	0	0
	3	14.520 0	62.367 6	11.768 2	11.344 2
	4	15.743 1	60.458 2	12.500 2	11.298 5
	8	16.686 9	59.130 4	13.025 3	11.157 4
	12	16.723 5	59.081 2	13.045 3	11.150 0
dM_2	1	2.783 3	5.246 0	91.970 7	0
	3	7.739 6	5.195 1	73.820 7	13.244 6
	4	8.718 4	5.146 5	72.615 4	13.519 7
	8	9.592 8	5.202 7	71.743 1	13.461 4
	12	9.630 0	5.207 8	71.708 8	13.453 4

电子货币对通货膨胀率的影响力呈递增趋势，到第8季度趋于稳定，但贡

献度仅为1.31%，表明电子货币对通货膨胀率的影响力度较低，这与前面所得结论是吻合的。通货膨胀率的变化主要来自对自身的预期，稳定后贡献度达80.45%。而货币供给量对通货膨胀率的贡献度仅为10.78%，结合格兰杰因果关系检验的结果（dM_2 不是 $dcpi$ 的格兰杰因）可知，电子货币时代的广义货币超发，并没有和产生通货膨胀直接关联。

电子货币对利率的影响力在第1季度为0，之后快速上升，第3季度达到最大值11.34%，随后开始缓慢下降，稳定后贡献度为11.15%。这表明电子货币会对利率产生影响，这使得中央银行通过货币政策工具调整货币供给量进而影响利率，再通过利率的变化影响投资水平，最后导致收入水平改变的货币政策传导机制的作用大打折扣。

电子货币对货币供给量的影响力在第1季度为0，之后快速上升，第4季度达到最大值13.52%。之后开始缓慢下降，稳定后贡献度为13.45%。这表明电子货币会对货币供给量产生影响，增强了货币政策传导过程中的内生性和不确定性，降低了货币政策传导机制的效果。

（6）实证结论与启示

本部分通过对IS-LM模型进行修正，并基于VAR模型实证分析了货币电子化对货币政策传导机制的影响。得到以下几点结论与启示：

第一，货币电子化使得实际投资的利率弹性减弱，中央银行通过调整利率来调控实际投资的货币政策有效性会降低。在传统条件下，中央银行依赖对基础货币的垄断权，通过吞吐基础货币来调节利率。但电子货币发行主体的多元化导致了不同类型的电子货币不断出现，这对中央银行基础货币供应的垄断地位形成冲击，从而削弱了中央银行依靠吞吐基础货币来改变利率的能力。实证结果显示，电子货币对利率造成冲击并降低了利率水平。中央银行对利率调控能力的下降使得货币政策的利率传导机制作用大打折扣。

第二，实证结果显示，货币电子化会对货币供给量造成冲击，主要表现为电子货币使货币供给量增加，这降低了当前我国货币政策中介目标的效果，增大了央行通过货币政策工具调控宏观经济的难度。电子货币只是改变了基础货币的结构，对基础货币的影响为中性，这意味着电子货币使货币供给量增加是通过增大货币乘数实现的。

第三，货币电子化会使货币供给变化率和货币需求变化率发生变动，从而影响到通货膨胀率。但本书的实证结果显示，电子货币对通货膨胀率的冲击是不显著的，电子货币并没有明显的通货膨胀效应。结合前文的理论分析，本书认为原因有以下两个方面：一方面，电子货币对货币供给量的冲击不具有长期效应，初始正向冲击较强，而后迅速衰减下去。长期下去，电子货币对货币供给增长率的降低作用变得非常微弱，在货币需求增长率降低的前提下，通货膨胀率的变化并不明显；另一方面，电子货币降低了实际投资的利率弹性，提高了金融投资的利率弹性，但由于我国电子货币的发展水平还不高，这两种利率弹性的改变还不足够大。随着我国电子货币渗透率的不断提高，电子货币的通货膨胀效应可能会逐渐显现出来。

所得结论为中央银行疏导货币政策传导机制，提高货币政策有效性提供了新的思路。鉴于货币电子化会对货币政策的传导机制产生实质影响，中央银行在制定货币政策时应将电子货币纳入考虑范围。比如，中央银行进行宏观调控时，需调整货币政策的反应函数来消除电子货币对货币供给量的扩张作用，否则中央银行通过货币政策工具调整货币供给量这一中介目标来调控经济增长和通货膨胀的最终目标将无法按预期实现。电子货币是金融发展和创新的必然结果，既不能全盘否定，也不能放任自流。中央银行需要不断加强对电子货币发行机构的监管，并对电子货币进行准确计量，提高电子货币的可控性和可测性，从而更好地监控电子货币产生的货币政策传导效应，提高货币政策有效性。

6.5 本章小结

本章研究了货币电子化、货币政策传导机制和货币政策有效性之间的关系。货币政策传导机制是中央银行运用货币政策工具影响中介指标，进而最终实现既定政策目标的传导途径与作用机理。本章首先对货币政策传导机制理论进行了回顾，接着分析了货币电子化对货币政策工具的影响和货币政策中介目标的影响，主要分析了货币电子化背景下货币政策中介目标的可测性、可控性和相关性的变化；最后，研究货币电子化背景下的货币政策传导机制和货币政策有效性，主要围绕电子货币对利率传导机制的影响展开。实证结果表明，首先，货币电子化使得实际投资的利率弹性减弱，中央银行通过调整利率来调控实际投资的货币政策有效性会降低。在传统条件下，中央银行依赖对基础货币的垄断权，通过吞吐基础货币来调节利率。但电子货币发行主体的多元化导致了不同类型的电子货币不断出现，这对中央银行基础货币供应的垄断地位形成冲击，从而削弱了中央银行依靠吞吐基础货币来改变利率的能力。货币电子化对利率造成冲击并降低了利率水平。中央银行对利率调控能力的下降使得货币政策的利率传导机制作用大打折扣。其次，货币电子化会对货币供给量造成冲击，主要表现为电子货币使货币供给量增加，这降低了当前我国货币政策中介目标的效果，增大了央行通过货币政策工具调控宏观经济的难度。货币电子化对通货膨胀率的冲击是不显著的。本书认为原因是：一方面，电子货币对货币供给量的冲击不具有长期效应，初始正向冲击较强，而后迅速衰减下去。长期下去，电子货币对货币供给增长率的降低作用变得非常微弱，在货币需求增长率降低的前提下，通货膨胀率的变化并不明显。另一方面，电子货币降低了实际投资的利率弹性，提高了金融投资的利率弹性，但由于我国电子货币的发展水平还不高，这两种利率弹性的改变还不足够大。最后，鉴于货币电子化会对货币政策的传导机制产生实质影响，中央银行在制定货币政策时应将电子货币纳入考虑范围。比如，中央银行进行宏观调控时，需调整货币政策的反应函数来消除电子货币对货币供给量的扩张作用，否则中央银行通过货币政策工具调整货币供给量这一中介目标来调控经济增长和通货膨胀的最终目标将无法按预期实现。电子货币是金融发展和创新的必然结果，既不能全盘否定，也不能放任自流。中央银行需要不断加强对电子货币发行机构的监管，并对电子货币进行准确计量，提高电子货币的可控性和可测性，从而更好地监控货币电子化产生的货币政策传导效应，提高货币政策有效性。

第7章 货币电子化、居民消费行为和货币政策有效性

从微观的角度而言,货币政策的执行效果实质上是由各经济主体的行为综合决定的。居民作为一国经济活动的重要微观主体,势必对货币政策的有效执行产生重要影响。在经济生活中,居民的行为可以概括为消费行为和储蓄行为,其实质是对其收入的支配。在货币电子化背景下,居民的支付方式和消费行为都发生了巨大变化,这一过程中,居民会不断就储蓄与消费比例、消费结构以及金融资产组合等进行抉择。而这一系列的抉择势必会直接或间接地对经济结构或金融结构产生冲击,从而影响货币政策的执行。因此,对货币电子化背景下居民消费行为展开研究,对于提升货币政策有效性具有重要的理论和现实意义。

7.1 消费行为理论回顾

7.1.1 宏观经济学视角下的消费行为理论

消费行为理论是现代西方经济学中的一个重要研究领域，而宏观经济学视角下的消费行为问题主要是对消费函数做出研究。

1. 绝对收入假说

凯恩斯的绝对收入假说认为：短期内个人消费的主观因素是比较稳定的，人们的现期消费取决于现期收入的绝对量，二者之间存在稳定的函数关系；消费是随着收入增长而增长的，但消费增长没有收入增长快，即边际消费倾向是递减的；边际消费倾向 $\Delta C/\Delta Y$ 小于平均消费倾向 C/Y。基于绝对收入假说的个人消费函数为：

$$C=a+bY \tag{7.1}$$

其中，C 为消费支出，Y 为绝对收入，a 为自发性消费，b 为边际消费倾向，$0<b<1$。该消费函数认为，消费由当前可支配收入决定，没有考虑预期收入或对时间的偏好。

2. 相对收入假说

美国经济学家杜森贝里 1949 年提出的相对收入假说认为：一方面，个人消费支出不仅由现期收入决定，还受到过去收入和消费水平的影响，具有不可逆性“棘轮效应”；另一方面，消费行为具有“示范效应”“模仿性”或“攀比性”特征，个体消费行为特征受到周围人消费行为的影响。由于棘轮效应和示范效应的存在，收入减少对消费减少的影响不大，而收入增加对消费增加的作用较大，提高收入是稳定地提高消费的根本。基于该假说的消费函数为：

$$C_t=c_0+c_1Y_t+c_2Y_{t-1}+c_3C_{t-1} \tag{7.2}$$

其中，C_{t-1} 为第 $t-1$ 期的消费支出，Y_{t-1} 为 $t-1$ 期的绝对收入。

杜森贝里在凯恩斯宏观消费理论的分析框架内，假定消费者的消费行为具有示范效应和不可逆性，认为短期内消费函数受经济周期影响，而长期过程中受示范性和棘轮效应影响。由于人们的消费行为改变缓慢，消费支出具有不可逆性，前期消费将影响现期消费和未来消费，并且消费者的消费变动依赖于其相对收入水平。

3. 持久收入假说

弗里德曼率先提出了消费的持久收入假说。持久收入假说将个人的实际收入分为持久收入 Y^p、暂时收入 Y^t。持久收入是指消费者可以预见到的长久性的、带有规律性的收入。暂时收入是指临时的、偶然的、不规律的收入，是现期收入与持久性收入的差值。持久收入假说认为持久消费取决于持久收入，与暂时收入无关，而暂时消费由暂时收入决定，持久收入假说可表示为：

$$C=a+bY^p+cY^t \tag{7.3}$$

受理性预期革命的影响，Hall(1978)将理性预期因素引入上述假说，提出了理性预期持久收入假说。理性预期持久收入假说是消费理论研究中的一个突破性进展。该假说认为，如果消费者对持久收入的预期是理性的，在忽略利率和效用的主观贴现率情况下，消费将是一个随即游走过程，任何可用的信息都无助于预测消费的变动；如果考虑利率的变动，且效用的主观贴现率为常数，则现期利率的变动包含了所有可用的信息，消费除了对利率的变动有反应外，其他任何可用的信息都无助于预测消费的变动。在弗里德曼的持久收入假说中，短期的货币冲击只能带来暂时收入的变化，只对暂时消费产生影响，而从长远来看，每个家庭的持久消费和持久收入成一固定比例，储蓄的波动主要是由收入中的暂时收入的波动造成的。

4. 生命周期假说

莫迪利安尼的生命周期假说认为消费者是理性的，每个人根据他自己一生的全部预期收入来安排他的消费支出。现期消费不仅与现期收入有关，而且与以后各期收入期望值、初始财产、年龄等有关。消费行为是基于效用最大化原则支配一生的收入、安排一生消费，且一生的消费总量正好等于一生的收入总量，用公式表示为：

$$C_t = aWR + cYL \quad (7.4)$$

其中，WR 为实际财富，a 为财富的边际消费倾向，即每年消费掉的财富比例；YL 为劳动收入，c 为劳动收入的边际消费倾向，即每年消费掉的劳动收入比例。莫氏的理论在强调未来收入对当前消费影响的同时，提出了这样一种思想，即人们可以借钱消费或贷款消费。

5. 预防性储蓄和流动性约束假说

预防性储蓄假说和流动性约束假说，在借鉴理性预期思想的基础上，引入了不确定性思想，从而在消费者的跨期消费行为分析框架内更具一般性。预防性储蓄假说强调了不确定性对居民储蓄和消费行为的影响，初步解释了消费的"过度敏感性"：储蓄的目的不仅仅在于生命周期内配置资源，更是为了对不确定性事件加以预防和保障。因此，该假说对我国当前居民的消费行为提供了部分解释。

流动性约束假说认为，现实中由于存在着流动性约束，永久收入—生命周期理论假设个人能够在相同的利率水平上借贷和储蓄的现实基础难以成立。流动性约束下的消费只与当期劳动收入正相关，这就为消费的"过度敏感性"给出了一种解释。当前我国消费信贷发展滞后，消费者的流动性约束仍然是制约潜在消费的重要因素，这也可以部分解释我国居民的消费行为。

6. 缓冲库存储蓄理论

缓冲库存储蓄理论主要有三种解释：Frin 和 Thaler(1988)认为，个人有一系列拇指法则用来指导他们的消费行为。这样的拇指法则可以导致消费者通过储蓄和借贷来拉平短期收入波动，从而使消费在短期内较合理地遵循永久收入假说的预言，但它们还可以使消费在长期中与收入轨迹相当紧密。Deaton(1991)和 Carroll(1992)认为缓冲库存储蓄源于高贴现率、预防性储蓄动机和居民不愿承受负债等原因。在 Deaton(1991)的分析中，没有负债源于存在流动性约束；而 Carrollton(1992)认为没有负债的原因是由于边际效用在消费变得足够小时趋近于无穷大。Bard、Skinner 和 Zeldes(1994)认为缓冲库存储蓄是预防性储蓄动机和福利计划对低消费水平的保险。

7.1.2 行为经济学视角下的消费行为理论

消费经济学起源于宏观经济学中的消费理论，但忽略了人的主动性、学习性和相互差异性，由此造成理论与现实的差异。行为经济学下的消费行为研究重视凯恩斯曾强调过的心理和社会因素的作用，从货币幻觉、损失厌恶、羊群行为等角度出发，能使我们对经济问题有更深刻的认识和理解。

1. 行为经济学的基本观点

（1）前景理论

卡尼曼和特维斯基的前景理论对传统的风险决策理论作出了修正，证明不确定性条件下的判断和决策，许多都系统地偏离了传统的经济学理论，特别是偏离了期望效用理论。前期理论认为人们在面临收益的时候是风险规避的，在面临损失的时候是风险偏好的。这是因为实验发现人们常常对结果偏离某一非固定偏好水平（如现状）的方式比较敏感，这种对变化而不是大小的重视可能与心理学的认知法则有关。根据这种法则，人们对外部环境的变化而不是其强度更敏感。而且，与偏好水平相比，在同等大小的损失和收益面前，人们常常更讨厌发生损失，也就是说，人们的偏好具有厌恶损失的特点。

（2）启发式认知偏向

卡尼曼和特维斯基发现人们在做判断的过程中，会走一些思维捷径。这些捷径有时能帮助人们快速地做出准确判断，但有时会导致判断的偏差，这种偏差就称为启发式偏向。当人们对一个既复杂模糊又不确定的事件进行判断决策时，由于没有行之有效的方法，常常借助于过去的经验进行分析处理以得到启发，然后利用这些得到的启发做出判断。但是，由于信息的不完全性，通过启发进行判断就会产生偏差。其中最典型的三种启发式偏向，包括代表性偏向（Representativeness）、可得性偏向（Availability）、锚定效应（Anchoring）。

（3）自我约束问题

拉宾（Rabin）将人们的心理行为因素引入经济学的分析模型，他发现人们往往会出现“拖延”（Procrastination）和“偏好反转”（Preferencereversal）等行为。在行为经济学中，“自我约束问题”“双曲线折现模型”（Hyperbolicdiscounting）、“现期偏好偏向”(Present-biasedpreferences)、“即刻满足偏好”等术语都是对上述现象的描述。

(4) 行为的生命周期假说

谢弗润和萨勒将前期理论引入生命周期假说来研究消费行为，提出了行为的生命周期假说(Behaviorallife-cyde Hypothesis)。通过引入自我控制(Self-control)、心理账户(Mental accounting)和框架限制(Framing)来丰富生命周期假说。在消费者心目中，钱在三个不同的账户中有不同的价值和消费倾向：现期收入账户、现期资产账户和未来收入账户，并且现期收入账户的消费诱惑最大，现期资产其次，未来收入最小。心理账户的这种性质，决定了消费者对不同账户中的财富具有不同消费行为。行为的生命周期假说最重要的结论是：消费模式不是由生命周期中劳动收入的短期模型决定的，而是由偏好和生命周期需求决定的；只要消费者能够贷款还款，预期的收入变动就不会影响消费。然而，生命周期的假设忽略了不确定因素会对消费者的消费行为产生影响。

2. 行为经济学视角下的消费行为

(1) 行为经济学下的消费

同宏观经济学视角下的消费理论相比，行为经济学中的消费理论强调不能只从收入或财产(即购买能力)去分析消费支出问题，还应关注消费者的消费心理变化，即进行购买意愿分析。后者是与国家经济、政治情况变化的信息因素，货币因素和消费者可以得到的消费信贷等因素紧密相关的。这意味着家庭消费状况所发生的变化取决于各种刺激因素，可以通过改变货币政策、消费信贷来激发市场上消费者的乐观主义情绪。行为生命周期理论认为，现期收入账户比现期资产账户的边际消费倾向高。那么，更有效地刺激需求，就应该使增加的收入在居民的心目中进入现期收入账户。因此为了扩大内需，进行社会保障制度和教育体制等方面的改革，应该深入到人们决策的心理层面，制定符合人们行为动机的消费和储蓄政策，这样才有利于提高政策的科学水平和实施效果。

(2) 行为经济学中的信贷消费

家庭规模预期不变的年轻家庭和有稳定养老金的年老家庭应该成为消费信贷的主体。从行为的生命周期假设中可以得出：当劳动收入越集中在生命晚期，以及当消费者超前消费的兴趣越浓时，家庭清偿能力的限制具有影响力的可能性越大。特别是在家庭规模较大或预料家庭规模将增大、家庭获得一笔意外之财以及家庭希望积累分期付款定金来购买资产时，清偿能力限制的影响力越大。反之，家庭规模预期不会变化的年轻家庭和有稳定养老金或年金收入的年老家庭，清偿能力限制的影响就越小。消费信贷发放的标准取决于个人未来收入的增加与稳定程度，而经济增长的良好预期是个人收入增长的前提，这就需要有一个完善的社会保障体系。美国等发达国家完善的社保体系解除了人们的后顾之忧，大大提高了其消费倾向。然而，在我国社会保障体系尚不完善的情况下，人们不得不对子女出生、教育支出、疾病、意外伤害等作出预期的考虑，这种考虑必然会降低信贷消费倾向。

(3) 行为经济学中的现金和电子支付效应

按照传统的微观经济学理论，金钱具有替代性。事实上，萨勒的研究表明：人们并不是把所有的财富放在一个整体账户进行管理。相反，人们根据财富来源与支出划分成不同性质的多个分账户，每个分账户有单独的预算和支配规则，金钱并不能容易地从一个账户转移到另一个账户。这种金钱不能很好转移、不能完全替换的特点被称之为“非替代性”。不同心理账户里的财富对消费者的决策行为不同：现金收入账户消费的诱惑力最大，将这个账户的收入不消费而储蓄起来的心理成本也最大；现期资产账户的诱惑力和储蓄的心理成本居中；未来收入账户的诱惑力和储蓄的心理成本最小。可以这么认为，现金收入账户的边际消费倾向最大，接近于1；现期资产账户次之；未来收入账户最小，接近于0。同样，固定账户和临时账户也具有非替代性，因而不同的支付方式对消费者的效应是不同的。因为家庭的总财富虽然不变，但不同的支付方式改变了财富存放的位置，且同一个心理账户中的财富余额不同，会使人们的心理感觉不一样。这样，针对人们使用电子支付和现金不同的心理特点设计相应的支付方式，将能合理引导人们的消费与储蓄，从而促进财富的积累和经济的发展。

7.2 货币电子化对居民消费行为的影响

本书将建立一个简单的微观模型，从理论层面分析在面临宏观经济冲击时，货币电子化带来的交易成本下降对居民消费行为的影响。假设风险厌恶的消费者在面临宏观经济冲击导致的收入变化时，将试图通过资金借贷来保持其原有的消费水平不变。货币电子化大大降低了消费者个人间的这种借贷成本。假设有三位同质的经济个体形成信息完全对称的网络金融市场，每笔资金借贷的交易成本都是固定的，显然这种交易成本的存在将会影响个体消费者最优的消费决策行为。

模型中三位经济体个人 $i=1,2,3$，在各种冲击 $s\in\{1,2,\cdots,S\}$ 下的个人收入为 x_i^s，并且有 $X^s=\sum_i x^s$。每个经济个体从消费 c 中获得的效用是一样的，因此对于个体 i 的预期消费效用为：

$$\bar{u}(c_i)=\sum_{s=1}^{S}p^s u(c_i^s) \tag{7.5}$$

其中 $c_i=(c_i^1,c_i^2,\cdots,c_i^s)$ 为个体 i 的消费向量，p^s 为发生冲击 s 的概率。

当交易成本为零时，帕累托效率要求消费计划需满足以下条件：

$$\max_{c_1^s,c_2^s,c_3^s}\sum_i \mu_i u(c_i^s) \quad \text{s.t.} \quad \sum_i c_i^s=X^s \tag{7.6}$$

其中 μ_i 为非负的帕累托权重，如果对于每位个体 $\mu_i=1$，那么在各种冲击 s 下每位个体对于总财富都应该是平均的。因此最优分配为一位经济个体将资金借给其他两位经济个体，或者其他两位经济个体将资金借给第三位经济个体。令 $W(c)=\sum_i u(c_i)$，则社会最有效的消费分配对应的福利水平为 $W^s=3u\left(\frac{X^s}{3}\right)$。

现假设每笔个人间资金转移支付的成本为 k，个人财富为 $x^s=(x_1^s,x_2^s,x_3^s)\in R^{213}$，其中 R^{213} 的上标表示财富分配的差异，即 $x_2^s>x_1^s>x_3^s$。如果消费资源的分配是平等的，此时将会产生两笔个体间的资金转移，对应的社会福利水平为：

$$W(k)^s=3u\left(\frac{1-2k}{3}X^s\right) \tag{7.7}$$

如果只有一笔个体间的资金转移，那将是从收入最高者向收入最低者之间的资金转移，此时的社会福利水平为：

$$\hat{W}(x_1^s,k)^s=u(x_1^s)+2u\left(\frac{1-x_1^s-k}{2}X^s\right) \tag{7.8}$$

如果没有个体间的资金转移，每个个体将根据其财富水平进行消费，此时的社会福利水平为：

$$W(x)^s=\sum_{i=1}^{3}u(x_i^s) \tag{7.9}$$

根据以上三种最终个体消费情形，可以定义财富分配 R^{213} 下的子区间：

$$R_0^{213}(k)=\{x\in R^{213}\text{ s.t. }W(x)^s>W(k)^s\text{ 且 }W(x)^s>\hat{W}(x_1^s,k)^s\} \tag{7.10}$$

$$R_1^{213}(k)=\{x\in R^{213}\text{ s.t. }\hat{W}(x_1^s,k)^s>W(k)^s\text{ 且 }\hat{W}(x_1^s,k)^s>W(x)^s\} \tag{7.11}$$

$$R_2^{213}(k)=\{x\in R^{213}\text{ s.t. }W(x)^s>\hat{W}(x_1^s,k)^s\text{ 且 }W(k)^s>W(x)^s\} \tag{7.12}$$

对于 $x\in R^{213}$ 里的各子区间，社会最优的消费集为：

$$c(x^s,k)=\begin{cases}(x_1^s,x_2^s,x_3^s), & \text{如果 } x^s\in R_0^{213}\\ \left(x_1^s,\frac{1-x_1^s-k}{2},\frac{1-x_1^s-k}{2}\right), & \text{如果 } x^s\in R_1^{213}\\ \left(\frac{1-2k}{3},\frac{1-2k}{3},\frac{1-2k}{3}\right), & \text{如果 } x^s\in R_2^{213}\end{cases} \tag{7.13}$$

其中，$x^s\in R_0^{213}$ 表示不存在个体间的资金转移，这是由于社会中经济个体间的财富差距非常小，他们没必要花费转移成本来平滑其消费。$x^s\in R_1^{213}$ 表示存在一笔经济个体间的资金转移，即从最富有个体向最贫穷个体的资金转移。$x^s\in R_2^{213}$ 表示存在两笔个体间的资金转移，可能是其中最富有的经济个体向其他两位经济个体的资金转移，也可能是较富有的两位经济个体向最贫穷经济个体的资金转移。随着资金转移交易成本 k 的下降，子区间 R_2^{213} 的区域范围扩大，子区间 R_0^{213} 的区域范围缩小，这意味着三位个体间的资金转移更为频繁。

因此，根据以上理论模型分析，我们可以获得以下结论：随着资金转移交易成本的下降，经济个体间的资金转移和交易行为更为频繁，从而有利于平缓外部冲击带来的消费波动。

7.3 货币电子化背景下的居民消费行为和货币政策有效性

货币电子化是随着信息技术和网络经济的快速发展而出现的一种电子货币逐渐替代传统货币的现象和趋势，与之相伴随的货币电子化支付是“互联网＋传统支付”顺应时代发展的产物。近年来，依托新一代信息技术加速发展，货币电子化支付形式更加多样化。货币电子化背景下，居民消费的支付方式正经历从现金再到电子支付的转变。成功的货币电子化系统已经促成了高效率、低成本的交易环境。

当前，相关研究主要从货币乘数(Friedman，2000)、货币流动性(周光友，2010)、货币流通速度(王亮等，2014)、货币政策有效性(BIS，2012)等角度，阐述了货币电子化快速发展对货币供求、中央银行金融监管所产生的深刻影响。虽然他们对货币电子化关注的焦点有所不同，但都肯定了货币电子化对降低交易成本的优势作用。从宏观上看，货币电子化节约了纸质货币的纸张、印制、运输、保管、保险等费用，降低了货币发挥交易媒介和支付手段的直接成本；从微观上看，货币电子化减少了交易者的直接交易费用和等待时间(黄燕君、陈鑫云，2006)。North(1994)认为，货币形式的变化始终与交易成本的降低联系在一起，货币电子化体系的交易成本大约只有纸币交易成本的十分之一。谢平、刘海二(2013)认为，随着货币电子化网络规模效应的凸显，移动支付、银行卡支付等货币电子化的低交易成本优势得到充分发挥，电子支付完全有可能会替代现金支付，被人们在日常消费、劳务交易和债权债务清偿中普遍接受。货币电子化交易成本低这一显著特点，可能会通过以下途径影响居民的消费行为。

一是货币电子化背景下的心理账户效应使冲动消费更容易实现。当所需支付账单只是某个心理账户账单的一小部分时，货币电子化使消费者的价格意识更为模糊，其产生的心理账户损失感受远弱于现金支付产生的实际账户损失感受，因而冲动消费更容易实现(Soman，2002)。Feinberg(1986)发现，使用电子支付的消费者在逛商场时购买更多，在餐馆用餐时给小费更慷慨。饶卫和杨蓬勃(2011)认为现金支付更易于控制消费欲望，货币电子化下的心理账户效应是导致非理性消费行为的一个重要原因。王文祥(2012)认为货币电子化使得居民消费时不仅可以面对面支付，而且可以通过互联网、手机、电话等实现远程支付，不必因为现金携带不足而抑制消费冲动，从而有利于增加随机性消费和计划外消费。

二是货币电子化背景下的电子消费信贷迅猛发展，显著降低了个体金融信贷门槛，大大提高了普通居民的金融服务获得性。陈晓光和张宇麟(2010)引入异质性消费者和异质性厂商的RBC模型，模拟结果表明，信贷约束是我国居民消费波动大于产出波动的一个重要传导机制。万广华等(2001)基于经验数据的实证分析认为，流动性约束和不确定性造成了我国的内需不足，并且两者间的相互作用进一步强化了这种影响。Agarwal & Qian(2014)研究新加坡2011年突然宣布增长分红计划后的消费行为发现，在面临外部收入冲击时流动性约束强的消费者的消费波动更为剧烈。通过对风靡肯尼亚的M-PESA移动支付系统研究认为，M-PESA使得包括偏远地区农民在内的广大民众能够容易地获得金融服务(Mbiti & Weil，2013)，其使用者在面临外部冲击时具有更强的风险分担能力(Jack & Suri，2014)。

三是货币电子化有利于居民通过调整金融资产持有结构、亲友间资金借贷等民间非正式融资来应对收入冲击。货币电子化具有高流动性、低交易成本的特点，不同形式货币之间的替代性增强，不同类型金融资产之间可以迅速低成本地进行相互转化(周光友，2015)。Skoufias(2003)在对俄罗斯家庭金融资产的研究发现，金融资产的这种快速转换能够作为一项重要的应对收入变动的风险管理工具。此外，不少研究者发现亲友间资金借贷等非正式融资是居民应对冲击的一种重要途径，这种情况在金融市场发展不健全的发展中国家尤为普遍(Gertler & Gruber，2002)。寇恩惠、侯和宏(2015)对中国农村居民的微观调查数据研究发现，亲友间的转移支付比财政转移支付更能增强农民平滑消费的能力。而交易成本的下降能明显增加这种非正式融资交易发生的频率(Yang & Choi，2007)。货币电子化支付所具有的低交易成本特点，有利于消费者采取亲友间资金借贷等非正式融资方式来应对外部冲击。

通过以上国内外相关文献梳理发现，货币电子化对传统货币金融理论带来了巨大挑战，虽然相关结论还存在较大争议，但货币电子化在减少交易成本上的优势是毋庸置疑的。正是货币电子化交易成本低的特点，使得心理账户效应导致的冲动消费、居民获得电子消费信贷、民间非正规消费信贷、金融资产之间的快速转换更容易实现，从而使外部冲击下的消费行为更为活跃。基于此，本书以国际清算银行下属支付与结算体系委员会(CPSS)成员国家和地区的跨国面板数据为样本进行实证研究，试图获得货币电子化背景下宏观经济冲击导致消费行为变化的一般规律。

本部分的贡献主要体现在以下两个方面：其一，已有研究主要关注货币电子化对传统货币供求体系的影响，忽视了货币电子化背景下居民消费行为特征变化的研究。货币电子化对货币供求体系的影响本质上要通过经济个体生活方式和支付方式的改变来实现，并且其现实中对人们的支付习惯和消费行为已经产生了广泛且深刻的影响，因此研究货币电子化背景下的居民消费行为特征变化具有重要的理论和实践意义。其二，货币电子化支付具有交易成本低的特征得到已有研究的广泛认同，但目前缺乏基于该特征与消费行为关系的深一步挖掘。本部分强调货币电子化支付的这一特征，并以此为出发点分析货币电子化背景下心理账户效应导致的冲动消费、电子消费信贷和非正规消费信贷、金融资产之间的快速转换等风险规模途径对居民消费行为的影响。居民消费行为的这些变化势必会直接或间接地对经济结构或金融结构产生冲击，从而影响货币政策的执行。因此，对电子货币条件下居民消费行为展开研究，对于提升货币政策有效性具有重要的理论和现实意义。

7.3.1 CPSS 成员货币电子化发展概况

关于货币电子化程度的度量，尚无确定统一的标准。但现实中除了如肯尼亚的移动银行服务(M-PESA)少数外，大多数国家的货币电子化创新都是依附于银行卡电子业务的发展，因此不少研究用银行卡支付金额占个人消费支出的比重(周光友，2009)或者银行卡支付金额占 GDP 的比重(印文、裴平，2015)来反映一国的货币电子化发展水平。CPSS 发布的历年《支付与结算系统统计数据》，就以后一种计算方法数据作为衡量货币电子化程度的指标。目前 CPSS

成员国家和地区共包括23个，分别是澳大利亚、巴西、比利时、韩国、德国、俄罗斯、法国、荷兰、加拿大、美国、墨西哥、南非、日本、瑞典、瑞士、沙特阿拉伯、土耳其、新加坡、意大利、印度、英国、中国香港、中国。这些成员基本上包含了世界上最主要的发达国家和地区，同时也是货币电子化发展程度较高的国家和地区。表7.1列示出了2006、2008、2010、2012、2014年CPSS各成员的银行卡支付金额与GDP的比重数据。

表7.1 CPSS成员货币电子化程度 （单位:%）

国家和地区	2006	2008	2010	2012	2014
墨西哥	3.64	4.38	5.04	6.34	7.52
意大利	8.06	7.45	7.47	7.64	8.81
德国	7.02	6.2	6.55	7.2	8.82
日本	7.01	8.57	7.59	8.68	9.6
瑞士	14.3	14.8	9.67	10.27	10.98
荷兰	13.82	14.62	14.91	15.31	16.52
俄罗斯	1.48	2.82	4.05	8.42	16.88
巴西	9.25	11.1	13.05	15.35	17.54
比利时	14.14	15.25	16.09	17.28	18.4
新加坡	15.26	17.91	17.93	18.75	19.94
印度	8.05	12.57	15.51	18.79	20.53
法国	15.66	17.03	18.19	20.21	20.78
南非	—	—	14.85	17.28	21.86
瑞典	18.47	21.65	22.27	23.03	25.03
土耳其	13.23	17.82	20.05	24.44	26.27
美国	22.16	24.29	24.7	27.35	29.72
澳大利亚	24.22	25.42	26.81	28.13	30.37
加拿大	26.33	28.83	28.4	29.7	30.85
沙特阿拉伯	23.23	24.12	28.22	28.26	32.87
英国	25.86	28.21	29.27	30.69	33.38
韩国	32.12	38.5	36.68	41.45	42.46
中国	8.92	12.57	26.61	40.1	66.59
中国香港	—	—	—	—	—
CPSS均值	15.5	17.2	21.1	23	30.2

数据来源:CPSS发布的历年《支付与结算系统统计数据》。

从各国比较来看，CPSS成员的货币电子化程度各不相同。2014年，墨西哥、意大利、德国和日本的银行卡支付金额与GDP比重仍低于10%；瑞士、荷兰、俄罗斯、巴西和比利时该比重在10%～19%之间；新加坡、印度、法国、瑞典和土耳其该比重在20%～29%之间；美国、澳大利亚、加拿大和英国该比重在30%～39%之间；韩国、中国银行卡支付金额与GDP的比重最高，分别达到了42.46%、66.59%。

从时间跨度来看，CPSS成员的货币电子化发展增速差异较大。早期，美国、澳大利亚、英国、加拿大、韩国这几个发达国家的银行卡支付金额占GDP的比重较高。但在过去十几年里，包括中国在内的一些发展中国家的货币电子化发展迅猛。CPSS成员里，除了土耳其、印度、中国和俄罗斯这几个国家银行卡支付金额与GDP的比重增速明显较快以外，其他国家以年均大约5%的稳定速度增长。其中，土耳其、印度银行卡支付金额与GDP比的重分别从2006年的13.23%、8.05%增长到2014年的26.27%、20.53%。中国、俄罗斯的货币电子化程度发展速度最为迅速，俄罗斯从2006年的1.48%增长到2014年的16.88%；中国从2006年的8.92%增长到2014年的66.59%，成为目前该比重最高的国家。

虽然世界各国货币电子化程度和模式不尽相同，但归结起来都是以高效、便捷为最终目标，其发展趋势主要体现在以下几个方面：一是“卡型”电子货币的多种功能整合。随着货币电子化支付技术的不断完善和成熟，除了银行发行借记卡、信用卡等银行卡以外，其他交通、水电、餐饮消费等各种功能的储值卡发卡机构越来越多，消费者手上的电子卡也越来越多，能够整合多种功能的电子卡受到越来越多使用者的欢迎。未来的“卡型”电子货币不仅有更丰富的支付功能，而且能够涵盖更多社会功能。这种电子卡既可以兼做借记卡、信用卡，又可以作为消费者个人信息存储、各种消费支付功能的重要工具，如韩国的K-Cash和Mybi可以做身份证使用，泰国的SCB Smart Card可以作为员工卡使用。二是“数型”电子货币的迅猛发展。“数型”电子货币在互联网上通过银行账号、信用卡号或购买预付卡进行充值，只需要有账号及密码或手机等终端就可以进行交易。“数型”电子货币的业务领域越来越广，除了能实现传统的消费支付功能、资金在终端用户之间进行转移以外，一些互联网公司根据个人活动数据为自有客户提供所辖业务的信贷支持(如阿里的“花呗”、京东的“白条”),以及专业互联网信贷公司向范围更广的客户群体发放低息贷款(如美国的 AvantCredit),从而通过信用创新大大降低了消费信贷门槛。三是电子支付向远程支付领域发展。早期货币电子化支付仅限于面对面的交易场合,如 POS 机刷卡消费、乘坐公交车等。近几年互联网的广泛普及,尤其是电子商务的快速发展,对货币电子化的远程支付提出了越来越高的要求。这种远程支付通过互联网终端发送支付指令(如网银、电话银行、手机支付等)进行支付,来实现网络购物、移动购物、远程医疗、远程点播服务等。

7.3.2　货币电子化对居民消费行为影响的实证研究

毋庸置疑,货币电子化的快速发展显著降低了经济活动中的资金转移和交易成本。为了检验理论模型的结论,本部分将实证分析不同货币电子化发展程度下宏观冲击对居民消费的影响。根据理论模型的预期,货币电子化程度的提高有利于平缓外部冲击带来的居民消费波动。

1. 门槛模型设定及变量说明

为了避免传统人为分组方法导致的回归结果偏误,本部分采用 Hansen (1996,2000)发展的“面板门槛模型”(Panel Threshold Model),根据数据本身的特点来识别货币电子化程度的区间效应。模型设定如下:

$$CS_{it}=c+\theta CS_{it-1}+\phi PGDP_{it}+\varphi RR_{it}+\beta_1 MS_{it}I(EM_{it}\leqslant\gamma)+\beta_2 MS_{it}I(EM_{it}>\gamma)+\eta_i+\varepsilon_{it} \tag{7.14}$$

其中,模型被解释变量为居民最终消费支出 CS,解释变量包括滞后一期的居民最终消费支出 CS_{t-1},以及前期文献普遍认为对消费产生重要影响的居民收入 $PGDP$ 和人口抚养比 RR 这两个控制变量。此外,面板门槛模型解释变量 MS 为一系列宏观经济冲击变量,包括货币供给冲击 DM、贷款实际利率冲击 LR、通货膨胀冲击 CPI、外需变化冲击 EXP、国际原油价格冲击 POP 和全球流动性冲击 GL。其中前三个为国内宏观冲击,后三个为国外宏观冲击。模型的门槛变量为货币电子化程度 EM,γ 为特定的货币电子化程度门槛值。由于这些宏观冲击变量的相关程度较高,若同时引进计量模型将产生较严重的多重线性问题,因此将它们作为外生冲击的代理变量逐次引入。

货币电子化程度数据来自国际清算银行下属支付与结算体系委员会(CPSS)发布的历年《支付与结算系统统计数据》。考虑到数据的完整性，选取了 2006 年至 2014 年间，除中国香港、沙特阿拉伯和南非这 3 个以外的 20 个成员国家和地区的数据作为样本。其他变量的数据均来源于世界银行的发展指标数据库(Word Development Indicators，WDI)。各变量的具体定义和描述性统计详见表 7.2。回归中对各变量取对数，所得估计系数为被解释变量对解释变量的反应弹性。

表 7.2　变量的统计描述与定义

变量	均值	标准差	最小值	最大值	变量定义
EM	18.31	10.43	1.48	66.59	银行卡支付金额占 GDP 的比重(%)
CS	1 488.26	2 187.94	73.02	11 055.50	消费支出(2010 年不变价十亿美元)
PGDP	34 452.95	19 885.64	1 089.33	75 768.80	人均 GDP(2010 年不变价美元)
RR	48.76	6.74	34.49	62.98	<15 和>64 与 15～64 岁人口之比(%)
LR	4.33	8.46	−15.18	44.03	扣除通货膨胀因素后的贷款利率(%)
DM	11.4	7.73	−4.42	40.58	广义货币增长率(%)
CPI	3.21	2.87	−1.35	14.11	消费物价指数衡量的通货膨胀率(%)
POP	84.99	12.17	66.49	108.23	国际原油价格(2010 年不变价美元)
GL	5.52	10.27	−6.87	87.44	外国直接投资净流入占 GDP 比重(%)
EXP	2.58	6.98	−8.67	30.83	净出口占 GDP 比重(%)

2. 门槛效应检验

建立面板门槛模型是否能反映不同货币电子化程度下宏观冲击对居民消费影响的区间效应，需要进行两个步骤的检验：第一，检验门槛效应是否显著；第二，检验门槛的估计值是否等于真实值。

模型设定式(7.14)中 η_i 用于反映各国家的个体效应，ε_{it} 为随机干扰项，$I(\cdot)$为一指标函数。为了获得参数的估计量，首先要把每个观察值减去其组内平均值以消除个体效应 η_i，如：

$$CS_{it}^{*} = CS_{it} - \frac{1}{T}\sum_{t=1}^{T} CS_{it} \tag{7.15}$$

变换后的模型可表示为：

$$CS_{it}^{*}=c+\theta CS_{it}^{*}+\phi PGDP_{it}^{*}+\varphi RR_{it}^{*}+\beta_1 MS_{it}^{*}I(EM_{it}\leqslant\gamma)+\beta_2 MS_{it}^{*}I(EM_{it}>\gamma)+\varepsilon_{it}^{*} \tag{7.16}$$

采用矩阵形式可以把式(7.16)表示为：

$$CS^{*}=X^{*}(\gamma)\beta+\varepsilon^{*} \tag{7.17}$$

对于给定的门槛值，可以得到式(7.17)中 β 的估计值：

$$\hat{\beta}(\gamma)=[X^{*}(\gamma)'X^{*}(\gamma)]^{-1}X^{*}(\gamma)'CS^{*} \tag{7.18}$$

相应的残差平方和为：

$$S_1(\gamma)=\hat{e}^{*}(\gamma)'\hat{e}^{*}(\gamma) \tag{7.19}$$

其中 $\hat{e}^{*}=CS^{*}-X^{*}(\gamma)\hat{\beta}(\gamma)$ 为残差向量。进一步可最小化式(7.19)中的 $S_1(\gamma)$ 来获得 γ 的估计值：

$$\hat{\gamma}(\gamma)=\underset{\gamma}{\arg\min}S_1(\gamma) \tag{7.20}$$

从而可以得到 $\hat{\beta}=\hat{\beta}(\hat{\gamma})$、残差向量 $\hat{e}^{*}=\hat{e}^{*}(\hat{\gamma})$ 和残差平方和 $\hat{\sigma}^2=\hat{\sigma}^2(\gamma)$。

在得到了参数的估计值之后，可以进行第一步骤即门槛效应是否显著的检验。检验的原假设为 $H_0:\beta_1=\beta_2$，对应的备选假设为 $H_1:\beta_1\neq\beta_2$，检验的统计量为：

$$F=\frac{S_0-S_1(\hat{\gamma})}{\hat{\sigma}^2} \tag{7.21}$$

这里的 S_0 是在原假设 H_0 下得到的残差平方和。在原假设 H_0 下，门槛值 γ 是无法识别的，因此 F 统计量是非标准正态分布的。Hansen 建议采用“自抽样”(Bootstrap)方法来获得 F 统计量的渐进分布，从而可以构造其 P 值。

第二个步骤检验的原假设为 $H_0:\gamma_1=\gamma_2$

$$LR(\gamma)=\frac{S_1(\gamma)-S_1(\hat{\gamma}^{*})}{\hat{\sigma}^2} \tag{7.22}$$

这里的 $LR(\gamma)$ 统计量也是非标准正态分布的，但 Hansen 提供了一个简单的推断方法，即当 $LR(\gamma)\leqslant-2\ln(1-\sqrt{1-\alpha})$ 时，不能拒绝 $\gamma=\hat{\gamma}$ 的原假设(其中 α 为显著性水平)。

根据以上门槛效应的检验方法，检验结果表明在各种冲击对消费的影响中，货币电子化程度 EM 的门槛效应均较为显著。表 7.3 列示出了不同类型冲击下货币电子化程度 EM 的门槛值及其 95%置信区间。例如：在货币供给冲击

DM 对居民消费的影响中，货币电子化程度的门槛值为 6.69，95%置信区间为[6.36，34.47]。从而根据所估计出的门槛值，区分不同货币电子化程度下，货币供给冲击 *DM* 对居民消费的影响。同理可以分析不同货币电子化程度下，贷款实际利率 *LR*、通货膨胀 *CPI*、外需变化 *EXP*、国际原油价格 *POP* 和全球流动性 *FDI* 各种宏观冲击对居民消费的影响。同时，表 7.3 还列示出了在对模型进行估计得到的检验门槛值的 *F* 统计量和采用"自抽样"方法推断的 *F* 临界值。从检验结果来看，在这六种宏观冲击下货币电子化程度 *EM* 的门槛效应都非常显著。在货币供给冲击 *DM*、全球流动性冲击 *FDI* 和外需变化 *EXP* 冲击下，*F* 检验值均在 5%的显著性水平上拒绝了不存在货币电子化程度 *EM* 门槛效应的原假设；在贷款实际利率冲击 *RR*、通货膨胀冲击 *CPI* 和国际原油价格冲击下，*F* 检验值均在 1%的显著性水平上拒绝了不存在货币电子化程度 *EM* 门槛效应的原假设。

表 7.3　货币电子化程度门槛值估计结果和门槛效应检验

国内冲击		货币供给冲击 *DM*	贷款实际利率冲击 *LR*	通货膨胀冲击 *CPI*
EM 门槛值		6.69	6.69	6.00
95%置信区间		[6.36，34.47]	[6.36，10.28]	[5.93，7.46]
门槛 *F* 检验值		10.04**	30.36***	22.54***
F 检验临界值	1%	14.49	17.31	21.98
	5%	9.63	7.17	12.10
	10%	7.07	5.96	9.02
国外冲击		外需变化冲击 *EXP*	国际原油价格冲击 *POP*	全球流动性冲击 *GL*
EM 门槛值		14.44	6.00	6.00
95%置信区间		[11.02，34.47]	[5.93，6.17]	[5.93，34.47]
门槛 *F* 检验值		9.27**	15.22***	12.20**
F 检验临界值	1%	13.22	16.61	13.69
	5%	8.38	10.33	8.34
	10%	6.54	7.34	6.34

注：(1) 计量模型估计通过 Stata11.0 统计软件包完成。(2) 置信区间和临界值均为采用"自抽样"(Bootstrap)反复抽样 300 次得到的结果。

3. 实证结果分析

模型(7.10)的回归结果在表7.4第2—7列给出。估计结果中，滞后一期消费 CS_{t-1}、居民收入 $PGDP$ 和人口抚养比 RR 这三个共同解释变量的估计系数符号在各模型都一致为正，估计结果具有稳健性。其中，滞后一期消费 CS_{t-1} 的估计系数数值都为正，反映出居民消费的惯性作用。具有习惯偏好的家庭其消费不仅取决于当期可能的消费选择，而且受过去消费水平的影响，注重跨期消费的平滑变动。居民收入 $PGDP$ 和人口抚养比 RR 的估计系数符号都为正，表明一国人均收入水平与人口抚养比率的上升都会增加社会消费水平，这与理论上的预期也是一致的。

表7.4 面板门槛模型回归结果

被解释变量:CS		国内冲击			国外冲击		
		货币供给冲击 $MS=M_2$	贷款实际利率冲击 $MS=LR$	通货膨胀冲击 $MS=CPI$	外需变化冲击 $MS=EXP$	国际原油价格冲击 $MS=POP$	全球流动性冲击 $MS=GL$
CS_{-1}		0.57*** (13.90)	0.70*** (21.63)	0.61*** (19.79)	0.65*** (21.52)	0.60*** (16.03)	0.60*** (17.63)
$PGDP$		0.51*** (10.05)	0.35*** (8.43)	0.46*** (11.82)	0.43*** (10.88)	0.47*** (10.58)	0.47*** (11.32)
RR		0.07 (1.18)	0.09* (1.81)	0.08* (1.74)	0.10** (2.10)	0.09* (1.89)	0.08* (1.65)
DM	$EM\leqslant\gamma$	−0.01*** (−2.56)					
	$EM>\gamma$	−0.00 (−0.28)					
LR	$EM\leqslant\gamma$		−0.02*** (−5.66)				
	$EM>\gamma$		0.00 (0.96)				
CPI	$EM\leqslant\gamma$			−0.02*** (−4.11)			
	$EM>\gamma$			0.00 (0.15)			

续表 7.4

被解释变量:CS		国内冲击			国外冲击		
		货币供给冲击 $MS=M_2$	贷款实际利率冲击 $MS=LR$	通货膨胀冲击 $MS=CPI$	外需变化冲击 $MS=EXP$	国际原油价格冲击 $MS=POP$	全球流动性冲击 $MS=GL$
EXP	$EM\leqslant\gamma$				0.01* (1.77)		
	$EM>\gamma$				−0.00 (−0.99)		
POP	$EM\leqslant\gamma$					−0.02*** (−2.40)	
	$EM>\gamma$					−0.01 (−0.86)	
GL	$EM\leqslant\gamma$						−0.03*** (−3.31)
	$EM>\gamma$						−0.00 (−1.04)
常数项		−2.35*** (−5.88)	−1.83*** (−5.33)	−2.27*** (−6.83)	−2.33*** (−6.88)	−2.35*** (−6.85)	−2.36*** (−6.77)
F 检验		608.72***	844.50***	829.54***	797.62***	785.23***	767.24***
R^2		0.97	0.98	0.97	0.97	0.97	0.97
N		126	135	180	180	180	180

(1) 货币供给冲击 *DM*

货币供给冲击 *DM* 是指广义货币 M_2 的增长率。广义货币 M_2 包括交易货币以及定期存款与储蓄存款，其反映出金融市场货币供给的容量约束。根据 M_2 增速可以判断一国货币政策，是经济周期波动的先行指标。回归结果显示，当一国货币电子化程度低于 6.69%时，居民消费 *CS* 对货币供给增长率 *DM* 的反应弹性系数为−0.01；货币电子化程度超过这一水平时，该弹性系数并不显著，此时广义货币供给变化导致的消费波动并不明显。理论上，M_2 增大意味着货币供给量的增加，这很可能会导致社会物价水平的上升，从而使居民消费减少。然而，在货币电子化达到一定程度后，消费者在货币电子化支付心理账户效应下的冲动消费更容易实现，并且他们更容易获得来自各种消费信贷来增加消费率，从而抵消了货币供给增加导致物价水平上升给消费带来的抑制作用。

(2) 贷款实际利率冲击 *LR*

实际贷款利率 *LR* 指扣除了通货膨胀因素之后的贷款利率，是反应经济体资本融资成本的主要指标。在实践中，各国央行通常根据宏观经济环境主动或被动地调整贷款利率，贷款利率与产出、*CPI* 等关键宏观经济变量相互作用，因此许多文献将贷款利率作为一个非常重要的价格型货币政策变量（陈浪南、田磊，2014）。回归结果显示，当一国货币电子化程度低于 6.69%时，居民消费 *CS* 对实际贷款利率冲击 *LR* 的反应弹性系数为－0.02；货币电子化程度超过这一水平时，该弹性系数并不显著，此时贷款实际利率变化导致的消费波动并不明显。贷款实际利率上升意味着经济体融资成本的上升，投资需求和消费需求受到抑制，从而导致居民消费减少。而货币电子化程度的提高有利于经济个体通过调整金融资产持有结构、亲友间资金借贷等民间非正式融资来应对外部冲击。与此同时，与货币电子化相伴随的电子消费信贷迅猛发展，显著降低了消费信贷门槛，大大提高了普通居民的金融服务获得性，使得贷款实际利率上升对消费需求的抑制作用减弱，从而促进居民消费的平稳性。

(3) 通货膨胀冲击 *CPI*

通货膨胀 *CPI* 对消费的影响既有正面的也有负面的。一方面，合理的提高通胀可以促进高增长和高收入，从而有利于驱动消费；另一方面，与通货膨胀伴随的物价水平上升，降低居民消费信心，导致储蓄率增高，消费减少。回归结果显示，当一国货币电子化程度低于 6.00%时，居民消费 *CS* 对通货膨胀冲击 *CPI* 的反应弹性系数为－0.02；货币电子化程度超过这一水平时，该弹性系数并不显著，此时通货膨胀冲击导致的消费波动并不明显。这表明通货膨胀给居民消费带来的负面影响占主导地位，物价水平的上升使得居民的消费成本随之上升，消费需求降低。而由于货币电子化支付交易成本低的特点，通过心理账户效应、电子消费信贷和非正规信贷等途径给居民的平稳消费带来促进作用。

(4) 外需变化冲击 *EXP*

在外需变化、国际大宗商品价格和境外流动性这三个外部冲击渠道中，外需变化是引发其他两方面外部冲击的基础因素（纪敏，2009）。这是由于国内进口的相当一部分是为了满足外需，这在长期处于以加工贸易为主的贸易顺差国家体现得尤为充分。并且，外需是引起贸易顺差和国内产出缺口的基本因素，并进一步会对资本项目变动产生间接影响。回归结果显示，当一国货币电子化程度低于14.43%时，居民消费*CS*对外需变化冲击*EXP*的反应弹性系数为0.01；当货币电子化程度超过这一水平时，该弹性系数并不显著，此时外需变化冲击导致的消费波动并不显著。这表明外需增加带来的出口贸易增加有利于提高居民收入和消费，而货币电子化程度的提高有利于修复这种冲击，通过电子消费信贷、非正规信贷等途径缓解居民收入和消费的波动。

(5) 国际原油价格冲击*POP*

石油价格变化被认为是影响一国宏观经济重要的外部冲击因素。国际原油价格的上涨会增加以其为投入原料的企业生产成本，这除了导致产量降低的总供给冲击外，还可能会减少家庭实际可支配收入，减少或推迟能源消耗型耐用消费品的购买，降低消费水平，从而造成总需求冲击(Cunado & Gracia, 2003)。对于中国而言，随着对外开放程度的不断提高，对进口石油的依赖性显著，国际油价对中国宏观经济的影响也不断加强。回归结果显示，当一国货币电子化程度低于6%时，居民消费*CS*对国际原油价格冲击*POP*的反应弹性系数为−0.02；货币电子化程度超过这一水平时，该弹性系数并不显著，此时国际原油价格冲击导致的消费波动并不明显。这表明国际原油价格上涨确实会带来消费下降的总需求冲击，但货币电子化程度的提高会弱化这种影响。在高度的货币电子化程度下，更广泛的电子消费信贷和非正规信贷可以有效缓解国际原油价格上涨带来的产出和收入下降，从而有利于促进居民的平稳性消费。

(6) 全球流动性冲击*GL*

在开放经济中，货币供给冲击除了考虑国内货币供给变化以外，国际流动性也是货币供给冲击渠道的重要方面。全球流动性过多意味着大量国外资本流入，形成基础货币投放中外汇占款的大量增加，这种全球流动性很可能会转化为国内市场上的流动性，使得物价上涨，从而导致居民消费的降低。此外，对于一些流动性过剩尤其是极度依赖国外资本投资的国家和地区，其资本在GDP分配中往往处于支配地位，而工资占比相应过低，从而不利于消费的提升。回归结果显示，当一国货币电子化程度低于6%时，居民消费*CS*对全球流动性冲击*GL*的反应弹性系数为−0.03；货币电子化程度超过这一水平时，该弹性系数并不显著，此时全球流动性冲击导致的消费波动并不显著，表明货币电子化程度的提高有利于降低全球流动性冲击对居民消费的这种负面影响。

综合上述分析表明，货币供给、贷款实际利率和通货膨胀国内冲击，以及外需变化、国际原油价格和全球流动性国外冲击，均会对国内居民消费产生影响，货币电子化程度的提高有利于缓解这些冲击导致的消费波动。这是由于货币电子化支付具有交易成本低的重要特点，在心理账户效应导致的冲动消费、低门槛的电子消费信贷获取、频繁的非正规信贷活动下，居民在面临各种国内外宏观冲击下仍能更好地维持消费的稳定性和活跃性。

4. 稳健性检验

为检验面板门槛模型结论的稳健性，本部分建立以下模型进行进一步的检验：

$$CS_{it}=c+\theta CS_{it-1}+\varphi PGDP_{it}+\varphi RR_{it}+\omega_1 MS_{it}+\omega_2 MS_{it}*EM+\eta_i+\varepsilon_{it} \tag{7.23}$$

与建立面板门槛模型的目的一样，为了考虑在不同货币电子化程度下宏观经济冲击对居民消费的影响，模型(7.23)中引入了宏观经济冲击 MS 与货币电子化程度 EM 的交互项 $MS*EM$。引入交互项的模型可以反映变量间的交互效应(Interaction Effect)，即被解释变量对一个解释变量的偏效应(或称半弹性)取决于另一个解释变量的大小。模型(7.19)中消费 CS 对宏观经济冲击 MS 的偏效应(保持所有其他变量不变)为：

$$\frac{\Delta CS}{\Delta MS}=\omega_1+\omega_2 EM \tag{7.24}$$

上式意味着消费 CS 对宏观经济冲击 MS 的偏效应不仅取决于宏观冲击 MS 系数 ω_1 的大小，而且还与货币电子化程度 EM 及其相应系数 ω_2 的符号和大小有关。假如本模型的估计结果中 ω_1 与面板门槛模型(7.14)的估计结果 β_1 的系数符号相同，且 ω_1 与 ω_2 的系数符号相反，表明随着货币电子化程度的提高，宏观经济冲击 MS 对消费 CS 的影响作用将会减弱，从而也就能验证面板门槛模型结论的稳健性。

对模型(7.23)的估计结果如表7.5所示。从检验结果来看，如果不考虑显著性水平问题，面板门槛模型的基本结论在这并未发生实质性变化，说明面板门槛模型及其估计和检验结论具有稳健性。具体而言，货币供给冲击 M_2、贷款

实际利率冲击 LR、通货膨胀冲击 CPI、国际原油价格冲击 POP 和全球流动性冲击 FDI 均会对国内居民消费产生负面影响，外需变化冲击 EXP 对国内居民消费产生正面影响，但随着货币电子化程度 EM 的提高，这些宏观经济冲击对消费的影响减弱。但可以看到，除了实际贷款利率冲击 LR 和通货膨胀冲击 CPI 以外，其他冲击变量的系数及其与货币电子化程度交互项的系数都不是显著的。这是由于简单的交互项处理并不能根据数据本身的特点来识别货币电子化程度的区间效应，这也正是选择建立面板门槛模型进行分析的原因。

表 7.5　面板门槛模型回归结果

被解释变量:CS	国内冲击			国外冲击		
	货币供给冲击 $MS=M_2$	贷款实际利率冲击 $MS=LR$	通货膨胀冲击 $MS=CPI$	外需变化冲击 $MS=EXP$	国际原油价格冲击 $MS=POP$	全球流动性冲击 $MS=GL$
CS_{-1}	0.59*** (12.74)	0.69*** (20.44)	0.62*** (18.99)	0.66*** (20.50)	0.62*** (14.27)	0.64*** (20.21)
PGDP	0.47*** (9.28)	0.35*** (7.55)	0.44*** (10.85)	0.42*** (10.40)	0.44*** (9.66)	0.44*** (10.61)
RR	0.08 (1.29)	0.08 (1.53)	0.08* (1.73)	0.10** (1.99)	0.07 (1.41)	0.07 (1.33)
M_2	−0.01 (−0.96)					
M_2*EM	0.01 (0.92)					
LR		−0.03*** (−4.40)				
$LR*EM$		0.01*** (3.73)				
CPI			−0.01** (−2.15)			
$CPI*EM$			0.01** (2.18)			
EXP				0.01 (1.38)		
$EXP*EM$				−0.00 (−1.46)		

续表 7.5

被解释变量:CS	国内冲击			国外冲击		
	货币供给冲击 $MS=M_2$	贷款实际利率冲击 $MS=LR$	通货膨胀冲击 $MS=CPI$	外需变化冲击 $MS=EXP$	国际原油价格冲击 $MS=POP$	全球流动性冲击 $MS=GL$
POP					−0.01 (−0.95)	
POP * *EM*					0.00 (0.86)	
GL						−0.01 (−1.13)
GL * *EM*						−0.00 (−1.33)
常数项	−2.19*** (−5.20)	−1.62*** (−4.32)	−2.19*** (−6.26)	−2.34*** (−6.47)	−2.09*** (−5.38)	−2.25*** (−6.39)
F 检验	562.34	766.12	750.19	735.56	730.13	737.65
R^2	0.97	0.98	0.97	0.96	0.96	0.96
N	126	135	180	180	180	180

5. 实证结论及启示

本部分以国际清算银行下属支付与结算体系委员会(CPSS)成员国家和地区的跨国面板数据为样本,对不同货币电子化发展程度下宏观冲击对居民消费的影响进行了实证研究,可以得出以下结论及启示:

第一,货币电子化背景下的居民消费行为更为活跃。货币电子化具有高效率、低交易成本的显著优势。在心理账户效应下,货币电子化支付使消费者的价格意识更为模糊,冲动消费更容易实现。与货币电子化相伴随的电子消费信贷迅猛发展,显著降低了消费者的金融信贷门槛,大大提高了普通居民的金融服务获得性。并且,货币电子化支付交易成本低,有利于居民通过调整金融资产持有结构、亲友间资金借贷等民间非正式融资来应对收入冲击。

第二,货币电子化有利于降低宏观冲击带来的居民消费波动。通过建立同质的经济个体形成信息完全对称的网络金融市场微观理论模型发现,随着资金转移交易成本的下降,经济个体间的资金转移和交易行为更为频繁,从而更有利于平缓外部冲击带来的居民消费波动。在实证分析中,用 CPSS 成员中 20 个国家和地区在2007—2014年间的跨国面板数据，在控制了收入、人口抚养率等传统变量的前提下，建立面板门槛模型分别对不同货币电子化程度下，国内货币供给冲击、贷款实际利率冲击和通货膨胀冲击，以及外需变化冲击、国际原油价格冲击和全球流动性冲击带来的居民消费变化进行了实证检验。结果表明，各种宏观经济冲击带来的消费变化中，货币电子化程度的门槛效应都显著存在，货币电子化程度的提高有利于缓解这些冲击导致的消费波动。

本部分的研究结论为扩大内需政策创新提供了新思路。在风险把控的前提下，应积极为货币电子化的创新发展营造良好的发展环境，通过货币电子化推动金融服务业的转型升级，从而为促进消费的活跃性提供保障。货币电子化给人们的消费生活带来了极大的方便，业务领域已经逐渐从线上拓展到线下实体部门，现实中消费者已经对电子货币具有较强的接受意愿。行政主管部门应加快建立货币电子化发展的政策法规，加快推进货币电子化交易的终端普及和技术创新，构建安全、高效的消费环境。尤其要鼓励电子消费信贷的发展，降低金融服务的门槛，以此为契机加大对于低收入阶层的金融优惠政策支持，引导广大居民增加消费信贷需求，培养信用消费习惯。

从微观的角度而言，货币政策的执行效果实质上是由各经济主体的行为综合决定的。居民作为一国经济活动的重要微观主体，势必对货币政策的有效执行产生重要影响。货币政策要想达到预期的目标，离不开居民消费行为的配合。鉴于货币电子化有利于降低宏观冲击带来的居民消费波动，货币电子化在某种程度上可以降低货币政策最终目标的实现难度，提高货币政策有效性。基于此，宏观经济冲击预测和货币政策执行过程中，应充分考虑货币电子化产生的影响。通过建立规范的货币电子化统计监测体系和数据披露标准，对货币电子化规模、资金流向等数据进行实时监测，从而对货币电子化行业方向及其影响有准确全面的把握。

7.4 本章小结

本章研究了货币电子化、居民消费行为和货币政策有效性之间的关系。从微观的角度而言，货币政策的执行效果实质上是由各经济主体的行为综合决定的。居民作为一国经济活动的重要微观主体，势必对货币政策的有效执行产生重要影响，货币政策要想达到预期的目标，离不开居民消费行为的配合。本章首先对居民消费行为的相关理论进行了回顾，接着通过建立一个理论模型分析了在面临宏观经济冲击时，货币电子化带来的交易成本下降对居民消费行为的影响，结果表明，货币电子化背景下的居民消费行为更为活跃。货币电子化具有高效率、低交易成本的显著优势。在心理账户效应下，货币电子化支付使消费者的价格意识更为模糊，冲动消费更容易实现。与货币电子化相伴随的电子消费信贷迅猛发展，显著降低了消费者的金融信贷门槛，大大提高了普通居民的金融服务获得性。并且，货币电子化支付交易成本低，有利于居民通过调整金融资产持有结构、亲友间资金借贷等民间非正式融资来应对收入冲击。货币电子化有利于降低宏观冲击带来的居民消费波动。通过建立同质的经济个体形成信息完全对称的网络金融市场微观理论模型发现，随着资金转移交易成本的下降，经济个体间的资金转移和交易行为更为频繁，从而更有利于平缓外部冲击带来的居民消费波动。在实证分析中，本书用CPSS成员中20个国家和地区在2007—2014年间的跨国面板数据，在控制了收入、人口抚养率等传统变量的前提下，建立面板门槛模型分别对不同货币电子化程度下，国内货币供给冲击、贷款实际利率冲击和通货膨胀冲击，以及外需变化冲击、国际原油价格冲击和全球流动性冲击带来的居民消费变化进行了实证检验。结果表明，各种宏观经济冲击带来的消费变化中，货币电子化程度的门槛效应都显著存在，货币电子化程度的提高有利于缓解这些冲击导致的消费波动。鉴于货币电子化有利于降低宏观冲击带来的居民消费波动，货币电子化在某种程度上可以降低货币政策最终目标的实现难度，提高货币政策有效性。

第8章 结论和政策建议

货币电子化过程中，电子货币对传统的现金货币产生大量替代，银行系统的电子支付清算逐渐替代了传统的现金支付结算。电子货币这种以崭新技术支撑的货币形式给人们带来了全新的感受与便利，同时也给传统的货币金融理论带来了前所未有的挑战，对货币政策有效性的冲击尤为明显。本书从货币电子化对货币政策影响的理论分析入手，将电子货币引入货币政策有效性的理论分析框架，通过实证方法分析了货币电子化对货币需求、货币供给、通货膨胀、货币政策传导机制和居民消费行为的影响，系统性地揭示了货币电子化和货币政策有效性之间的相互关系和内在机理，初步得出了基本结论，并在此基础上提出了几点政策建议。

8.1 基本结论

第一，随着货币电子化的快速发展，电子货币对货币需求产生了较大的影响：货币电子化通过改变货币需求的目标变量及函数中的各个决定变量、微观主体的货币需求动机和货币流通速度降低了货币需求的稳定性，从而降低了货币政策有效性。通过实证分析，本书认为货币电子化对我国的货币流通速度有着明显的影响。进一步分析发现，我国电子货币对现金和活期存款的替代产生了两个明显的效应：一是替代加速效应，即电子货币对现金和活期存款的替代的同时加快了它们作为支付手段的流通速度；二是替代转化效应，即电子货币在对现金和活期存款产生替代的同时，不仅加快了 M_0、M_1 和 M_2 之间的转化速度，而且有使现金和活期存款向高层次货币形式转化的趋势，由于高层次货币形式流动性弱，因此这种效应降低了货币流通速度。货币电子化对货币流通速度的影响取决于这两个效应的大小。本书的实证结果表明，我国电子货币对现金和活期存款(M_1)的替代转化效应强于替代加速效应，而对现金(M_0)的替代加速效应强于替代转化效应。由此可以推知，我国电子货币对活期存款的替代转化效应必定强于替代加速效应。当前我国仍处于货币电子化发展的初级阶段，电子货币主要对现金和活期存款产生替代。本书实证结果表明，货币电子化整体上降低了我国的货币流通速度。从许多金融创新程度非常高的欧美国家的经验来看，货币流通速度都经历了先下降后上升的过程。当前我国电子货币对活期存款的替代加速效应还比较低，随着我国货币电子化的进一步发展，电子货币对活期存款的替代加速效应会进一步增大，到那时电子货币将会加快我国的货币流通速度，从而使现金流通速度 V_0、狭义货币流通速度 V_1 和广义货币流通速度 V_2 的变化特征都呈 V 字形。

第二，电子货币具有高流动性、低转化成本和虚拟性的特点，其对传统货币的替代给传统划分货币层次的理论前提带来了前所未有的挑战。一方面，货币电子化缩小了不同金融资产之间的流动性差异;另一方面,货币电子化使不同金融资产之间的替代性增强,并淡化了各层次货币之间的界限。这都加大了货币电子化背景下对货币层次进行划分的难度。此外,货币电子化使得我国的货币供给量和货币供给结构发生了明显的变化。货币电子化对货币供给的影响主要是通过影响货币乘数来实现的。对近年来我国各层次货币乘数和货币电子化变化趋势的分析发现,货币电子化和货币乘数具有显著的相关关系。货币电子化的快速发展对货币乘数具有双重作用,一方面,电子货币通过替代现金并使其部分转化为活期存款降低现金漏损率,从而使货币乘数增大;另一方面,电子货币结算规模的扩大会使商业银行增加用于结算的储备金,这会通过提高存款准备金率使货币乘数减小。本书的实证结果表明,我国货币电子化降低现金漏损率使货币乘数增大的作用要弱于其提高存款准备金率使货币乘数减小的作用。与此同时,传统货币乘数的影响因素也仍旧在发挥着明显作用。货币电子化降低了现金漏损率,提高了我国商业银行的存款准备金率,这分别使货币乘数上升和下降。和西方国家相比,虽然我国还处于货币电子化发展的初级阶段,但是近年来电子货币用于交易媒介的程度已越来越高并呈加速发展的趋势,这大大提高了商业银行的存款准备金率并使当前我国的货币乘数出现了小幅度的下降。

第三,将电子货币引入通货膨胀形成机制的理论分析框架发现,货币电子化通过改变货币供求结构和货币流通速度来影响通货膨胀。进一步分析表明,近年来随着我国电子货币交易额的快速增长,货币电子化减小了货币乘数效应,这在基础货币给定的基础上减小了货币供给增长率。而货币电子化使货币需求对收入的敏感性减弱以及对利率的敏感性增强使货币需求的增长率也减小。通货膨胀率的变化取决于货币供给增长率和货币需求增长率减小的程度,即如果货币需求增长率减小的程度大于货币供给增长率减小的程度,则通货膨胀率上升;相反,则通货膨胀率下降。通货膨胀率还取决于货币流通速度的变化,货币流通速度会对通货膨胀产生正向的影响。本书的实证结果表明,我国货币电子化的通货膨胀效应显著存在。从长期来看,首先,货币电子化通过使货币乘数下降而提高了我国的通货膨胀率。这说明相对于货币供给增长率减小的程度,电子货币使货币需求增长率减小的程度更大。这意味着,在我国,电子货币的广泛使用大大降低了交易成本,使不同金融资产之间的转换变得高效快捷,这样人们减少了现金持有并可以灵活地根据利率的变化进行跨市场投机,由此导致的货币需求对收入的敏感性减弱以及对利率的敏感性增强大大降低了我国货币需求的增长率。其次,货币电子化引起的货币流通速度的下降降低了我国的通货膨胀率。但是,我国的货币流通速度的下降并非是无止境的,货币电子化的进一步发展必将加速我国的货币流通速度,那时货币流通速度的上升将会加速我国的通货膨胀。最后,从短期来看,货币电子化引起的货币乘数下降降低了通货膨胀率,这与长期的结果不同,长期中货币电子化引起的货币乘数下降提高了通货膨胀率。这是因为在短期,货币电子化使货币乘数减小从而降低货币供给的增长率可以快速实现,而货币电子化使货币需求对收入的敏感性减弱以及对利率的敏感性增强是通过改变人们的行为实现的,而人们行为的改变有一定的滞后性,因此货币电子化降低货币需求增长率的过程需要一定的时间来实现,短期内效果并不明显。

第四,货币电子化对货币政策的传导机制产生了明显的影响。首先,货币电子化对中央银行的一般性货币政策工具产生了明显的影响,并弱化了它们的作用和效果。货币电子化通过减小法定准备金率政策的作用和准备金计提基数而降低了中央银行存款准备金政策的主动性和效率。货币电子化使得中央银行在实施再贴现政策时变得更加被动,再贴现政策的效果也被削弱了。但是,再贴现政策并不会完全失效。货币电子化使中央银行公开市场业务的操作过程和作用变得更加复杂,公开市场业务的主动性、灵活性降低,而时效性增强。其次,一方面,货币电子化给传统的货币供给量的定义与统计带来强烈冲击,弱化了货币供给量这一指标的可测性;另一方面,电子货币供给主体变得多样化和分散化,货币乘数变得极其不稳定,货币供给和货币需求的运行规律也发生了改变,这弱化了货币供给量这一指标可控性和相关性。这两方面都降低了我国货币政策中介目标的有效性。最后,货币电子化使货币政策的传导渠道变得更加复杂。在货币电子化背景下,公司获得资金的渠道日益增加,货币政策资产负债表渠道的效用逐渐减弱。货币电子化背景下,商业银行可以快速、便捷地远程融通资金,其资金来源的渠道更加多样化,这使得中央银行对商业银行的信用控制能力下降,货币政策银行贷款渠道的效用逐渐减弱。货币电子化使得实际投资的利率弹性减弱，中央银行通过调整利率来调控实际投资的货币政策有效性会降低。在传统条件下，中央银行依赖对基础货币的垄断权，通过吞吐基础货币来调节利率，但电子货币发行主体的多元化导致了不同类型的电子货币不断出现，这对中央银行基础货币供应的垄断地位形成冲击，从而削弱了中央银行依靠吞吐基础货币来改变利率的能力。货币电子化对利率造成冲击并降低了利率水平。中央银行对利率调控能力的下降使得货币政策的利率传导机制作用大打折扣。货币电子化会对货币供给量造成冲击，主要表现为电子货币使货币供给量增加，这降低了当前我国货币政策中介目标的效果，增大了央行通过货币政策工具调控宏观经济的难度。货币电子化对通货膨胀率的冲击是不显著的。本书认为原因是：一方面，电子货币对货币供给量的冲击不具有长期效应，初始正向冲击较强，而后迅速衰减下去。在长期条件下，电子货币对货币供给增长率的降低作用变得非常微弱，在货币需求增长率降低的前提下，通货膨胀率的变化并不明显；另一方面，电子货币降低了实际投资的利率弹性，提高了金融投资的利率弹性，但由于我国电子货币的发展水平还不高，这两种利率弹性的改变还不足够大。

第五，从微观的角度而言，货币政策的执行效果实质上是由各经济主体的行为综合决定的。居民作为一国经济活动的重要微观主体，势必对货币政策的有效执行产生重要影响。货币政策要想达到预期的目标，离不开居民消费行为的配合。一方面，货币电子化背景下的居民消费行为更为活跃。货币电子化具有高效率、低交易成本的显著优势。在心理账户效应下，货币电子化支付使消费者的价格意识更为模糊，冲动消费更容易实现。与货币电子化相伴随的电子消费信贷迅猛发展，显著降低了消费者的金融信贷门槛，大大提高了普通居民的金融服务获得性。并且，货币电子化支付交易成本低，有利于居民通过调整金融资产持有结构、亲友间资金借贷等民间非正式融资来应对收入冲击。另一方面，货币电子化有利于降低宏观冲击带来的居民消费波动。通过建立同质的经济个体形成信息完全对称的网络金融市场微观理论模型发现，随着资金转移交易成本的下降，经济个体间的资金转移和交易行为更为频繁，从而更有利于平缓外部冲击带来的居民消费波动。在实证分析中，本书用 CPSS 成员中 20 个国家和地区在 2007—2014 年间的跨国面板数据，在控制了收入、人口抚养率等传统变量的前提下，建立面板门槛模型分别对不同货币电子化程度下，国内货币供给冲击、贷款实际利率冲击和通货膨胀冲击，以及外需变化冲击、国际原油价格冲击和全球流动性冲击带来的居民消费变化进行了实证检验。结果表明，各种宏观经济冲击带来的消费变化中，货币电子化程度的门槛效应都显著存在，货币电子化程度的提高有利于缓解这些冲击导致的消费波动。鉴于货币电子化有利于降低宏观冲击带来的居民消费波动，货币电子化在某种程度上可以降低货币政策最终目标的实现难度，提高货币政策有效性。

8.2 政策建议

根据本书所得结论可知，电子货币这种以崭新技术支撑的货币形式给人们带来了全新的感受与便利，同时也给传统的货币金融理论带来了前所未有的挑战，对货币政策有效性的冲击尤为明显。货币电子化对中央银行提出了新的挑战，中央银行必须积极地顺应时代的潮流，实施科学合理的应对措施，以此来应对电子货币时代我国货币政策遭受的冲击，从而提高货币政策有效性。根据本书所讨论的货币电子化对中央银行和货币政策所带来的冲击和影响，在此提出提高我国货币政策有效性的政策建议。

8.2.1 货币电子化背景下我国货币政策工具的选择

货币电子化对中央银行的一般性货币政策工具的作用和效果产生了明显的影响。首先，货币电子化通过减小法定准备金率政策的作用和准备金计提基数而降低了中央银行存款准备金政策的主动性和效率；其次，货币电子化使中央银行在实施再贴现政策时变得更加被动，再贴现政策的效果也被削弱；最后，货币电子化使中央银行公开市场业务的操作过程和作用变得更加复杂，公开市场业务的主动性、灵活性降低，而时效性增强。

当中央银行有购买或出售有价证券的意向时，货币电子化可以保证交易在更短的时间内完成。货币电子化使公开市场业务操作的作用时滞大大缩短，其可以更加快捷地吞吐基础货币，对货币供给的调节变得更为实时有效。比如，当大量“电子热钱”涌入或者外汇市场急剧变动时，中央银行可以适时地进行公开市场业务操作来调动大量的资金进行“对冲”操作，否则本国的利率和汇率可能会遭受较大冲击。因此，在货币电子化背景下，三大货币政策工具相比较而言，公开市场业务操作仍是最优的日常操作的货币政策工具。

8.2.2 货币电子化背景下我国货币政策中介目标的选择

近年来我国货币电子化发展势头迅猛，电子货币的广泛使用给传统的货币供给量的定义与统计带来强烈冲击，从而弱化了货币供给量这一中介目标的可测性；此外，电子货币供给主体变得多样化和分散化，货币乘数变得极其不稳定，货币供给和货币需求的运行规律也发生了改变，这弱化了我国货币供给量这一中介目标的可控性和相关性，降低了我国货币政策中介目标的有效性。为此，可以从两个方面采取应对举措。

一方面，加强对电子货币的统计与监测。第一，中央银行应完善对电子货币的统计机制，提高电子货币的可测性；第二，通过相关的法律法规来建立严格的电子货币发行条件制度，对达不到法定发行标准的主体不得享有电子货币发行权，以此来提高电子货币的发行质量；第三，中央银行应加强对电子货币发行主体的监管，防止电子货币滥发而导致中央银行铸币税收入和资产负债规模缩减。这样一来，货币电子化对我国货币供给量这一货币政策中介目标的影响便可以通过计量模型加以模拟和测度，这有利于提高货币供给量的可测性、可控性和相关性，从而提高货币政策中介目标的有效性。

另一方面，建立一套货币供给量和社会融资规模、利率等多指标相协调的中介目标体系。货币电子化弱化了我国货币供给量这一货币中介目标的可测性、可控性和相关性，导致我国货币政策中介目标的有效性大大减弱。在此背景下，中国人民银行于 2011 年首次公布了社会融资规模这一指标，社会融资规模全面反映了我国金融与经济的关系，和货币供给量相比，其与主要经济指标具有更强的关联性，我国宏观政策调控正逐步尝试将其作为货币政策的中介目标，这是一种探索和创新，符合我国融资结构的变化和金融宏观调控的市场化方向。此外，通胀率、货币市场利率等可以作为我国货币政策中介目标的重要参考。只要商业银行在金融业中仍居于主导地位，货币供给量就仍可作为我国货币政策的中介目标之一。

8.2.3 货币电子化背景下我国货币政策操作方式的调整

电子货币作为一种新型支付工具，其使用范围和领域正在以惊人的速度扩张，货币电子化改变了人们的支付方式和消费理念，对传统的货币金融理论也造成了强烈的冲击。目前来看，货币电子化降低了我国货币政策的有效性，削弱了国家对经济的宏观调控能力。这就需要中央银行逐步调整货币政策的操作方式，以确保电子货币时代我国能有一个稳定、健康发展的货币体系。

第一，中央银行可以与商业银行等发行机构竞争发行电子货币。目前国际上对电子货币发行主体这一金融监管对象的认识还存在较大分歧。美联储允许非银行机构发行电子货币，因为非银行机构发行电子货币的高成本会使他们必须开发安全性高的产品，而且非银行机构并不会对银行造成威胁，这是由于银行有良好的声誉，相比较非银行机构发行的电子货币，人们更加信赖当地银行发行的电子货币；欧洲货币机构工作小组则认为，由主管部门所监管的信贷机构才可以发行电子货币。例如，欧洲货币基金组织（EMI）指出：电子货币发行者收取的资金应视为银行存款，原则上只允许金融机构发行电子货币。欧盟成员德国在对“信用制度法”的修正案中规定：所有电子货币的发行均只能由银行办理；在我国，银行卡的发行者仅限于商业银行，对于银行卡之外的其他种类电子货币，则没有相关的法律规定。针对目前我国货币电子化的发展现状和对货币政策有效性的影响，中央银行可以考虑发行电子货币，但不要像纸币那样垄断发行，中央银行可以与商业银行和其他发行机构一起竞争发行电子货币，与此同时，需要建立一个完善的电子货币发行、交易的流量监测和统计机制，保证电子货币的发行是合法的、可控制的。这样有两个好处：一方面，中央银行可以增加铸币税收入，更好地控制货币供给量，从而提高货币政策有效性；另一方面，由于中央银行发行的电子货币在信誉和可最终兑付性上更加可靠，这会促使商业银行和其他发行机构不断进行创新并提高其发行的电子货币的性能和安全性，从而更加有利于电子货币的普及和发展。

第二，中央银行可以对电子货币收缴法定准备金。目前，大多数国家对电子货币并没有法定准备金要求，主要按现行金融法规对其进行管理。由于我国还没有纯粹意义上的电子货币，我国仅就商业银行发行的电子货币等同于存款而对其收缴法定存款准备金，对其他机构发行的电子货币则没有法定准备金要求，这种不统一的政策会使储备系统的资源分配产生扭曲。因此，我国中央银行可以考虑对所有类型电子货币制定法定准备金率，这样可以提高整体的准备金规模，更加有利于中央银行对货币供给量进行控制，提高货币政策有效性，而且对不同类型电子货币一视同仁，可以使储备系统产生的资源分配的扭曲最小化。由于不同的电子货币发行主体的风险系数和管理的难易程度是不同的，中央银行还可以针对不同的电子货币发行主体制定不同的法定准备金率。比如，对商业银行发行的电子货币可以制定与活期存款相近的法定准备金率，而对于企业、大型超市等发行的电子货币，由于其信用和安全性不及商业银行，中央银行应对其制定更高的法定准备金率，以限制其信用的扩张。此外，对准备金支付利息来提前消除电子货币发行主体规避准备金的行为也值得考虑。

第三，中央银行应加强国际间货币政策的协调和沟通。电子货币具有高流动性、低交易成本和虚拟性的特点，其支付和流通可以通过互联网在全球范围内快速地实现，电子货币的全球一体化是一种必然趋势。电子货币的全球一体化使得各国货币政策的外溢效应明显增加。由于当前对电子货币还缺乏有效的监控和跟踪技术，电子货币的全球一体化趋势必然会带来巨大风险，并且这种风险会有很强的传递性，危害会很大，因此未来的金融监管需要各国的通力合作才能完成。由于不同的国家电子货币的发行主体并不相同，不同的电子货币发行主体的风险系数和管理的难易程度也是不同的，而且不同的国家对电子货币实行的法律政策也不一样，这造成了电子货币在不同国家的存在形式不同，电子货币对现金的替代程度不同，因此各个国家的货币电子化对货币政策有效性的影响也不一样。在此背景下，各个国家的中央银行以后在制定货币政策的时候，必须加强彼此间的协调和沟通，这不但可以避免有的国家通过电子货币规避货币政策效应，造成巨额资金外逃，产生金融动荡等问题，而且可以提高货币政策有效性。

参考文献

中文文献

[1] 巴曙松. 中国货币政策有效性的经济学分析[M]. 北京:经济科学出版社,2000.

[2] 边卫红. 电子货币流通对中央银行的影响[J]. 河北大学学报(哲学社会科学版),2001(04):50 - 63.

[3] 曹协和,刘春梅,范静. 我国电子货币发展的风险与对策[J]. 南方金融,2009(01):61 - 63.

[4] 曹亚廷. 调整后的基础货币变化对货币乘数的影响[J]. 郑州航空工业管理学院学报,2006(06):66 - 68.

[5] 陈雨露,边卫红. 电子货币发展与中央银行面临的风险分析[J]. 国际金融研究,2002(01):53 - 58.

[6] 褚俊虹,王琼,陈金贤. 货币职能分离及其在电子货币环境下的表现[J]. 财经研究,2003(08):3 - 8.

[7] 戴国强. 货币银行学[M]. 上海:上海财经大学出版社,2001.

[8] 邓巍. 关于电子货币发展及其安全控制的思考[J]. 财经论坛,2007(09):394 - 395.

[9] 董昕,周海. 网络货币对中央银行的挑战[J]. 经济理论与经济管理,2001(07):21 - 25.

[10] 方阳娥,张慕濒. 理论有效性与实施有效性:西方货币政策有效性理论述评

[J]. 经济评论,2006(02):95－103.
[11] 冯晴. 论中国银行卡市场金融创新[J]. 国际金融研究,2003(05):56－61.
[12] 甘元玲,谭建春. 电子货币的发展对货币流通速度的影响[J]. 重庆师范大学学报(自然科学版),2012(06):109－114.
[13] 韩冬梅,赵振全. 电子货币对金融市场的冲击及金融政策的操作[J]. 吉林大学社会科学学报,2003(01):101－105.
[14] 韩留卿. 电子货币对中央银行货币政策影响研究[J]. 河南金融管理干部学院学报,2004(05):30－34.
[15] 胡海鸥,贾德奎. 电子货币对货币政策效果的挑战[J]. 外国经济与管理,2003(04):26－30.
[16] 胡秋灵,张成虎. 有关电子货币的若干争论[J]. 国际金融研究,2003(12):65－68.
[17] 胡再勇. 电子货币影响短期利率的实证研究:基于狭义电子货币的视角[J]. 上海金融学院学报,2015(1):19－30.
[18] 黄安仲,张璇. 不稳定的货币流通速度必然导致货币量中介目标无效吗?[J]. 当代财经,2005(09):22－27.
[19] 黄诚,李纯安. 电子货币的本质与网络经济条件下的金融制度创新[J]. 经济科学,2000(02):49－55.
[20] 黄达. 财政信贷综合平衡导论[M]. 北京:中国金融出版社,1984.
[21] 黄燕芬,顾严. 我国基础货币的来源及央行的调控能力分析:1998—2004[J]. 管理世界,2006(03):21－28.
[22] 黄燕君,陈鑫云. 电子货币:需求、影响和中央银行角色转换[J]. 浙江大学学报(人文社会科学版),2006,36(06):74－80.
[23] 姜建清. 金融高科技的发展及深层次影响研究[M]. 北京:中国金融出版社,2000.
[24] 靳超,冷燕华. 电子化货币、电子货币与货币供给[J]. 上海金融,2004(09):13－19.
[25] 寇恩惠,侯和宏. 消费平滑、收入波动和局部保险——基于农村居民数据的分析[J]. 财贸经济,2015(9):33－45.

[26] 劳平. 电子货币对中央银行职能的冲击[J]. 中山大学学报(社会科学版)，2002(04)：126－137.

[27] 黎冬，符文佳. 浅析电子货币对货币政策效应的冲击[J]. 中央财经大学学报，2001(05)：33－36.

[28] 李成，刘社芳. 电子货币发展带来的制度挑战与思考[J]. 上海金融，2004(06)：52－54.

[29] 李翀. 虚拟货币的发展与货币理论和政策的重构[J]. 世界经济，2003(08)：75－79.

[30] 李春琦，王文龙. 货币供应量作为货币政策中介目标适应性研究[J]. 财经研究，2007(02)：47－57.

[31] 李春琦. 中国货币政策有效性分析[M]. 上海：上海财经大学出版社，2003.

[32] 李文斌，王成珠. 引入电子货币后的货币定义及货币乘数[J]. 金融理论与实践，2000(05)：4－7.

[33] 李心丹，刘红忠. 电子货币的发展及其对中央银行的影响分析[J]. 复旦学报(社会科学版)，2000(05)：55－88.

[34] 李岩岩. 电子货币的发展对政府管理部门的影响及对我国的现实意义[J]. 中国行政管理，2002(10)：24－26.

[35] 李治国. 基础货币、货币乘数与货币当局资产负债结构的关系研究——基于中国 1994—2006 年季度数据的实证分析[J]. 数量经济技术经济研究，2007(11)：15－26.

[36] 梁大鹏，齐中英. 金融创新对货币流通速度的影响研究[J]. 经济科学，2004(02)：27－34.

[37] 梁强，唐安宝. 电子货币对货币乘数的影响——基于中国数据的动态分析[J]. 金融与经济，2010(05)：10－28.

[38] 林继肯. 货币需求量预测方法的若干问题[J]. 经济研究，1985(08)：11－15.

[39] 刘向明，李玉山. 电子货币的发展对宏观金融调控的影响及其对策[J]. 宁波大学学报(人文社科版)，2006(03)：92－110.

[40]刘光友，任虹，赵崇富. 电子货币的发展对日本货币政策有效性的影响[J].

现代日本经济,2011(1):47 - 55.
[41] 吕秋红.电子货币及其对货币政策有效性的影响研究[D].厦门:厦门大学硕士学位论文,2008.
[42] 门洪亮.电子货币供给机制分析[J].华东经济管理,2007(02):98 - 101.
[43] 潘存武,刘小莉.欧元与电子货币[J].国际金融研究,1999(06):73 - 76.
[44] 蒲成毅.数字现金对货币供应和货币流通速度的影响[J].金融研究,2002(05):81 - 89.
[45] 阮一峰.电子货币特性及对货币政策影响实证研究[J].商业时代,2008(08):85 - 87.
[46]宋芳秀,胡修修.供给机制、结构调整与电子货币的现实功用[J].改革,2015(3):119 - 126.
[47] 帅青红,蒋义军,张英.网上支付与安全[M].北京:北京大学出版社,2010.
[48] 苏素,张爱龙.货币电子化条件下的 CPI 影响机制研究[J].技术经济与管理研究,2012(09):21 - 25.
[49] 孙宝文,王智慧,赵胤钘.电子货币发展、货币乘数变动与货币政策有效性[J].经济科学,2007(01):34 - 43.
[50] 孙浩,柴跃进,刘义.电子货币对宏观经济影响的建模及分析[J].清华大学学报(自然科学版),2010,50(01):1 - 4.
[51] 孙毅坤,胡祥培.电子货币监管的国际经验与启示[J].上海金融,2010(02):55 - 58.
[52]孙国峰,邓婕,尹航.电子货币对信用货币体系的影响——基于自由竞争市场[J].金融研究,2014(10):50 - 67.
[53] 唐平.电子货币对 M_1 和 M_2 货币乘数影响及比较分析[J].重庆工商大学学报,2006,23(01):47 - 50.
[54] 唐平.电子货币对货币供给与需求的影响分析[J].河南金融管理干部学院学报,2005(01):115 - 117.
[55] 唐平.电子货币对货币政策的影响研究[J].上海金融,2005(07):66 - 69.
[56] 王春雷.电子货币的界定及层次划分[J].当代经济,2007(11):148 - 149.
[57] 王剑.电子货币的发行主体与监管策略研究[J].上海金融学院学报,2006

(03):32-37.

[58] 王军.论电子货币发展对货币政策的影响及政策建议[J].国际金融研究,2000(08):50-55.

[59] 王林萍.电子货币对国际金融业的影响[J].福建农业大学学报(社会科学版),2001(03):72-75.

[60] 王倩,杜莉.电子支付科技影响货币乘数的实证分析[J].社会科学战线,2008(12):225-228.

[61] 王倩,纪玉山.电子货币对货币供应量的冲击及应对策略[J].社会经济体制比较,2005(04):121-125.

[62] 王倩.马克思主义视角的电子货币属性和职能分析[J].当代经济研究,2005(09):10-13.

[63] 王探.试论电子货币对货币政策的影响[J].开封大学学报,2006,20(2):18-21.

[64] 王亮,吴浜源.中国电子货币的通货膨胀效应[J].当代经济科学,2013(4):1-10.

[65] 夏俊荣.电子货币对央行铸币税收入和独立性的影响[J].财经科学,2001(06):37-41.

[66] 肖小波,许康.电子货币与传统货币的职能比较分析[J].湖南大学学报(社会科学版),2002,16(03):177-178.

[67] 谢平,尹龙.网络经济下的金融理论与金融治理[J].经济研究,2001(04):24-31.

[68] 谢平,刘海二.ICT、移动支付与电子货币[J].金融研究,2013(10):1-14.

[69] 薛亚芹.略论国际银行卡组织扩张原因与我国银行卡发展之路[J].现代财经,2008,28(01):25-28.

[70] 岩崎和雄,左腾元则.明日货币:电子理财的时代[M].北京:中国轻工业出版社,1999.

[71] 杨军.电子货币对货币乘数的作用与影响研究[J].区域金融研究,2010(04):22-26.

[72] 杨路明,陈鸿燕.电子货币对中央银行货币改革的影响及对策[J].财经问

题研究,2002(08):30-32.

[73] 杨文灏,张鹏.电子货币对传统货币领域挑战与对策研究[J].金融纵横,2004(08):23-26.

[74] 姚立新,蔡斌.电子商务下的新中间商经济模式研究[J].厦门大学学报(哲学社会科学版),2000(03):19-23.

[75] 姚立新.电子商务下的金融创新与运作[M].北京:中国财政经济出版社,2000.

[76] 易纲.中国金融资产结构分析及政策含义[J].经济研究,1996(12):26-33.

[77] 尹龙.电子货币对中央银行的影响[J].金融研究,2000(4):34-41.

[78] 尹龙.对我国网络银行的发展与监管问题的研究[J].金融研究,2001(01):76-86.

[79] 尹龙.美国经济中的电子支付方式及启示[J].经济导刊,2000(06):70-74.

[80] 尹龙.数字化时代的中国银行业:网上银行的发展与监管[J].金融研究,2003(04):105-117.

[81] 尹龙.网络金融理论初论[M].成都:西南财经大学出版社,2003.

[82] 印文,裴平.中国的货币电子化和货币政策有效性[J].经济学家,2015(3):39-46.

[83] 余小林,蒲成毅.论"数字现金"[J].经济学家,2002(01):97-102.

[84] 张红,陈洁.电子货币发展给宏观调控带来的新挑战[J].财贸经济,2003(08):65-67.

[85] 赵何敏.论货币形式的发展与货币管理的革命——兼谈电子货币的发行与管理[J].经济评论,2004(04):99-102.

[86] 赵家敏,常建功.网络经济中的银行业[J].宁夏大学学报(人文社会科学版),2002(03):93-97.

[87] 赵家敏.论电子货币对货币政策的影响[J].国际金融研究,2000(11):19-24.

[88] 赵家敏.论电子货币与传统银行业的关系[J].国际金融研究,1998(09):

75 - 77.

[89] 赵留彦,王一鸣.中国货币流通速度下降的影响因素:一个新的分析视角[J].中国社会科学,2005(04):17 - 28.

[90] 赵平.E时代的货币自由化:发展前景与货币政策含义[J].经济学家,2006(04):90 - 97.

[91] 郑耀东.论通货膨胀的货币流速效应[J].中国社会科学,1998(03):18 - 29.

[92] 周光友,邱长溶.电子货币与基础货币的可控性研究[J].学习论坛,2005(07):19 - 22.

[93] 周光友,邢哲.电子货币对存款准备金制度的冲击效应研究[J].广东金融学院学报,2010,25(03):52 - 62.

[94] 周光友,徐泽坤.电子货币对通货膨胀影响的实证研究[J].财经理论与实践,2011(11):14 - 19.

[95] 周光友,张炳达.电子货币的替代效应和交易性货币供给:基于中国数据的实证分析[J].当代财经,2009(03):50 - 54.

[96] 周光友.电子货币的货币乘数效应:基于中国的实证分析[J].统计研究,2007(03):68 - 74.

[97] 周光友.电子货币的替代效应对货币层次的影响[J].华东经济管理,2009(11):58 - 61.

[98] 周光友.电子货币的替代效应与货币供给的相关性研究[J].数量经济技术经济研究,2009(03):129 - 138.

[99] 周光友.电子货币对存款准备金政策作用机制的影响[J].中南财经政法大学学报,2009(05):78 - 81.

[100] 周光友.电子货币对货币流动性影响的实证研究[J].财贸经济,2010(07):13 - 18.

[101] 周光友.电子货币发展对货币乘数影响的实证研究[J].数量经济技术经济研究,2007(05):98 - 107.

[102] 周光友.电子货币发展对货币流通速度的影响[J].经济学(季刊),2006,5(04):1119 - 1233.

[103] 周光友.电子货币发展与存款创造能力的相关性研究[J].财贸研究,2010(06):90-96.

[104] 周光友.电子货币视角下货币流通速度下降原因的实证分析[J].财经理论与实践,2007(01):20-24.

[105] 周光友.电子货币与货币政策有效性[M].上海:上海人民出版社,2009.

[106]周光友,施怡波.互联网金融发展、电子货币替代与预防性货币需求[J].金融研究,2015(5):67-82.

[107] 周启海,周屹.论我国电子货币微观成本与宏观安全机制创新[J].重庆大学学报(社会科学版),2005(01):31-34.

[108] 朱克桐.我国银行业市场结构变迁的路径选择[J].金融论坛 2003(12):6-9.

[109] 祝凌曦,王艳辉,肖雪梅.电子支付与网络银行[M].北京:北京交通大学出版社,2010.

[110] 左孝顺.货币流通速度的变化:中国的例证(1978-1997)[J].金融研究,1999(06):39-45.

英文文献

[111] Ann L Owen, Christopher Fogelstrom. Monetary policy implications of electronic currency: an empirical analysis [J]. Applied Economics Letters, 2005, 12: 419-423.

[112] Bakos J Yannis. Reducing buyer search costs: implications for electronic marketplaces [J]. Management Science, 1997, 43(12): 1676-1692.

[113] Bank for International Settlements, The Group of Computer Expert. Survey of electronic money developments [R/OL]. http://www. bis. org/publ/cpss38. htm, 2000.

[114] Bank for International Settlements. Implication for central banks of the development of electronic money [R/OL]. www. bis. org/pub1/bisp01. htm, 1996.

[115] Bank for International Settlements. Risk management for electronic

banking and electronic money activities [R/OL]. http://www. bis. org/publ/bcbs35. pdf, 1998.

[116] Bank for International Settlements. Security of electronic money [R/OL]. www. bis. org/pub1/cpss18. htm, 1996.

[117] Bank for International Settlements. Survey of developments in electronic money and internet and mobile payments [R/OL]. www. bis. org/pub1/cpss62. pdf, 2004.

[118] Bank for International Settlements. Survey of electronic money developments [R/OL]. www. bis. org/pub1/cpss48. pdf, 2001.

[119] Benjamin J Cohen. Electronic money: new day or false dawn? [J]. Review of International Political Economy, 2001, 8(02): 197 - 225.

[120] Benjamin M Friedman. The future of monetary policy: the central bank as an army with only a signal corps? [J]. Journal of International Finance, 1999, 2(03): 321 - 338.

[121] Benjamin M Friedman. Decoupling at the margin: the threat to monetary policy from the electronic revolution in banking [J]. Journal of International Finance, 2000, 3(02): 261 - 272.

[122] Berentsen. Monetary policy implications of digital money [J]. Kyklos , 1998, 51(01): 89 - 117.

[123] Bernanke Ben, Alan Blinder. Credit, money and aggregate demand [J]. American Economic Review, 1987, 78: 435 - 439.

[124] Biagio, Bossone. Do banks have a future?: a study on banking and finance as we move into the third millennium [J]. Journal of Banking and Finance, 2001, 25(12): 2239 - 2276.

[125] Charles Freedman. Monetary policy implementation: past, present and future [J]. Journal of International Finance, 2000, 3(02): 211 - 227.

[126] Charles Goodhart. Can central banking survive the IT revolution? [J]. Journal of International Finance, 2000, 3(02): 189 - 209.

[127] Claudia Costa Storti, Paul De Grauwe. Electronic money and the

optimal size of monetary unions [J]. www. econ. kuleuven. be, 2002.

[128] Dennis J Aigner, C A Knox Lovel, Peter Schmidt. Formulation and estimation of stochastic frontier production function models [J]. Journal of Econometrics, 1977, 6(01): 21 - 37.

[129] European Central Bank. Report on electronic money[R]. www. ecb. int/pub/pdf/other/emoneyen. pdf, 1998.

[130] Fernando Alvarez, Francesco Lippi. Financial innovation and the transactions demand for cash [J]. Econometrica, 2009, 77(02): 363 - 402.

[131] Fujiki H, Tanaka M. Currency Demand, new technology and the adoption of electronic money: evidence using individual household data [J]. Economics Letters, 2014, 125(1): 5 - 8.

[132] Fullenkamp Connel, Nsouli Saleh M . Six puzzles in electronic money and banking [J]. International Monetary Fund IMF Working Papers, 2004: 04 - 19.

[133] Gary E Bolton, Elena Katok, Axel Ockenfels. How effective are electronic reputation mechanisms? an experimental investigation [J]. Management Science, 2004, 50(11): 1587 - 1602.

[134] Gormez Yuksel, Houghton Budd, Christopher. Electronic money free banking and some implications for central banking [J]. Central Bank Review, 2004, 4(01): 67 - 105.

[135] Groeneveld Johannes M, Visser Ad. Seigniorage, electronic money and financial independence of central banks [J]. Banca Nazionale del Lavoro Quarterly Review, 1997, 50: 69 - 88.

[136] Iwamura Mitsuru, Watanabe Tsutomu. Electronic money and monetary policy [J]. Japanese Economy, 2006, 33(04): 65 - 74.

[137] Jack Willian, Suri Tavnneet, Townsend Robert. Monetary theory and electronic money: reflections on the Kenyan experience [J]. Federal Reserve Bank of Richmond Economic Quarterly, 2010, 96(01): 83 - 122.

[138] Jan Marc Berk. Central banking and financial innovation: a survey of

the modern literature [J]. Banca Nazionale del Lavoro Quarterly Review, 2002, 55: 263 - 297.

[139] Janson. The development of electronic money: toward the emergence of free-banking? [J]. www. mises. org/asc/2003/asc9janson. pdf, 2003.

[140] John Hawkins. Electronic finance and monetary policy [R]. Working Paper, 2002(07): 27 - 35.

[141] Joilson Dias. Digital money: review of literature and simulation of welfare improvement of this technological advance [J]. www. in3. dem. ist. utl. pt/downloads/cur2000/papers/S18P04. pdf, 2001.

[142] Joshua S Gans, Stephen P King. The neutrality of interchange fees in payment systems [J]. Topics in Economic Analysis & Policy, 2003, 3 (01): 1 - 18.

[143] Kang Imho, Kim Jeong - Yoo. Standardization in electronic money [J]. International Economic Journal, 2005, 19(03): 447 - 459.

[144] Lee Boon - Chye, Longe - Akindemowo Olujoke. Regulatory issues in electronic money: a legal-economics analysis [J]. Netnomics, 1999 (01): 53 - 70.

[145] Mbiti I, Weil D N. The Home Economics of E-Money: Velocity, Cash Management, and Discount Rates of M-Pesa Users [J]. American Economic Review, 2013, 103(3): 369 - 374.

[146] Meltzer Alan H. Monetary, credit and (other) transmission processes: a monetarist perspective [J]. Journal of Economic Perspectives, 1995, 9 (04): 49 - 72.

[147] Mervyn King. Challenges for monetary policy: new and old [J]. Bank of England Quarterly Bulletin, 1999, 39(04): 68 - 80.

[148] Michael Woodford. Monetary policy in a world without money [J]. Journal of International Finance, 2000, 3(02): 229 - 260.

[149] Michel Benaroch, Robert J Kauffman. Justifying electronic banking network expansion using real options analysis [J]. MIS Quarterly, 2000, 24(02): 197 - 225.

[150] Mikkelsen Adam. Electronic money and the market process: how digital developments are opening new frontiers for liberalism [J] . Policy, 1999, 14(04): 10 - 15.

[151] Nicholas Economides. The economics of networks [J]. International Journal of Industrial Organization, 1996, 14: 673 - 699.

[152] Paul Hart, Carol Saunders. Power and trust: critical factors in the adoption and use of electronic data interchange [J]. Organization Science, 1997, 8(01): 23 - 42.

[153] Prinz Aloys. Money in the real and the virtual world: e-money, c-money and the demand for cb-money [J]. Netnomics, 1999, 1(01): 11 - 35.

[154] Rimmer Stephen, Prasad Ravi. Electronic money and regulatory responses [J]. Agenda, 1997, 4(03): 371 - 378.

[155] Ruimy, Michel. Is the future of money electronic? [J]. Communications and Strategies, 2007, 66: 79 - 88.

[156] Ruth Halpin, Roksana Moor. Developments in electronic money regulation: the electronic money directive: a better deal for e - money issues? [J]. Computer Law & Security Review, 2009, 25(06): 563 - 568.

[157] Singh Supriya. Electronic money: understanding its use to increase the effectiveness of policy [J]. Telecommunications Policy, 1999, 23(10): 753 - 773.

[158] Solomon Elinor Harris. What should regulators do about consolidation and electronic money? [J]. Journal of Banking and Finance, 1999, 23 (04): 645 - 653.

[159] Stavins Joanna. Who uses electronic check products: a look at depository institutions [J]. Federal Reserve Bank of Boston New England Economic Review, 2002(03): 3 - 16.

[160] Sullivan. Electronic money and its impact on central banking and monetary policy [J]. www. hamilton. edu/academics/Econ/workpap/ 04? _01. pdf, 2002.

[161] Sun hao, Chai yueting, Liu yi. Modeling electronic money dynamics: a complex system perspective [C]. Proceedings of 2008 International Conference on e-Business Engineering, Xi'an, China, 2008: 385 - 389.

[162] Supriya Singh. Electronic money: understanding its use to increase the effectiveness of policy [J]. Telecommunications Policy, 1999, 23: 753 - 773.

[163] Tak Seung - Ho. A study on the effects of the development of electronic money on monetary policy in Korea [J]. Bank of Korea Economic Papers, 2002, 5(01): 47 - 83.

[164] Taylor John B. The monetary transmission mechanism: an empirical framework [J]. Journal of Economic Perspectives, 1995, 9 (04): 11 - 26.

[165] Thomas I Palley. The e-money revolution: challenges and implication for money policy [J]. Journal of Post Keynesian Economics, 2001, 24 (02): 217 - 233.

[166] Van Hove Leo. Electronic money and cost-based pricing [J]. Wirtschaftspolitische Blatter, 2002, 49(02): 128 - 136.

[167] Van Hove Leo. Electronic money and the network externalities theory: lessons for real life [J]. Netnomics, 1999, 1(02): 137 - 171.

[168] Willem C Boeschoten, Gerrit E Hebbink. Electronic money, currency demand and the seignorage loss in the G10 countries [R]. Kluwer Academic Publishers , 1996.

[169] William C Whitesell. The demand for currency versus debitable accounts [J]. Journal of Money, Credit and Banking, 1989, 21(02): 245 - 251.

[170] Woodford M . Financial market efficiency and the effectiveness of monetary policy [J]. Federal Reserve Bank of New York, 2002, 8(01): 85 - 94.

[171] Woodford M . Money policy in a world without money [J]. International Finance, 2000, 2(03): 29 - 60.